市政公路桥梁施工与维修养护研究

刘显刚　靳　丽　刘维杭◎著

吉林科学技术出版社

图书在版编目（ＣＩＰ）数据

市政公路桥梁施工与维修养护研究 / 刘显刚，靳丽，刘维杭著. -- 长春：吉林科学技术出版社，2024.6.
ISBN 978-7-5744-1569-0

Ⅰ．U448.145.7

中国国家版本馆CIP数据核字第20249CK918号

市政公路桥梁施工与维修养护研究

著	刘显刚　靳　丽　刘维杭
出 版 人	宛　霞
责任编辑	刘　畅
封面设计	南昌德昭文化传媒有限公司
制　　版	南昌德昭文化传媒有限公司
幅面尺寸	185mm×260mm
开　　本	16
字　　数	345.8千字
印　　张	15.5
印　　数	1~1500册
版　　次	2024年6月第1版
印　　次	2024年12月第1次印刷

出　　版	吉林科学技术出版社
发　　行	吉林科学技术出版社
地　　址	长春市福祉大路5788号出版大厦A座
邮　　编	130118
发行部电话/传真	0431-81629529 81629530 81629531
	81629532 81629533 81629534
储运部电话	0431-86059116
编辑部电话	0431-81629510
印　　刷	三河市嵩川印刷有限公司

书　　号	ISBN 978-7-5744-1569-0
定　　价	69.00元

版权所有　翻印必究　举报电话：0431-81629508

前　言

公路桥梁工程不但对我国的交通方面有着很大的影响，也在国民经济上起着重要的作用，它与整个国家人民的出行状况以及经济发展等方面有着密切的关系。加强公路桥梁工程施工管理对于公路桥梁工程具有重大意义，其是降低材料消耗，提升公路桥梁工程质量的重要途径，并且是保证公路桥梁工程施工安全以及提高施工企业经济效益的重要举措。公路桥梁施工过程中施工企业要以质量、安全、施工期限、成本控制作为施工验收的考核标准。公路桥梁工程施工管理过程中，最重要的是考虑其施工安全方面的管理。为了加强工程施工的安全管理力度，必须改进作业人员的配备条件，将安全隐患消除在发生之前。同时，公路桥梁的失养已经是一个影响到公路运输的安全性和效率性的重要因素。因而，加强对公路桥梁的养护与管理，及时地对桥梁进行有效的日常养护、维修，对公路桥梁的正常且高效运行是很有意义且必要的。

本书是市政公路桥梁施工方向的书籍，主要研究市政公路桥梁施工与维修养护，本书从市政公路工程施工技术与管理介绍入手，针对桥梁基础工程与桥梁墩台施工、简支梁桥与斜拉桥施工、拱桥与连续梁桥施工、桥梁拆除施工技术进行了分析研究；另外对市政公路养护机械设备、市政公路路基与路面的养护做了一定的介绍；还对城市桥梁养护与维修提出了一些建议；目的在于摸索出一条适合现代市政公路桥梁施工与维修养护工作创新的科学道路，帮助其工作者在应用中少走弯路，运用科学方法，提高效率。对市政公路桥梁施工与维修养护的应用创新有一定的借鉴意义。

在本书编写过程中，参考了一些公开发表的文献，在此对参考文献作者们一并表示衷心感谢。由于编者的理论水平和实践经验有限，在对规范的深入理解和使用经验等方面多有欠缺，书中疏漏和不足之处在所难免，恳求专家、同人及广大读者批评指正。

《市政公路桥梁施工与维修养护研究》审读委员会

刘 帅　魏丽东　洪 云
刘志刚　蒋 源　徐海洋

目 录

第一章 市政公路工程施工技术与管理 ... 1
第一节 市政公路工程施工技术 ... 1
第二节 市政公路工程施工技术管理 ... 19

第二章 桥梁基础工程与桥梁墩台施工 ... 36
第一节 桥梁工程基础施工 ... 36
第二节 桥墩、桥台的构造特点及施工 ... 47

第三章 简支梁桥与斜拉桥施工 ... 61
第一节 简支梁桥施工 ... 61
第二节 斜拉桥的结构体系和构造特点 ... 70
第三节 斜拉桥的施工方法 ... 80

第四章 拱桥与连续梁桥施工 ... 92
第一节 拱桥施工 ... 92
第二节 连续梁桥施工 ... 104

第五章 桥梁拆除施工技术 ... 121
第一节 桥面系、简支梁和连续梁桥上部结构拆除 ... 121
第二节 桥梁其他结构拆除、绿色施工要求和安全施工技术 ... 133

第六章 市政公路养护机械设备 ... 139
第一节 市政公路日常养护机械 ... 139
第二节 路面与路基养护机械 ... 151
第三节 水泥混凝土与沥青路面养护工程机械 ... 158

第七章 市政公路路基与路面的养护 ... 165
第一节 市政公路路基的养护 ... 165
第二节 沥青路面的养护与维修 ... 174
第三节 水泥、其他路面的养护与维修 ... 185
第四节 掘路修复与乳化沥青稀浆封层技术 ... 197

第八章　城市桥梁养护与维修 ··· 211
　第一节　日常养护维修 ·· 211
　第二节　专项养护维修 ·· 218
　第三节　养护应急预案 ·· 224
　第四节　桥梁养护信息化 ··· 228

参考文献 ·· 237

第一章 市政公路工程施工技术与管理

第一节 市政公路工程施工技术

一、概述

(一) 施工技术的概念及属性

施工技术是人类土木实践活动的研究与总结，在市政公路工程施工中必须进行施工技术工作，施工技术的实施方式、方法、途径、形式、内容、范围、依据为必须遵循的施工技术属性。施工技术简单来说就是用于施工的技术，涉及的范围很广，人类的"吃、穿、住、行"包含了两项；涉及的内容很多，凡涉及动土、动木的事情都涉及施工技术。施工技术是人类适应环境和改造环境，主观发挥与客观遵循的产物，伴随人类生存与人类文明的存在和进步发展而不断更新变化，以提高人类改造与适应世界的能力。

(二) 施工技术的分类

①根据施工技术在工程建设中起到的作用不同应分为三大类，第一类是使工程技术落实，完成工程建设任务的具有针对性特点的专用施工技术；第二类是确保工程技术落实，确保工程建设施工技术顺利进行的具有专有性特点的通用施工技术；第三类是对建设工程实体进行的检测、监测、试验、实验、检验、测量、量测等的施工技术，而称为

监测与检测施工技术。专用施工技术的专用性强，应是以具体的工程项目为载体或背景，研究制定的是某一工程环节的措施方法，解决的是施工技术问题，完成的是工程项目任务；通用施工技术的专有性强，应是以专门行业、专业等为研究背景，规范指导的是一类或一门工程的施工，具备特编、特审、特批及行政命令式执行的性质；工程实体监测与检测施工技术是对工程现场实体实物进行可看、可读、可测、可控等的施工技术。

②专用施工技术分为行业施工技术、专业施工技术、专项施工技术、工艺施工技术、工序施工技术等五个内容。按照专用施工技术制定的形式分类，行业施工技术是以行业管理的形式分类，满足的是对专门行业化功能的需求；专业施工技术是以一门学科的形式分类，符合了工程客观存在的形式；专项施工技术是以专项工程施工任务的形式分类，充分发挥施工技术的作用，解决施工过程的技术难题；工艺施工技术是以完成施工技术基本工作内容的形式分类，也是施工技术的基本形式；工序施工技术是以施工现场操作内容的形式分类，是以满足实际施工简便易行为目的，它们是处在不同层次的施工技术。

③通用施工技术包含：工程建设标准、工程建设规范、操作规程、工程工法、工程专利、新技术示范工程、"四新"技术、绿色文明施工技术等8项内容。一方面是促进施工技术的发展；另一方面更是起到规范施工技术作用的目的。

④工程实体监测与检测施工技术包括：施工检测技术、施工监测技术、施工试验技术、施工实验技术、施工量测技术、施工测量技术、施工检验技术等7项内容。

⑤三类施工技术的关系是：专用施工技术经过工程项目实施，获得了较好的社会、经济、环境效益，将其得以归纳总结可以继续指导后续工程施工的技术，即可以作为通用施工技术。因此，成熟的专用施工技术应是通用施工技术的完善和补充；而通用施工技术应是指导、规范专用施工技术的施工技术；而专用与通用施工技术的形成与确立，均离不开实体监测与检测施工技术的证实与支撑，监测和检测施工技术为通用、专用施工技术提供了科学的、技术的数据与方法的保证。专用施工技术与通用施工技术既有相互依存的关系，又有相辅相成的关系。

（三）研究的技术内容

①施工技术的实施需有科学的表达、交流和便于理解掌握与沟通的方式，既简单客观真实表现出工程技术形态，又符合表现工程技术意愿，满足不同施工技术操作难度的需求。就是用正确的方式去阐述施工技术，说清楚专用与通用施工技术、监测与检测施工技术的技术手段，才能达到工程施工的目的。

②施工技术需有标准简练的展现形式，实现对工程施工的逻辑关系、数理关系、主客观关系等。施工技术的表现形式应有其特定标准科学的格式，易于阐述一项、两项、三项或更多项看起来不相关的事情。因而，专用、通用与监测检测施工技术都应有相应适合的表现形式。

③施工技术需有全面反映工程施工建设周期的内容，且该内容能够在工程未曾实际建设而已经阐述清楚了工程建设施工的全过程，根据客观环境条件及建设工程状况进行的计算、论证、预测、分析与判断须是施工技术的核心内容。施工技术的内容主要应是

对自然环境点、线、面、体（时间）、温度、湿度、气候（力）、地质、水文、地貌（载体）和具体工程相结合的研究、分析和判断。

④施工技术是客观的存在，客观的反映，应有充分的形成条件及依据，既满足法理要求和科学规律，又有可依赖的安全技术环境和可操作实施的技术条件与能力，应确保施工技术依据的全面与真实。

⑤施工技术需有可适合的环境和应用的条件，即适用的施工技术范围，包括应用于工程建设实施的工程技术和服务于施工现场的工程技术。

⑥施工技术需要有产生与实施的途径：首先应有对工程施工建设的理解认识与需求，然后应有工程科技研发和技术革新性质的创造，以及对工程施工经验性的总结，再通过对建设工程资源的持续优化，对施工各个业务内容管理要求的技术性整合，同时通过施工技术有效地实施。反复多次的施工生产的技术理论与客观实践相互印证的结合，是施工技术特有的发展途径。施工技术的变化与发展是与工程建设施工同步进行的，技术发展和工程建设的任务同时完成。

⑦施工技术需要有实施的方法，全面落实工程施工建设的各项管理制度、标准、措施以及办法，按照社会、环境与经济效益的具体技术要求，使施工技术科学地贯彻。施工技术的方法需是有具体量化内容的要求，需要有定性具体的工程施工行为准则。

（四）专用施工技术的研究

①专用施工技术的实施依据：包括工程建设可行性研究、工程施工图纸设计、监测与检测施工技术、环境气候资料、水文地质资料、现场周边条件、相关行业技术的法律法规和标准规范及通用技术等7部分内容。编制专用施工技术的依据应充分、可靠，已知的数据或条件不可能穷尽，但必须足以说明问题，足以用现有的客观数据和理论推导出一个工程客观事实。

②专用施工技术的实施方式：可采取文字文档、图、表、电子数字网络应用软件等多种方式，尽量做到便于交流、易于理解、容易掌握、方便展示、手法新颖、引人入胜、一看便知、清楚明了、恰到好处、全面清晰。总之，应采取文字、图、表、电子信息技术手段，将施工技术展现到淋漓尽致的地步。

③专用施工技术的实施内容：需明确项目资源在技术经济条件下的充分优化和合理配置，并能反映出合理的社会、经济、环境效益，有对施工依据的充分分析与研究，有有效的技术理论路线及准确的演绎与推导，有必要的法律、法规、制度、标准、规范等内容，做到既针对又具体。

④专用施工技术的实施范围：应是有特定的建设工程项目做载体，围绕项目施工建设开展的工程各领域、各方面的技术工作。以针对某一工程项目的技术，均属于专用施工技术，应有点、线、面、体的空间概念，或有力及力学性能变化的时间影响存在。

⑤专用施工技术的实施途径：需从搜集翻阅整理工程资料，踏勘了解现场条件情况入手；再经过详审、详核，采用想象与对照，掌握认识工程；最后合理量化匹配资源，形成各项施工技术措施；同时应开展必要的工程实验和技术课题研究。总之，施工技术

应遵循基础研究和应用实施相结合的基本途径。途径中的每部分内容都应说明工程的一个技术问题，途径中的每一个环节都应该有明确的工作目标和任务。

⑥专用施工技术的实施形式：应是工程项目专用施工技术与工程通用施工技术相互协调统一。形成行业形式的工程施工组织设计，形成专业形式的工程施工方案，形成专项形式的工程专项方案，形成工艺流转形式的工艺流程，形成工序操作形式的工序作业指导书。专用施工技术的形式应是以一类、单项或单体工程为研究对象，以单项或单体工程部位为任务内容，按照工程施工的步骤、顺序、计划实施等。

⑦专用施工技术的实施方法：应是使用符合专用施工技术的制度、标准、措施、办法等，且应明确使用了社会、经济、环境指标考核等手段。在实施专用施工技术范围内，通过制定专用施工技术行业化、专业化、专项化、工艺化、工序化等形式，采用制定专用施工技术的方式和途径，融合制定工程项目专用施工技术和工程通用施工技术的依据。专用施工技术的实施方法全面反映了专用施工技术的组成及组成过程。

（五）通用施工技术的研究

①通用施工技术的实施依据：应是国家相关的法律法规，有关行业、有关专业的标准规范、监测与检测施工技术、成熟的专用施工技术等。通用施工技术的制定依据是依据的依据，应比专用技术更宏观、更原则，更加严谨，表达的更加精准，引用的更加恰当。

②通用施工技术的实施方式：应是采取文字文档标准格式和标准版面，准确的语言语句表达形式，标准图、图示、图集，标准的表、表格、表样，标准的数字网络文件等方式。采用的方式应比专用技术更加规范、更加言简意赅、更加一目了然、更加标准化。

③通用施工技术的实施内容：应明确制定通用施工技术的目的，针对的适用性、适用范围、基本规定和内容具体技术要求等。对于通用施工技术的基本包含内容，不同的通用施工技术有不同的侧重面。

④通用施工技术的实施范围：所有属专用施工技术的技术范围，都应制定相应的通用施工技术。

⑤通用施工技术的实施途径：施工技术的发展与变化是通用施工技术实施与否的前提，专用施工技术的实施是通用施工技术实施的开端，伴随专用施工技术的实施，也应建立起通用施工技术的实施途径。同时，也应走施工技术成熟的基础研究与实施和成熟的应用研究与实施相结合的途径。施工技术实施形式应与实际相符合，形成行业、专业、专项、工艺、工序等通用施工技术的形式。通用施工技术应伴随专用施工技术的变化而变化，应伴随通用施工技术的发展而发展。成熟的施工技术研究是指已获得成功且多次应用到工程上的研究成果。

⑥通用施工技术的实施形式：应是具体到每个工程项目，相同行业、专业、专项、工艺、工序的通用施工技术按照具体工程用途也会有不同的实施形式。

⑦通用施工技术的实施方法：实施应是采用全面顾及社会效益的需求，最大限度提升经济效益的可能，满足环境效益的要求，按照符合通用施工技术的国家性法律、法规、标准、办法实施的方法。或可解释为在实施通用施工技术范围内，按照制定通用施工技

术的内容，通过制定通用施工技术的形式，采取制定通用施工技术的方式和途径，依照制定工程项目通用施工技术的依据来实现。通用施工技术的制定方法全面反映了通用施工技术的组成及组成过程。

（六）监测与检测施工技术研究

①监测与检测施工技术的实施依据：应以专业性的监测、检测技术理论与方法为依托，具体的标准化工程要求为基础，针对性的工程项目技术指标范围和具体工程环境条件为依靠，组成对监测与检测施工技术实施的依据。对监测与检测施工技术实施依据而言，相应专业的理论性、通用性、专用性才是监测与检测施工技术实施的依据。

②监测与检测施工技术的实施范围：监测与检测施工技术应针对建设工程施工领域，工程施工技术应在监测与检测施工技术的控制下实施。监测与检测施工技术手段应全方位地应用于工程施工的全过程，应采取更有效的方法满足施工技术的需要。

③监测与检测施工技术的实施方式：应有标准的表达、表现，建立规范的文档手续形式、图示手续形式，应实施规范的签章、印章，实施时间控制流程、网络流转控制流程等方式。精准的表达、准确的技术流程流转、按工程需要传递工程信息是实施监测与检测施工技术特有的方式。

④监测与检测施工技术的实施内容：监测与检测施工技术应是针对工程实体研究的技术，应是对工程实体实物的物理、化学和数学、几何形体的真实反映。监测与检测施工技术实施内容应是客观真实的操作过程，包括严谨的误差值的计算与确定选择过程。

⑤监测与检测施工技术的实施途径：首先根据任务来源拟定实施方案，按照标准规定操作，最后出具监测、检测报告。拟定实施方案时，监测与检测的方法应根据任务内容而定，操作过程应包括设备、工具的选用，环境条件的设定等。

⑥监测与检测施工技术的实施形式：应形成专业形式标准的监测、检测报告，这是监测与检测施工技术的专有形式。

⑦监测与检测施工技术的实施方法：应按照专业的操作规程，对照监测、检测的指标要求，测定实体工程的技术参数。实施方法应有社会、环境、经济效益的内容。

需要说明的是建设工程施工技术的后续服务对象包括：工程竣工后的管理养护、维修保养技术及其他相关技术。建设工程施工技术是养护、维修、管理技术的基础，养护、维修、管理技术是施工技术的延续。因此，制定施工技术时必须应考虑满足养护、维修、管理技术的需要。

（七）市政公路工程的相关技术研究

①必须满足技术经济要求，所有可行的施工技术，在不满足经济要求的情况下，也不能称其为施工技术；只是满足经济条件，而不符合施工技术要求则更谈不上为施工技术。所以，施工技术应是受经济条件制约的。

②必须满足社会条件要求，施工技术是以工程为载体，而工程是受社会需要约束的，是受甲乙双方合同制约的。因此，不符合社会文明管理需要，不满足合同规定的技术也不能称其为施工技术。

③必须满足环境要求。施工技术要求绿色、环保、低碳、节能。符合减少环境污染、美化环境的要求，才可称其为施工技术。

二、施工技术内容分析

（一）施工技术的基本属性

①施工技术有关"量、量化、量性"的研究：工程技术中涉及量的概念、含义与内涵应予以明确，也应要明确或阐明量化与量性在工程技术中的关联、建设工程技术中量所要表达或说明的具体意义和内容、分析量化与量性对施工的作用与影响、标明建设工程技术中量与物对应的关系。施工技术中必须有量化的真实信息和客观逻辑，必须有量性的理论产生和事实支持的解释与说法。施工技术中需要计算的量、核实的量、统计的量、控制的量等各种用途的量、各种意义的量必须搞清楚。专用施工技术、通用施工技术、监测与检测施工技术所涉及的量的含义和内容应有明确的规定，应有不同或其相应的技术工作内容。应量化的施工技术内容、必须量化的技术工作部分，都应有明确的要求。施工技术中量性的分析与研究是必需的施工技术手段，定量是讨论量性变化影响施工技术的主要方法，相关量的内容是影响施工技术的因素之一。

②施工技术有关"数、数值、数量单位（应为国际度量衡单位）"的研究：施工技术必须以数、数值、数量单位为核心建立起联系，数应是与国际度量衡单位同时出现，应符合工程施工的要求，应和不同限定的词语共同表达明确的工程意义。施工技术中数值应是与国际度量衡单位出现或单独出现，在表达明确的工程意义的同时，也说明了工程特别意义的内容。建设工程技术中的数（应含国际度量衡单位）、数值（有时含国际度量衡单位）应是施工技术的根本内容，必须确切表明施工技术在工程意义上的作用，相关数的内容是影响施工技术的因素之二。

③施工技术有关"时间"的研究：施工技术所涉及时间性质概念的内容应有工期、时间计划、工程部位计划、计划安排、日历日、工作日、自然天数、施工周期、劳动工作日、有效工作日、理论工期计划、净工期计划、关键节点工期计划等。工程施工涉及面广、影响大、资金投入多、资源消耗严重等众多问题，众多问题的解决都需要时间。不同的时间用途、说法、含义需要阐明。在施工技术中必须表达完整工程意义的时间概念与内涵。时间是影响工程施工技术的影响因素之四，是施工技术必须考虑的内容，具有单向性，时间概念应作为施工技术研判的内容，相关时间的内容是影响施工技术的因素之三。

④施工技术有关"工期"的研究：工期应是工程施工的时间周期，应该从工程开工的第一天开工典礼时刻计算，至工程竣工典礼时刻止的自然日历天数。关键节点工期应是工程施工过程相互协调安排而确定的时间工期。净工期计划应是不考虑任何因素情况下的施工工作时间。理论工期计划应只考虑工程因素影响的工作时间。施工周期应是完成相应施工工程量的天数。工期有预计工期、实际工期、计划工期等众多的说法，应根据技术工作的内容明确工期的含义。

⑤施工技术有关"计划"的规定：时间计划应是在时间期限内对工程施工的安排，应是满足时间节点的需要、有关协调的需要等。工程部位计划应是为完成工程节点而进行的时间安排，应是满足工程施工进度的需要。施工技术工作中必须首先进行计划工作，工程计划应是工程施工的统一要求，相关计划的内容是影响施工技术的因素之四。

⑥施工技术有关"安排"的规定：计划安排应包括工程施工过程中合理安排、调度资源，依据时间统筹协调工程施工，布置工程施工过程中的资源，完成工程部位施工的任务，为工程施工做准备，调集或调整工程事项。

⑦施工技术有关"天数"的规定：日历日应是国家公开发行的日历上的日期。应是计算时间的统一依据，应以太阳历为准。有效工作日应是考虑自然因素影响的有效工作时间。工作日应是国家规定的法定工作时间，包含每天工作时间，每星期工作天数，每月工作天数，每年工作天数等。劳动工作日应是国家法定工作的日子。自然天应是白日与夜晚即一昼夜 24 小时的时间。施工技术应强调的施工天数是有效时间天数，施工工期所跨越的月份、年份经常有因各种因素的无效日期，以天为时间的计量单位应是有必要执行的。

⑧施工技术有关"点"的规定：施工技术涉及的点应有明确的标注，点应是具备特别工程意义的施工技术内容。点是工程施工技术的影响因素之五，是施工技术必须考虑的内容。确定和选择工程点的多少、点的位置、点的变化应作为施工技术研判的内容。

⑨施工技术有关"线"的规定：施工技术涉及的线应有明确的标注，线应是具有特别工程意义的施工技术内容。线是工程施工技术的影响因素之六，是施工技术必须考虑的内容。确定和选择工程线的长短、线的位置、线的变化应作为施工技术研判的内容。

⑩施工技术有关"面"的规定：施工技术涉及的面应有明确的标注，面应是具有特别工程意义的施工技术内容。面是工程施工技术的影响因素之七，是施工技术必须考虑的内容。确定和选择工程面的大小、面的位置、面的变化应作为施工技术研判的内容。

⑪施工技术有关"体"的规定：施工技术涉及的体应有明确的标注，体应是具有特别工程意义的施工技术内容。体是工程施工技术的影响因素之八，是施工技术必须考虑的内容。确定和选择工程体的大小、体的位置、体的变化应作为施工技术研判的内容。

⑫施工技术有关"力"的规定：施工技术涉及的力应有明确的标注，力应是具有特别工程意义的施工技术内容。力是工程施工技术的影响因素之九，是施工技术必须考虑的内容。确定和选择工程力的作用点、力的方向、力的大小应作为施工技术研判的内容。

⑬施工技术中有关夜间施工的技术规定：夜间或夜晚施工应制定专门的施工技术措施，应明确规定夜间不允许施工或许准许施工的工程部位或工序，必须确保有足够的照明和亮度，确保施工操作面清晰可见。

⑭施工技术中有关水资源的技术规定：施工技术中应明确制定水的使用措施，科学处理施工过程中的地下水、地表水、雨水、污水、工程用水、生活用水，确保合理利用水资源。

⑮施工技术中有关油资源的技术规定：施工技术措施中应规定科学控制燃油消耗，合理配备并使用施工机具设备，控制尾气的排放和处理。

⑯施工技术中有关电的技术规定：施工技术中应科学规定电的使用和消耗，制定用电的专项方案。

⑰施工技术中有关绿色环保施工的技术规定：施工技术中应当制定绿色、低碳、节能、环保、节地、节水、节油、节电的施工措施。

（二）施工技术实施依据

①环境气候资料的研究：需根据历年的气候变化，对工程施工期间进行气候状况分析，包括风的形式是东北季风或西南季风，风力、风向出现的月份时间，风、雨、雾、霾等影响工程施工的强度、范围和时间等。风是工程施工技术的影响因素之一，是施工技术必须考虑的内容。风有着一年之中周期性变化的特点，风力、风速、风向应作为施工技术研判的内容。

②温度影响的研究：需根据历年的温度变化情况，分析和预判工程施工期间的温度走向，预估出最高及最低温度值出现的月份、影响工程施工的期限范围；分析温度的昼夜温差变化对工程施工的影响等。温度是工程施工技术的影响因素之二，是施工技术必须考虑的内容。温度具有一年之中周期性变化的特点，温度多少、温差大小、最高温和最低温的数值应作为施工技术研判掌握的内容。

③湿度影响的研究：需依据历年的湿度变化情况，分析和预判工程施工期间的湿度走向，预估出最高及最低湿度值出现的月份、影响工程施工的期限范围；分析湿度的昼夜湿差变化对工程施工的影响等。湿度是工程施工技术的影响因素之三，是施工技术必须考虑的内容。湿度具有一年之中周期性变化的特点，湿度多少、湿度差大小、最高湿度和最低湿度的数值应是作为施工技术研判的内容。

④冬季影响的研究：在连续三天室外最低温度为5℃的情况下应是进入冬季施工阶段，应按照冬季施工技术标准要求施工。

⑤雨季影响的研究：每年6月20日为雨季施工开始日期，8月20日为雨季施工截止日期，应按照雨季施工技术标准要求施工。

⑥季节影响的研究：需根据一年四季更替的自然环境变化规律，采用相应的施工技术措施。

⑦工程建设可行性研究：需用工程前期的预评估性质的报告进行重新反复技术校核，应进行必要的实地、实验、试验、勘测核实。

⑧工程施工图纸设计技术要求：施工的施工图设计应和设计阶段的技术设计相结合，应进行施工图设计技术交底，应进行施工设计图设计技术洽商；必须进行有关施工图设计变更的技术再结合再交底；应进行必要的图纸会（汇）审，对设计图纸的理解、意图的认识与分析应形成施工技术的主要内容。

⑨水文地质资料技术要求：需对富水季节、枯水季节地下水的变化进行分析，分析研究一年中地下最高水位与最低水位对工程技术的影响；分析研究一年中雨水所形成的地面径流变化对工程的影响；对地质状况的调查与分析应形成标准规范，应形成支撑施工技术的具体地质资料。

⑩现场条件技术要求：现场踏勘应形成踏勘报告，应详细掌握工程周边、地上、地下、空中、地表情况，并形成施工技术的分析内容。

⑪相关行业技术要求：引用相关行业的技术内容应标明出处、引用的原因及技术条件等。

（三）施工技术的实施方式

①施工技术中图示表达、交流、实施方式的技术要求：需严格按照制图、图标、图例等的图样或图的行业、地方、国家或国际的标准方式表达，应当推广应用 BIM 技术等现代信息系统技术的方式；施工技术中的图示交流须在充分审阅设计图的基础上，掌握理解设计意图后，提供出标准的施工技术图及图示；需使用图大样、放图样或图样品等技术实施方式，运用精细化的现场直观施工技术；还要明确规定图示使用期限及使用条件。

②施工技术中表格表达、交流、实施方式的技术规定：需严格表格表达的规范统一，规范表头、表样、表序号等，规范填写要求；交流性表格需严格规范表格的出处、表头的来源、所引用数据的出处、所填写的内容依据等；严格按照签字、盖章、序号序列、日期等的正确方式实施；还需要明确表格的使用期限及使用条件。

③施工技术中文字文档表达、交流、实施方式的技术规定：需严格按照施工技术的文字文档标准进行表达，应在施工技术中严格区分陈述语句、疑问语句、说明语句、祈使语句等表达方式；文字文档交流应使用统一的施工技术语言、统一的电子信息化软硬件形式；采取报送、留档、拷贝等实施性方式时应相互备份和确认；应明确文字文档的使用期限及使用条件。各类施工技术都应有相符合的方式。表达方式或表现方式应体现施工技术的科学技术水平，其处于对工程的基本感观认识的界面，能否形成理性的技术感知与逻辑，全凭施工技术实施方式的表现力。

施工技术的实施内容应对工程施工的各个业务技术内容、各方面的技术要求、各类施工技术均进行明确要求。

（四）施工技术有关实施内容的技术要求

①施工技术有关实施内容的技术要求包括对施工技术工艺设备、施工技术工程材料、施工技术质量、施工技术安全、施工技术绿色文明、施工技术与人力资源、施工技术与工程项目管理等的规定。

②施工机械设备技术要求：工程机械应明确其使用条件、额定功率以及适用范围，专项施工技术条件下的工程机械选择需有采取、试用、测试的过程。需合理计算工程机械的操作作业面、作业角度、作业范围，确定使用次数、频率或者年限。

③施工工程材料技术要求：需按照材料的应用性能进行必要的技术检测，应按照标准要求进行样品检验测试。

④施工质量技术要求：需不断完善工程施工质量技术标准，严格施工质量标准的技术措施操作与执行。

⑤施工安全技术要求：需不断完善工程施工安全技术标准，严格施工安全标准的技

术措施操作与执行。

⑥绿色文明施工技术要求：需持续完善绿色文明工程施工技术标准，严格绿色文明施工标准的技术措施操作与执行。

⑦人力资源施工技术要求：须规范人在工程施工技术中的作用，严格操作工的等级、技术水平、完成相应任务的技能、劳动效率和定额数量；技术管理者的职称等级应与胜任的施工技术水平与能力相适应；加强业绩能力和水平的考核等。

⑧施工技术与工程项目管理技术要求：施工技术应是工程项目管理的保障，应是工程项目施工的关键内容，落实工程项目上的各项工作都应满足施工技术的需要。

（五）施工技术实施形式的技术要求

①施工技术实施形式的技术要求是指对施工技术的研究、分析、归纳总结、措施制定，对施工技术方案进行对比、比较、比选等的技术要求。施工技术的实施形式应是施工技术的规律性反映，是工程对象的标识或名称，体现的是工程项目特点。

②施工技术的研究需完成符合施工工程项目研究目的的研究报告，应出具技术性总结、理论性结论、实施性数据等。

③施工技术的分析需根据施工依据，结合工程具体情况，预测原因与趋势或结果等。

④施工技术的归纳总结需多内容、多条件、多方面加以归纳，多角度、多层次明确总结。

⑤施工技术方案对比、比较和比选应从数据选取范围上合理可比，从对象上可对照、从内容上可较量、从操作实施上可选择。

⑥施工技术的组成须是各项技术措施的制定与落实保障，从技术的形式上有一整套进一步的要求。

⑦专用、通用和监测与检测施工技术在实施的形式上应有所不同，内容也应有所区别，专用施工技术注重影响因素方面的变化与影响，一般施工技术侧重的是影响因素的作用与限制，监测与检测施工技术强调的是影响因素的条件与控制。

（六）施工技术实施范围的技术要求

施工技术受技术条件制约，受技术能力约束。专用施工技术、通用施工技术、监测与检测施工技术均应有其限定的实施范围。施工技术实施范围需按照施工技术的不同类别区分，专用性施工技术具有唯一专用的特点，通用性施工技术不是针对某一项工程而应是某一类工程，监测与检测施工技术应是针对工程实体的技术。

（七）施工技术实施途径的技术要求

施工技术实施途径的技术要求包括实施的路途与环节技术要求，实施的路途应是一项施工技术工作，实施的环节应是每项施工技术工作的技术联系处理过程。施工技术工作应是由一项一项具体的技术业务组成，或者是一组一组的技术业务构成，或是一类一类的业务内容相连接。策划安排施工技术的过程，应建立起高效的技术工作途径。

（八）施工技术实施方法的技术要求

施工技术实施方法应有可靠的技术理论作支撑，权威的技术法律法规标准做依据，应有成熟的操作规程及技术能力，可完成有根据的技术目标与技术要求。施工技术的实施方法应是有效的，各种措施应是合理的，工程资源应是现实的。

三、专用施工技术

（一）一般要求内容

专用施工技术应是过程技术，既是经济技术过程，又是安全质量技术过程；既包括前期施工技术准备过程、施工技术实施过程，又包括后期施工技术收尾总结过程；施工技术是不断变化、改进、完善实施的渐进过程。由于是过程技术，所以，应对专用施工全过程技术提出要求，有起点、有终点、有最多、有最少等内容。

①专用施工技术中的量、量化、量性的规定：专用施工技术量的计算应分为理论计算量、实际用量、图纸计算量、放样计算量等，应根据施工的不同阶段计算出相应施工的量。理论计算量属于控制量，来源于理论公式的推导和实验（试验）研究所确定的量；实际用量属于消耗量，来源于工程施工过程的实际所用量的准确量测与统计；图纸计算量属于施工工作指导量，来源于对图纸的计算与核实；放样计算量属于施工工序操作量，来源于工程施工现场按比例或首件样品试做的量。专用施工技术的量应统一量的名称概念，每一种量所要表达的工程项目内容应是一一对应的关系。

②专用施工技术量化的内容应包括工程施工的全过程、全方位，施工技术实施的过程应是量化完成落实的过程，即便对同一施工过程的不同方面、不同角度，也会有量化的比对、分析和核实控制等，量化应是施工技术的手段与途径，是施工技术范围的限定条件。

③专用施工技术量性的特点应是来源于施工技术的针对性，来源于通用技术的要求，来源于施工对象的明确任务；应是工程施工理论与实际结合的深入研究、分析、实验（试验）探寻、论证的结果。专用施工技术量性的性质分析，是服务于施工技术的制定与落实；确立专用施工技术的量性研究，是专用施工技术的量、量化、量性系列施工技术的要求，专用施工技术的量与量之间应有内在的技术的、理论的、逻辑上的关系。

④专用施工技术有关数的技术要求：专用施工技术中的数应是与国际度量衡单位同时使用，表达明确的工程含义。

⑤专用施工技术有关数值的技术要求：专用施工技术的数值与国际度量衡同时使用时表达明确的工程含义，单独使用时与前后用词一起表达工程意义。工程意义的数值应是工程意义的数计算所得，数值的取值应依据工程意义取舍和判定。

⑥专用施工技术有关风、温度、湿度的技术要求：风、湿度、温度均应是影响专用施工技术的实施因素，专用施工技术的实施必须考虑温度、风、湿度变化的影响。风、湿度、温度对专用施工技术的影响有大小、有主次，应规定风、湿度、温度等因素对专用施工技术的具体影响标准和内容。

⑦专用施工技术有关点、线、面、体、力的技术要求：工程意义上的存在，需要有点、线、面、体、力等的规范表达。

（二）实施专用施工技术的技术准备依据

包括：工程资料的接收、搜集、核实与整理，工程现场踏勘，图纸会（汇）审，工程量、工作量计算，图示分解与放样等。

（三）对专用施工技术实施方式的技术要求

专用施工技术制定文字文档方式，主要选取陈述语句进行说明阐述，应采用图、表、演示等方式表达。

（四）实施专用施工技术的各项措施内容

包括：施工方法、施工措施、安全技术措施、质量技术措施、进度计划、设备使用计划、材料使用计划、人力资源使用计划等。

（五）专用施工技术门类要求

应按照施工技术的实施范围、方法、途径、形式等技术要求，规范专用施工技术各门类。

（六）行业施工技术要求

①工程施工组织设计应是行业施工技术的标准文件形式，因而，应制定行业施工组织设计编写标准。

②行业施工技术应是涉及多专业且可能是跨专业或跨行业，以施工行业技术为主的技术，所建的工程需应用的施工技术，是具有完整功能性的施工技术，包含了多种技术的综合性专用施工技术。

③行业施工技术应是设计施工一体化技术，研究制定行业工程的基本的整体的结构工艺形式、工程的基本功能任务与作用，体现基本的技术水平。

④行业施工技术需充分考虑工程建设的使用周期、资金投入、社会影响等要求。

⑤行业施工技术的制定影响着工程的整体概算，应有明确的行业定额，应有明确的资源量化计算。

（七）专业施工技术要求

①工程施工方案应是专业施工技术的标准文件形式，因此，需制定专业施工方案编写标准。

②专业施工技术反映了施工技术的水平和能力，代表施工技术水平的先进性，体现了解决社会问题和环境污染能力的程度。

③专业施工技术需明确出工程的预算量，应有确定的专业资源定额数。

④专业施工技术需有明确的理论推导与实验检验，亦有充分的实践证明。

⑤专业施工技术应是设计与施工相结合的技术，应是把单项技术进行综合的施工技术。

⑥需建立专业施工技术体系，深入研究专业施工技术。

（八）专项施工技术要求

①工程专项施工方案应是专项施工技术的标准文件形式，所以，应制定专项施工方案编写标准。

②专项施工技术是针对施工技术的重点、难点、要点而制定，是以解决施工技术难题为对象，是以适当的投入换来技术的可行、安全的可靠、工程质量的保证。

③专项施工技术研究过程中，会有多种可能的结果，需通过多角度、多种形式的理论推导或演绎或选择，专项施工方案应是有多种结果的方案。

④专项施工技术方案通常具有风险性，应同时编制应急方案，单独编制发生专项施工的措施费。

⑤专项施工技术应是设计与施工共同研究的施工技术，需要有检测或监测技术配合。

（九）工艺施工技术要求

①工艺流程应是工艺施工技术的标准文件形式，因此，需制定工艺流程编写标准。

②工艺施工技术应是与钢筋、混凝土、模板施工相关联的施工技术，应是与工程结构主体共同起作用的施工技术。

③工艺图应是详细而全面的，工艺量应当是仔细而精准的，工艺流程图框应是清晰而简洁的。

④工艺施工技术起点应是施工准备，每一图框应是一项工作内容，旁边的图框应是必需的辅助工作或是检验、检测、监测等施工手段。

⑤工艺施工技术应有工艺施工造价量，应有工艺技术后续事项处理技术意见。

⑥工艺施工技术应有相应的施工技术保证措施，相应的工艺技术的要求。

（十）工序施工技术要求

①工序作业指导书应是工序施工技术的标准文件形式，因此，应制定工序作业指导书编写标准。

②工序施工技术应是组成工程成本的量，应按照工序施工技术制定企业基本定额的资源量，其是决算的基础性材料。

③每道工序应进行检查、查找、返工，验收合格方可放行；每道工序技术应先进行实验、修改、完善、验证、实施，通过检测、监测、评定后方可合格。

④相应工序施工技术应制定质量保证措施、安全保证措施、工期保证措施。

⑤工序之间应联系紧密，工序施工技术应相互参照。

⑥工序施工技术应是工程的基础性技术资料，应是以成熟的技术资料为基础，以实际工程数据为依据编制完成的工程施工技术总结。

四、通用施工技术

（一）一般要求内容：

①通用施工技术应对时间、温度、湿度、风、数（数值、国际度量衡单位）、量（量性、量化）、点、线、面、体、力等施工技术影响因素进行规定。对通用施工技术在基本环境条件下、在通常的条件下、在标准的条件环境中的各影响因素指标应有明确的量化内容，应用量性手段分析对专用施工技术的影响与作用。

②按照施工技术的方法、范围、形式、途径、依据、方式、内容等，规范通用施工技术的各门类。

③针对专用施工技术的不同种类，制定不同的通用施工技术内容，不同的通用施工技术应服务于不同的专用施工技术。

（二）工程建设标准技术要求

①行业施工技术标准要求：行业施工技术标准需对行业工程建设满足的方面、达到的工程能力、影响的环境程度、具体的功能范围及条件都应有明确和量化的要求。必须制定行业施工技术标准，所涉及的专业、门类、相关行业等内容都应根据总体量化目标进行分解。行业施工技术标准的制定应以大量可依从的数据、实验、理论与实践作为基础，需有成熟的信息技术等前沿技术引导。

②专业施工技术标准要求：施工技术专业性的标准应是自成理论技术体系，应有理论、有实践、有推导、有监测与检测施工技术作支撑。工程专业化的施工技术标准应是以雄厚的专业理论作基础，应以实验技术加实践经验作补充，综合各方面意见而成。专业施工技术标准应既具体又全面，针对专业内容一气呵成。专业施工技术标准应理顺专业性的结合、衍生与延伸。

③专项施工技术标准要求：对专项施工工程的空间结构点、线、面、体的几何变化，应有统一量化内容要求；对专项工程的工期及时间变化与工程体系的受力情况，应有具体对应的数理关系。需制定专项施工技术标准，对专项工程中相互关系的内容应有一致的结果。

④工艺施工技术标准要求：标准应主要以图、表、框方式表示，所标图例应相一致，制定标准图集且应简单明了，应该严格明确规定工程施工资源的品种、规格、种类、型号、实物特征、数量等。应制定工艺施工技术标准，施工工艺标准应与其他行业标准统一，便于材料应用、设备部件使用、数据核实等。

⑤工序施工技术标准要求：应建立基本的工序技术内容，明确点、线、面、体的净距离，明确时间、工期、计划、周期等的净范围，确定受力的三要素及条件。需制定工序施工技术标准，统一概念、统一名称、统一过程说法、统一精确度的计算。

（三）工程专利技术要求

工程专利技术应符合建设工程施工技术的特点，应有不同的专利技术形式。工程专利技术与非专利技术及专有技术是企业竞争的核心力。非专利技术是指不为外界所知、在生产经营活动中已采用了的、不享有法律保护的、能够带来经济效益的各种技术和诀窍，是企业无形资产的一种。非专利技术与专利权一样，能使企业在竞争中处于优势地位，在未来岁月为企业带来经济利益。非专利技术没有有效期，只要不泄露，即可有效地使用并可有偿转让。大多数非专利技术是企业自创的。非专利技术往往是在生产经营中经过长期的经验积累逐步形成的，并且无法预知是否会形成非专利技术，即使是有意要形成，也无法辨认哪些支出与将来的非专利技术有关，所以在实务中大都不予资本化。因此，行业施工技术、专业施工技术、专项施工技术、工艺施工技术、工序施工技术等是没有隶属概念的技术问题。

（四）"四新"技术要求

"四新"技术是指新技术、新设备、新材料、新工艺。

①行业施工"四新"技术要求：行业新技术应是指行业间的技术新联合，行业与一项或几项专业技术的新联合，以及行业本身技术新的理论、新的总结、专业间的新联合等；行业新设备应是指设备的关键技术、施工的关键技术中采用的新技术、新设备；行业新材料应是指直接用于工程主体材料发生变化，且起到了更好的作用；行业的新工艺应当是指使用了新的生产工艺流程。

②专业施工"四新"技术要求：专业新技术应是专业之间的联合或多专业间的联合；专业新工艺应是新的工艺流程；专业新材料应是专业施工所用材料有变化；专业新设备应是专业设备有变化。

③专项施工"四新"技术要求：专项新技术应是专项之间的联合；专项新材料应是专项施工所用材料有变化；专项新工艺应是有新的工艺流程；专项新设备应是有其他的设备引进。

④工艺施工"四新"技术要求：工序技术的改进为新技术；工序工艺的改进为新工艺；工艺设备的改进为新设备；工艺材料的改进为新材料。

⑤工序施工"四新"技术要求：工序技术改进为新技术；工序工艺改进为新工艺；工序设备改进为新设备；工序材料改进为新材料。

（五）绿色施工技术要求

①绿色施工技术应是指工程施工时减少对环境的影响的技术，应有减少水污染的技术，减少噪声技术，降低噪声技术，降低空气污染技术，处理固体废弃物技术，减少碳排放技术，节能、节地、节水技术，环境保护技术等。

②行业绿色施工技术要求：行业施工绿色环保技术应有标准，应制定行业的水质、空气、环境污染指标。

③专业绿色施工技术要求：专业施工绿色环保技术应有标准，应明确量化资源的使用和所造成的污染指标。

④专项绿色施工技术要求：专项施工绿色环保技术应有标准，应明确破坏资源的情况和造成影响的范围。

⑤工艺绿色施工技术要求：工艺施工绿色环保技术应有标准，应计算产生工艺过程

下脚料的数量及采取处理的办法。

⑥工序绿色施工技术要求：工序施工绿色环保技术应有标准，应准确计算回收与控制排放废弃物。

（六）工程施工工法技术要求

工法是以工程为对象，工艺为核心，应用系统工程原理，把先进技术和科学管理结合起来，经过一定的工程实践形成的综合配套的施工方法。工法文本编写的内容应齐全完整、图文并茂，能指导施工。应包括：前言、工法特点、适用范围、工艺原理、施工工艺流程及操作要点、材料与设备、质量控制、安全措施、环保措施、效益分析和应用实例。

①行业施工工法技术要求：行业施工工法应以行业工程为背景，研究行业工艺特点，使用先进技术及相适应的管理手段，形成行业工法。

②专业施工工法技术要求：专业施工工法应以专业工程为背景，研究专业工艺特点，使用先进技术及相适应的管理手段，形成专业工法。

③专项施工工法技术要求：专项施工工法应以专项工程为背景，研究专项工程技术工艺特点，使用先进技术及相适应的管理手段，形成专项工程施工工法。

④工艺施工工法技术要求：工艺施工工法应以工程工艺技术为背景，研究工程工艺特点，使用先进技术及相适应的管理手段，形成工程工艺施工工法。

⑤工序施工工法技术要求：工序施工工法应以工程工序施工为背景，研究工程工序技术特点，采用先进技术及相适应的管理手段，形成工序工法。

（七）工程建设规范技术要求

应是在工程建设中，对设计、施工、制造、检验等技术事项所做的一系列规定。当针对工程勘察、规划、设计、施工等技术事项作出规定时，应采用规范，这是标准的一种表现形式。规范中技术内容的要求有：①标准条文中应规定需要遵循的准则和达到的技术要求以及采取的技术措施，不包括叙述其目的或理由；②标准条文中，定性和定量应准确，并应有充分的依据；③纳入标准的技术内容，应成熟且行之有效。凡能用文字阐述的，一般不用图作规定；④标准之间不得相互抵触，相关的标准应协调一致。不得将其他标准的正文作为本标准的正文和附录；⑤标准的构成应合理、层次划分应清楚、编排格式应符合统一要求；⑥标准的技术内容应准确无误，文字表达应简练明确、通俗易懂、逻辑严谨，不得模棱两可；⑦表示严格程度的用词应准确；⑧同一术语、符号或代号应表达同一概念，同一概念应一直采用同一术语、符号或代号；⑨公式应只给出最后的表达式，不应列出推导过程。在公式符号的解释中，可包括简单的参数取值规定，但不得作出其他技术性要求。

（八）操作规程技术要求

规程是对作业、安装、鉴定、安全、管理等技术要求和实施程序所做的统一规定。当针对操作、工艺、管理等技术要求时，应采用规程，也是标准的一种表现形式。规程中的技术内容要求同规范要求一致。施工技术规程应满足行业、专业、专项、工艺和工序的特点及特性。

五、监测与检测施工技术要求

（一）基本要求

①监测与检测施工技术应确定检测、监测、实验、试验、检验、量测、测量的项目名称与技术任务、技术标准、操作程序；应按照监测与检测施工技术的门类，对具体监测与检测施工技术的方法、范围、形式、途径、依据、方式、内容等进行规范。工程的检测、监测、实验、试验、检验、量测、测量技术应有规范的实施技术要求。

②应按照基本规定要求对监测与检测施工技术，进行通用、专用施工技术的实施规定。通用、专用施工技术各门类应按照检测监测施工技术各门类要求规范其技术实施规定。

③监测与检测施工技术应确定环境下的温度、湿度、风、数（数值、国际度量衡单位）、量（量性、量化）、点、线、面、体、力的规定。对监测与检测施工技术在模拟的特定环境下、在一般的自然环境下、在标准的环境下的各维度指标应有明确的量化规定，应用量性手段分析其对通用、专用施工技术的影响和作用。

（二）监测与检测施工技术要求内容

①监测施工技术要求：工程施工应根据工程项目监测标准进行全过程技术控制监测，实施必要的专业与专项监测，施工技术亦应根据过程监测数据进行必要的调整。

②检测施工技术要求：工程施工应根据工程项目检测标准要求进行必要的技术检测，且确保工程项目的检测对象的检测结果真实有效或可靠。

③实验施工技术要求：工程施工应依据工程项目实验标准进行全过程技术质量安全实验，施工技术应根据实验结果调整确定施工技术内容。

④试验施工技术要求：工程施工应根据工程项目试验标准进行必要的技术试验项目，选择最佳、最恰当、最合理、最安全的施工技术。

⑤测量施工技术要求：测量施工技术应满足专业测量技术的要求。

⑥量测施工技术要求：工程施工应根据工程项目量测标准要求进行必要的技术量测，且确保工程项目的量测对象的量测结果真实有效或可靠。

⑦检验施工技术要求：工程施工应根据工程项目检验标准要求进行必要的技术检验，并且确保工程项目的检验对象的检验结果真实有效或可靠。

六、施工技术发展与应用环境要求

（一）基本要求

①应发展建设工程施工技术，应制定建设工程施工技术标准规范，扩展建设施工技

术的范围，水利施工技术、电力施工技术、冶金施工技术、港口施工技术等应包含于施工技术中，应该属于行业施工技术范畴。

②施工技术应减少政治、行政、社会矛盾等因素的影响，净化施工技术的发展与应用环境。

（二）通用施工技术的发展与应用环境

应研究掌握通用施工技术的形成过程，切实提高通用施工技术水平，保证通用施工技术对专用施工技术的指导作用。

①工程建设标准：应实现建设工程领域建设标准全覆盖，大力推进标准和标准化。
②工程建设规范：规范一般意义上属于标准的范畴。
③操作规程：规程通常意义上属于标准的范畴。
④工程工法：应规范工法的技术内容。
⑤工程专利：应规范工程专利的实用性。
⑥新技术示范工程：应作为施工技术的主要内容。
⑦"四新"技术：应作为施工技术的主要内容。
⑧绿色施工技术：应作为施工技术的主要、必须的内容。

（三）专用施工技术的发展与应用环境

应发展信息条件下的行业施工技术，使得更多行业间的高效联合施工；应发展信息条件下的专业施工技术，保证相关专业的联合有效施工；应发展信息条件下的专项施工技术，保证专项工程施工技术在可控范围内；应发展信息条件下的工艺施工技术，保证工艺施工技术流程简单明了、过程精简、施工顺当；应发展信息条件下的工序施工技术，保证工序施工技术操作方便简易。

（四）监测与检测施工技术的发展与应用环境

①监测施工技术：应发展信息监测施工技术，实现动态信息化控制施工，实现全天候条件下的监测施工技术，施工技术应使监测与施工同时进行。
②检测施工技术：应发展信息检测施工技术，提高检测的精确度，保证施工技术的可靠性。
③检验施工技术：应发展信息条件下的检验施工技术，提高检验的准确度，保证施工技术的安全性。
④实验施工技术：应发展信息条件下的实验施工技术，确保实验的真实性，保证施工技术的客观性。
⑤试验施工技术：应发展信息条件下的试验施工技术，确保试验的成功率，保证施工技术的可操作性。
⑥量测施工技术：应发展信息条件下的量测施工技术，提高量测的广泛性，保证施工技术的核心作用。
⑦测量施工技术：应发展信息条件下的测量施工技术，提升测量施工技术的简易方便性，保证施工技术的顺利实施。

第二节　市政公路工程施工技术管理

一、概述

(一) 目的与意义

市政公路工程施工技术管理研究的是什么？应探讨哪些问题？目的又是什么呢？在我国的建设工程领域，如何开展施工技术管理？多年来我们已经摸索出许多成熟的经验，尤其是改革开放以来，大批工程上马建设，施工技术水平快速发展，施工技术管理水平也有所提高。然而一方面随着我国改革开放的逐步深入，关系国计民生的建设工程领域将会出台不少重大的改革措施，施工技术能力还会加强，这将影响施工技术管理的工作程序和工作环节；另一方面现阶段出现的工程施工的安全技术质量问题，严重破坏生态环境和生存环境的问题，技术经济效益问题即工程成本造价问题，也将促使施工技术管理的工作内容与工作任务发生变化和调整；还有，客观上为适应市场经济条件下工程建设的发展变化，施工技术管理的工作对象、范围和依据等也在随之变化；网络信息时代的到来，也要求施工技术管理工作在形式、手段、方式、方法上有重大变革。当下，国外施工技术及管理水平始终值得我们学习和追赶，我们对施工技术管理的研究与探讨似乎进入了瓶颈期，又似乎是一道难破解的题。在日新月异的发展形势下，大量工程与高水平的施工之间，出现了施工技术管理这一明显的凹地，严重影响着施工技术的发展，束缚着其他生产要素应有的作用。在注重社会、经济和环境效益，注重以人为本的今天，在施工项目管理的强势推进下，施工技术管理工作却在进一步弱化，已经不适应建设工程项目的快速发展，不能满足于施工技术的要求，因而，有必要开展建设工程施工技术管理研究。

因此，为认真贯彻和落实国家对建设工程技术管理的法律法规要求；为加强和完善建设工程施工技术管理，逐步实现严谨高效的科学化、信息化管理方法和模式；明确建设工程施工技术管理的工作内容、工作任务、工作程序、工作环节、工作对象；明确在我国开展的各专项施工技术管理，更好地服务于工程项目建设的需要，指导有关单位和工程建设项目更好地进一步开展施工技术管理工作，规范建设工程项目所采用的施工技术在社会建设中、经济运行中、环境保护中的行为；为促进施工技术水平提升，确保施工技术发挥出其应有的作用，提高施工技术管理水平，真正起到为市政公路工程项目保驾护航的作用，特地进行施工技术管理的研究。

（二）施工技术管理的基本概念

1. 工程建设施工工法管理

工程建设施工工法管理是以工程为对象、工艺为核心，运用系统工程的原理，把先进的技术和科学管理结合起来，经过工程实践形成的综合配套的施工方法管理。工法必须具有先进、适用、保证工程质量与安全、达到环保要求、提高施工效率和降低工程成本等特点，所以，管理工作的开展应始终围绕这一特点而展开。

2. 工程施工组织设计管理

施工组织设计管理是对指导施工项目全过程各项活动的技术、经济和组织的综合性文件，及对施工技术与施工项目管理有机结合的产物而进行的管理，它能确保工程开工后施工活动有序、高效、科学合理地进行。

对施工组织设计的管理应贯穿于工程施工的全过程，且应是全过程的动态化管理，使施工技术始终处于受控状态，从而保证工程质量和人员安全，使效益最大化。

3. 工程施工专项方案管理

专项方案管理是指对作业比较特殊的，为具体项目专门制订的有针对性方案的管理。对专项方案的管理应是更专业、更细致、更全面的。

4. 工程标准规范管理

工程标准规范管理就是对工程的一种以文件形式发布，就是明文规定或约定俗成的统一协定的管理。对工程标准规范的管理是长期性的、永久性的管理，是全方位的、全领域的管理，所以，应建立专门的组织机构和专门的人员进行管理。

5. 工程绿色文明施工管理

工程绿色文明施工管理就是对工程施工时能够持续满足人们幸福感的文明进行管理。绿色文明，是一种新型的社会文明，是人类可持续发展必然选择的文明形态。也是一种人文精神，体现着时代的精神与文化。它既反对人类中心主义，又反对自然中心主义，而是以人类社会与自然界相互作用，保持动态平衡为中心，强调人与自然整体、和谐的双赢式发展。工程施工全过程的绿色文明施工管理，当前越来越强调向上下游的延伸了。

6. 推广"四新"技术管理

推广"四新"技术管理就是对"四新"技术即"新技术、新工艺、新设备、新材料"推广应用的管理。认定新兴（型）技术工作，适时推广应用工作，确定产生效益工作等一系列的管理内容，是"四新"技术管理的主要工作内容，是施工技术管理工作中的重要环节。

7. 招投标施工技术文件管理

招投标施工技术文件管理是对用以评价投标人的技术实力和经验的技术文件进行管理。技术复杂的项目对技术文件的编写内容及格式均有详细要求。特定阶段、特定时期的施工技术管理，一方面应满足招投标技术工作的需要，另一方面又要准备为施工阶段的施工技术服务。

8. 施工技术管理

施工技术管理就是正确贯彻国家的各项技术政策，国家有关部门的规定、规范、规程；依靠技术进步，科学地组织各项技术工作，建立良好的技术秩序，确保按质如期完成工程和施工管理任务，保障安全施工、文明施工，不断提高经济效益和社会效益，使技术与经济达到辩证统一。

9. 施工技术组织体系管理

为完成建设工程施工技术及管理，需投入一个或一组建设工程施工技术人员，将这些技术人员组织起来建立体系管理就是对建设工程进行有组织有体系的管理。常常由单位总工程师、主任工程师等技术行政领导来进行施工技术组织体系的管理。

10. 施工技术文件资料管理：

施工技术文件资料管理是对工程建设各方根据有关管理规定，在施工过程中形成的应归档保存的各种图纸、表格、文字、音像材料、电子文件等技术文件的管理。文件资料管理也称内业管理，目前也应赋予它新的含义了，随着"工业4.0"工业革命、"互联网+"时代的到来，施工技术文件资料管理也应与时俱进。

11. 施工技术文件编制管理

施工技术文件编制管理就是对施工技术进行编写和制定并形成文件过程的管理，应依据规范性质或办法、制度的要求进行管理。施工技术文件的编制过程管理应有组织、程序、步骤和计划等过程。

12. 施工技术文件编写管理

施工技术文件编写管理就是对施工技术进行编排、绘制、整理、书写形成技术文件过程的管理。编写管理过程是形成施工技术文件的基础过程，应严格管理，把握好第一手材料。

13. 施工技术文件编订管理

施工技术文件编订管理就是对施工技术进行编写、核实、合订形成施工技术文件过程的管理，主要指的是施工技术文件的汇总整理和装订成册，用于发行、保存和便于存档等的管理。

14. 施工技术评审管理

施工技术评审管理就是对施工技术进行评判或者审核过程的管理，指的是从开始申请到给出评审结果并进行监督落实的管理过程。

15. 施工技术论证管理

施工技术论证管理就是对施工技术进行讨论证明过程的管理，指的是由组织者发起的管理过程，是施工技术管理的重要手段。

16. 施工技术验收管理

施工技术验收管理就是对施工技术的检验、归纳与总结过程的管理，对其进行评审过程的管理。

17. 施工技术文件废止管理

施工技术文件废止管理就是指对不满足的施工技术进行废除停止的管理，是施工技术管理的最后环节。

18. 施工技术审核管理

施工技术审核管理就是对施工技术评审核实过程的管理。审核过程是施工技术管理中的一个重要环节，应当有严格的规定。

19. 施工技术修订管理

施工技术修订管理就是对施工技术进行修改、改正过程的管理。现阶段应加强施工技术的修订管理。

20. 施工技术增补管理

施工技术增补管理就是对施工技术内容增加或补充过程的管理，因变化太大也太频繁，管理环节多，因此应进行施工技术的增补管理。

21. 施工技术申请管理

施工技术申请管理就是对施工技术申报请示过程的管理。申请管理应规范施工技术申请管理的行为。

22. 施工技术申报管理

施工技术申报管理就是对施工技术申立报批过程的管理。申报管理应强调资格审查的管理。

23. 施工技术审批管理

施工技术审批管理就是对施工技术进行审阅批准过程的管理。审批管理应完善施工技术审批管理的程序。

24. 施工技术颁布管理

施工技术颁布管理就是对施工技术颁发布告公示的管理。颁布管理的组织管理内容是该项管理工作的重点。

二、施工技术管理基本内容

（一）施工技术管理的重要性

按照国家有关法律法规要求，建设工程项目必须开展工程技术的研究探讨，必须进行建设工程技术方法措施的制定与落实。同时，必须进行建设工程技术管理。

建设工程施工技术是人类土木工程的实践活动与研究，是工程施工的核心；施工技术管理是对人类土木工程实践活动与研究行为的规范，是工程施工的灵魂。施工技术与施工技术管理是相辅相成，不可或缺的。没有施工技术，就没有施工技术管理，而施工技术只有通过施工技术管理才能展现其生命力和活力。反过来，没有施工技术管理，施工技术就没有价值。施工技术管理水平的高低又影响制约着施工技术的发展与发挥，只有通过施工技术管理才能将施工技术研究的新成果应用到工程上，才能对施工技术的探讨内容进行验证，才能使制定的措施方法有充分的依据，也才能将措施落实得合法合理。当然，施工技术的迅猛发展又要求施工技术的管理跟得上发展变化，要求其不断变化以改善提高其水平。因此，只有施工技术及其管理共同发挥作用，才能使工程施工正常顺利进行，才能推进建设工程施工的发展。但是，本篇只是对施工技术管理进行研究，是有关施工技术管理范畴的论述，不涉及施工技术问题。

（二）施工技术管理工作内容

施工技术管理工作内容应包括专项施工技术管理、施工技术人员与组织体系管理、专家及专家队伍管理、施工技术文件资料管理、施工技术管理督查等五方面内容。

在我国应建立起各层次、各种形式的施工技术管理组织体系，建立起施工技术研究的专家队伍和研究人才梯队。国有企业单位及项目都应建立起施工技术管理系统，组织起科技技术专家委员会，组织起针对重大课题的研究团队和针对具体项目的研究小组，在进行施工技术管理的同时，也必须加强和完善对工程专家、施工技术人员的管理。事是由人来做的，没有很好的施工技术人员队伍，没有高水平的专家就不会有很好的施工技术，没有很好的施工技术管理体系，就搞不清施工技术的好坏利弊。因此，施工技术管理规范研究是工程建设领域永恒的全方位的课题。

（三）施工技术管理工作任务

施工技术管理工作的任务应包括对施工技术及相关标准文件组织申报、申请、编写、编制、编订、审核、审批、评审、论证、鉴定、验收、颁布、签发、下发、宣贯、培训、修订、增补、废止等，还应包含对管理工作任务的监督、检查、落实，督促有关单位和项目进一步深化施工技术管理的任务等。

施工技术需要编写、编制、归档来完成，需要申报、申请、审核来确定，需要论证、审批、颁布来贯彻，需要下发、宣贯、培训来执行，需要验收、评审、鉴定来总结，需要修订、增补来完善，需要废止来终结。应按照施工技术产生的过程进行建章立业、组织管理，应按照不同的施工技术完成不同管理内容的工作任务。

（四）施工技术管理工作的程序

首先，应严格遵照国家建设工程施工技术管理的法律法规，制定省市级建设工程施工技术管理规章制度，并应对省市域内所属单位及项目进行相关管理的明确指导。其次，省市域内所属企业集团和项目，应严格按照国家和省市两级要求，建立起集团、企业和项目上的技术管理办法或细则，优化国家、地方、集团、企业、项目的管理程序，最终将管理的工作效果或影响施加到工程项目上。

我国行政区划管理是从中央到地方，从地方延伸到集团企业，再从集团企业落实到工程项目的三阶段管理程序。但是，不论哪一级、哪一阶段的管理都是针对企业和项目，最终都反映到工程上。而无论哪一级、哪一阶段的管理都应是针对自己的管理工作范畴，必须贯彻和执行国家和上一级的规定和管理要求，必须确保国家有关施工技术管理法律法规的贯彻执行，并且应随着国家级管理要求的变化而不断完善贯彻。当然，国家的相关施工技术管理的法律法规也应根据施工技术的发展变化，以及其他一些原因，而不断完善变化。而省市一级的各项管理规定也要根据管理的内容、任务、环节等的变化而改善。概括来讲，作为省市一级的管理，一定要上接好国家层面的管理，下理顺好集团企业层面的管理。

（五）施工技术管理工作环节

应是工程建设领域的实施环节，前接工程的前期规划设计，后连工程竣工的养护管理；参与建设工程施工技术管理实施环节的各方应是：政府管理部门，建设、勘察、设计、监理、施工及建设工程项目区域范围内的有关单位等。

建设工程施工技术及其管理是工程建设实施环节的核心内容，要求从事施工技术及其管理的技术人员必须牢牢掌握工程的前期规划设计意图和要求，打造精品工程，不给后续养护管理带来困难和麻烦，是工程施工技术及管理人员的责任。工程建设领域中实施环节的施工技术及其管理涉及了以下几方面内容：涉及工程质量和安全的施工技术及其管理，涉及工程造价与成本核算的经济技术及其管理，涉及工程施工工期的进度计划安排，涉及绿色环保、节能减排、文明施工的低碳技术及其管理等。

（六）施工技术管理工作对象

施工技术管理的工作对象指施工企业集团及其所承揽的国内外工程项目。施工企业集团指的是具有施工资质的企业性质的集团，以及企业集团所管理的具有相应资质的施工企业；所承揽的国内外工程项目是指这些企业所承担的施工项目，包括在本国以外区域承揽到的项目，以及国内的项目；在省市域内的项目而非市管施工企业施工的工程，也是被管理的对象。

（七）专项施工技术管理

专项建设工程技术管理应包含以下十项内容：①工程招投标技术性文件管理；②工程施工组织设计管理；③工程施工专项方案管理；④绿色文明施工技术管理；⑤推广"四新"技术管理；⑥工程技术专利管理；⑦新技术示范工程管理；⑧建设工程工法管理；⑨标准规范类管理（包括规范、标准、规程、规定、办法、制度、细则等）；⑩工程技术研究课题管理等。

十个专项施工技术管理，按照其管理的特点可分为四类：一是工程施工技术标准类的管理：包括施工技术标准、规范、相关的细则、管理办法、作业指导书、规章、制度等，属于施工技术日常管理内容。这些施工技术文件是经过长期实践经验研究和理论研究总结的结果，又是用于指导制定施工技术措施，并且是必须严格依据的，是讨论论证各项施工技术共同依靠的准则。因此，对于该类技术文件应设专人管理，建立标准的管理系统。二是直接指导施工项目施工生产的技术类管理文件：包括招投标技术性文件管理、工程施工组织设计管理、施工专项方案。属于项目建设时期的施工阶段技术管理，为某一具体工程项目的建设而产生的技术管理，随项目的产生而产生，随项目的完成而结束。因此，必须有全过程的体系管理、特定时间段的集中管理和特定局限空间的封闭管理。三是施工技术管理中的行政管理类：包括工程施工工法管理、新技术示范工程管理、绿色文明施工管理、推行"四新"技术管理等，是属于国家政府为促进人类社会向前发展和和谐进步，协调指挥行业企业顺利完成任务而开展的施工技术管理工作，亦能起到规范企业行为的目的。因此，该类施工技术管理应有严格的组织体系做保证，应有从上至下一整套的法律法规做引导。四是工程施工技术的科研管理类：包括各级别的科研课题研究，工程专利研究的管理等，是属于施工技术创新型的管理，应进行长短期的规划和资金投入，建立专人管理。

总而言之，各专项建设工程技术管理应是服务于工程实施过程的不同方面、不同时期，既有区别又有联系。国家和各省市都有相关明确的规章、办法、标准出台。各有关单位、人员及项目应严格贯彻和执行。

三、施工技术管理内容

（一）管理内容的基本要求

施工技术工作在管理时需首先明确其所处状态，即所处任务状况、所处程序工作去向、所处环节情况以及管理的对象和受控情况等。建设工程施工技术管理的工作任务规定：建设工程施工技术的日常工作任务管理，应是围绕工程建设全过程的常态化工作，面对的只是不同的具体工程、具体项目、具体内容。应当设专门部门专人管理，必须进行定期管理评审，必须严格组织执行任务的会议计划、安排和形式，应编制施工技术管理工作任务的管理办法。

① "三编"规定（即：编写、编制、编订）：施工技术文件编写是指编排、整理、绘制、书写形成施工技术资料，完成施工技术文件内容，且是拥有施工技术价值的文件。施工技术文件编制是指编写、制定形成施工技术文件，所编写的文件应有充分必要的法理和理论做依托，所制定出的施工技术内容，应具有针对性、创新性、可操作性和指导性。施工技术文件编订是指编写、编定、修订，除了所编写的文件应有充要的法理和理论做依托，对已经编制的文件由于某种原因发生变化需要进行重新修订，还要对一些新的说法进行编定。因而，需要编订的施工技术文件应是在已有的相关文件资料的基础上进行的。建设工程施工技术性文件的编写、编制、编订应是在施工技术组织体系框架内，由专人、小组或者是某个单位来完成，应符合具体文件从内容到形式的要求。编写的过程强调的是需要大量的文件资料准备；编制的过程强调的是需要精确的量化和准确的理论推导；编订的过程强调的是需要客观实际认真的校对与核实。工程实施环节各方所形成的施工技术性文件，必须有编写、编制和编订的过程。应有施工技术文件编写管理、

施工技术文件编制管理、施工技术文件编订管理的明确要求。

②"三审"规定（即：审批、审订、审核）：施工技术通过"三编"（即编写、编制、编订）形成的文件，由"三编"人员送交上一级技术负责人审核，审核无误或技术文件经修改后，再请示法人单位或法人项目技术负责人审批，审订工作是在编订的基础上进行审查核定，编订后的技术文件必须进行审订，方可报送审批，审批应是审核批准，由法人单位技术负责人或是项目法人签字生效，审批后的文件才是具有法律意义的技术文件。工程实施环节各方所形成的施工技术性文件，必须有审核、审订和审批的过程。施工技术管理任务中，审核工作视管理层次和环节的不同，所开展的形式和方法不同；视不同的施工技术管理内容组织审核的形式也不同。审核是使正式文件形成的过程，而审批只是结果。应有施工技术审核管理、施工技术审批管理、施工技术审订管理的明确要求。

③科研课题管理的规定（即：立项、鉴定、结论、验收）：科研项目应经过评审方可立项为科研课题；有了结果的科研课题即可进行科研项目的结题；完成了科研课题合同要求的内容即为验收；给科研课题或施工技术成果作出有影响的结论即为课题鉴定。立项、鉴定、结论、验收等管理任务应安排在不同的管理程序和环节中。对施工技术立项、鉴定、结论、验收的管理应有明确要求。

④"二申"规定（即：申请、申报）：施工技术管理应有申请和申报工作内容，有定时要求的和填报内容的应采取申报形式，有限时要求的、依照相关规定执行填写的宜采取申请形式。施工技术管理环节各方，施工技术管理程序各层次，以及施工技术各管理内容，都应有申请、申报的工作任务。申请与申报的工作任务都应有明确规定，包括签字、盖章、日期、人员、文字材料等。因此，需要有施工技术申请、申报管理的明确要求。

⑤施工技术文件贯彻执行的相关规定（即：颁布、发布、培训、宣贯、转发、交底）：国家级及省市级的施工技术文件需要颁布、发布，需进行培训和宣贯，集团企业级施工技术文件需进行转发，工程项目上的技术文件需要进行交底等等，每位工程技术人员及相关施工人员应进行学习、理解和掌握。因而，需要有施工技术颁布、下发、培训、宣贯、交底管理的明确和具体要求。

⑥施工技术过程文件的管理规定（即：评审、论证）：申报的施工技术文件应采取评审的工作流程，评审的工作流程应是由专家进行讲评、评判，工作组及相关单位进行审查、审核，由会议推举的评审主任进行评定、审议的工作环节组成；申请的施工技术文件应采取论证的工作流程，论证的工作流程应是由专家进行讨论、论述，工作组及相关单位进行证明、证实，由会议选举的论证组长进行结论性证言宣读。评审出结果，论证出事情。评审出的结果能够作为编制施工技术文件的依据，论证出的事情是施工技术的新内容。应有施工技术评审、论证管理的明确要求。

⑦施工技术文件修编的管理规定（即：增补、修订）：对已形成的文件增加、补充新的内容的即为增补；修改、核定已形成的文件即为修订。对现执行的文件进行修订、增补应有相关规定，必须有时间期限的适用要求，在根据相关技术的发展进行必要的变

更时，也应提出施工技术修订、增补管理的明确要求。

⑧施工技术文件存档的管理规定（即：归档、废止）：施工技术文件必须进行归档和废止的管理，文件的归口、归类立档、建档应根据管理层和管理环节的不同而区分，工程技术管理的特点应随着工程的进展变化、随着技术革新、随着总结提高，技术文件也应不断删减、剔除、废掉和停止使用。因而，必须建立施工技术文件的归档和废止的管理制度。施工技术文件的时效性和适用性要求必须随着施工技术的发展而随时改变，随着施工技术的淘汰而废止。因此，应有施工技术归档、废止的明确要求。

⑨施工技术管理程序的工作规定：省市建设工程施工技术分四层管理，即市级管理层、企业集团级管理层、公司企业级管理层、工程项目基层级管理层。应按照国家制定的建设工程施工技术发展纲要，制定各级建设工程施工技术管理纲要。确定建设工程施工技术发展的方向和目标，确定建设工程施工技术管理的任务和内容。

⑩省市级的施工技术管理层工作内容应是：首先，转发国家级的文件，且应有市级下发的意见；其次，组织研究制定市级建设工程施工技术文件或标准规范；再次，对集团、公司、项目进行市级各专项施工技术管理等；最后，应产生下发的施工技术性书面文件和上报到国家的施工技术性书面资料。核心是全面有效规范建设工程施工技术管理秩序，形成普遍共识的管理规章制度与标准规范。省市级应制定本省市建设工程施工技术管理规范。

⑪企业集团级的施工技术管理层工作内容应是：首先，组织执行国家和市级的施工技术性文件；然后，组织制定出施工技术性书面资料；最终，经初步评审最后形成集团级管理书面文件和上报施工技术性书面资料。核心是组织全集团的重大施工技术论证与措施方法制定，定期进行施工技术及管理的落实监督与检查，形成多方参与的科学技术性意见文件。企业集团应编制本企业建设工程施工技术管理办法。

⑫公司级企业的施工技术管理层工作内容应是：首先，组织执行国家和市、集团级的施工技术性文件；然后组织落实与实施施工技术与专项施工技术及其管理，最后形成公司书面文件和上报施工技术性书面材料。核心是对工程施工生产性资源进行科学化、技术性处理，形成拥有完整细致、安全可靠、操作简便、多部门参与的施工技术指导性文件。

⑬基层工程项目的施工技术管理层工作内容应是：首先，组织执行国家和市、集团、公司级的施工技术性文件；然后组织实施施工技术及管理，最后形成上报施工技术性书面材料。核心是对公司批准的施工技术指导性文件进行逐项落实，形成多管理环节参与的工程项目竣工资料。

⑭对施工技术管理各环节的工作内容规定：施工技术实施所涉及的管理环节应包含建设单位施工技术管理环节、监理单位施工技术管理环节、施工单位施工技术管理环节、政府监督部门施工技术管理环节、工程项目实施地周边的社会有关单位或部门施工技术管理环节、设计单位施工技术管理环节等。工程施工所涉及的管理环节较多，应根据具体项目来落实。项目落实以后，必须将所有工程项目实施地周边的社会有关单位或部门等管理单位请来，明确各自的施工技术管理内容。

⑮对施工技术管理工作对象的规定：所有注册合法的施工企业并通过合法途径承揽的工程，凡被政府批准的工程项目，都应是施工技术管理的对象。

⑯现在施工企业是分级管理，应将掌握专项技术及管理的程度作为考核企业级别水平的条件；应把拥有技术人员及组织管理情况、拥有专家及专家队伍及管理的情况，作为考核企业级别能力的条件；应把处理施工技术文件资料及管理、施工技术及管理的监督检查和日常工作，作为考核企业级别的基本条件。

⑰应对建设大的、小的项目，大项目套小项目，大项目带小项目，大项目包含小项目，几个相似或类同的项目组成一起合为一个项目进行分别处理，不能作为施工技术管理的对象。施工技术所涉及的施工材料、施工工艺、设备、不同的施工工程专业等，都应是施工技术管理的对象。只有列入工程项目的各种项目形式进入建设阶段以后，方可以进行施工技术管理，但专项施工技术管理又有区别。

⑱对施工技术管理工作内容的规定：要求对施工技术管理的各个方面内容作明确的规定。一是必须建立管理程序中各级别各层次的专家库，建立相应的专家管理规定。管理环节不同，施工技术管理的内容就不同，管理层次不同，对施工技术管理的高度就不同。因此，必须从不同角度、不同高度、不同方面对施工技术进行评审和论证，也需要建立不同的专家库和专家管理制度。二是完成任何施工技术资料和文件都需要合格的、有专业知识的技术人员。因此，各个管理环节和各个管理程序中都必须建立完备的施工技术组织体系。三是从下向上送交的施工技术材料应称为资料；从上向下传递的材料应称为文件；凡是环节中流转的材料均应属于相关合同内容的会议材料、资料或文件。四是不同环节、不同程序、不同对象应进行不同的专项施工技术管理，应开展不同内容的专项施工技术管理工作，必须编制各自必要的专项施工技术管理细则或办法。五是对于各管理层和各管理环节，应组织专人定期进行监督检查，督促整改落实，并进行年终考核，奖优罚劣。六是应理顺专项施工技术的相互关系，对专项施工管理应有区别的对待，专项施工技术做的是工程技术不同阶段、不同时期的工作，各个管理的环节和程序应有针对性措施。施工技术管理工作的开展应满足和适应施工技术的需要，应该符合我们国家和地方的情况，为工程建设服务，为工程最大程度实现社会效益、经济效益、环境效益服务。

（二）施工工法管理

①应按照省市级施工工法申报要求和条件，明确集团企业级工法的编写和申报。凡被推荐到国家级的工法，必须由申报单位提供有关参与项目实施的建设单位、设计单位、监理单位、政府监督部门出具的相关书面证明材料，并由省市级主管部门组织进行申报。工法管理的工作任务应是完成工法从产生到评出国家级工法的过程，省市级工法管理应是全面贯彻国家级工法要求，正确指导集团企业和项目。

②各企业集团应指导各公司组织基层工程项目参与工法的开发和编写及管理工作，宜作为对公司年终考核的一项指标，可作为对工程项目的奖励内容。应依照各个管理层的管理要求、管理特点、管理内容进行考评和奖励。工法管理的工作管理程序应是从国

家、地方、企业集团、企业公司到工程项目的垂直管理过程。

③对施工工法应明确规定使用或应用的年限，及更新或淘汰的技术条件；应由直接参加施工工法研究和实施的单位和人员编制，应明确规定每部工法的拥有单位名称，工法编写单位所承揽的有关工法相关工程的施工情况，每部工法的编写者姓名，并且明确施工工法编写单位和个人的相关信息，编写人员参与过的工程施工的情况；应整理出符合编制工法的文字图表及电子版数字影像材料，联系、接洽和索取用于工法编制的证明性材料，要求所准备的材料足以满足工法的编写条件。

工程工法管理的工作内容应是确保工法有效的存在：新的工法诞生与老的工法更新或淘汰应同时进行，拥有的单位能够去更新或淘汰，其他的单位也可随时提出新的工法把已有的工法顶替。工法是工程施工的专有技术，但不是唯一技术，是对工程施工中先进新技术、新工艺的总结归纳，是完成一项具体工程任务、部位或工序采取的有效方法和措施，或是对几项技术的有效整合，或是对关键技术的措施化处理，工法体现了企业的施工能力及水平。

④对工法在项目上的应用实施情况、各施工技术管理环节的有关方面，应进行监督、检查、评审，并给出各自的结论证明。建设单位代表社会应对工法的社会效益作出评价，明确对社会上跟工程项目有关联的居委会或街道办事处，工程项目竣工后的养护管理部门，以及施工范围内的单位和人员的影响。设计单位应当针对工法的技术经济效益做出具体量化的评估，监理单位应针对工法的环境效益给出评定，判定对施工范围内花草、树木、河流、道路、建筑物，甚至水、空气和阳光的影响等。工法管理的工作管理环节应是施工技术管理所包括的各单位，及各单位所从事的管理工作内容。

⑤工程工法应以具体的工程项目为依托，工程项目上的任何一个技术过程、工艺过程、新的材料或设备的应用均可编制一部工法，工程施工的过程应是一个一个工法落实的过程、不同的工法出现的过程、新的工法诞生的过程，工程施工的每一道工序都可形成工法。工程工法管理的工作管理对象应是工程项目，工程项目上的任何一个工序均应编制工法，特别是应用到工程上的新技术、新材料、新设备、新工艺等的应用过程。

（三）工程专利管理

①工程专利管理应严格执行国家有关专利管理的法律法规要求，各施工企业集团及施工人员都应进行申报。针对建设行业的技术管理特点，应有建设工程专利管理具体措施。建设工程专利应纳为专项施工技术进行管理，需要有工程做载体，首次使用需要论证。因此，应对工程专利管理确定相应条件。建设工程施工技术专利的特点：一是产生的专利不可保密性；二是涉及的相关条件较多。且专利技术与工程工法、科研课题、标准规范等其他专有技术界定还有待明确。另外，专利的管理应纳入专业化管理，作为专项施工技术内容应按照专项技术程序进行管理。目前，专利技术内容存在重复申报、水平不高、界定不清、管理简单等问题。

②工程专利申报、受理、授权等工作任务，必须按照国家专利局的相关要求执行。各单位应将所有授权的工程专利，以专项施工技术的文件形式报省市级工程技术主管部

门备案。

③应对工程技术专利管理工作内容加以规定，包括专利的研发、应用与评估等。建设工程施工技术专利的应用，应有显著的社会效益、经济效益和环境效益，应有明显的技术先进性，应对专利的应用情况进行必要的专业评审、专项论证和综合评估。工程技术专利应产生于工程项目，应以工程项目为研究对象。

（四）工程技术科研管理

①依托工程项目，必须进行工程技术科研课题的研究，应制定各环节、各管理程序的工程科研课题管理措施。建设工程施工技术科技研究管理，应确定建设工程施工技术内容，以解决施工技术难题为基本出发点，以保障具体工程项目的顺利开展为科研目的。

②科研课题的申报应严格按照每年上级的科研课题申报指南要求执行，必须满足上级的评审条件，严格执行上级的公示、批准、贯彻执行的要求。建设工程进行技术研究或开展科研活动，是以工程建设内容和发展需要为目标，因而，工程技术科研管理也主要是围绕每年的工程技术任务来开展。

③应以企业集团和企业公司为单位进行，每个施工企业集团，均是行业领域集团，每个企业公司均是专业化公司。因此，必须进行行业技术的研究与发展，既可选择行业内单方面技术研究，又可进行多专业综合性研究。科研课题的研究必须是未来项目上的技术问题，并应成立课题研究小组，小组成员必须满足科研课题的条件。

④工程施工技术管理的每个环节各方均可申报，工程施工的建设单位、监理单位、施工单位、设计单位，可以从不同方面组织申报，也可几家一起从多个方面汇总申报。建设单位应加大项目实施前期阶段的技术筹划与论证、建设方案的技术性评比与论证，优化确定工程重大施工工艺，研究选择先进的技术、设备和工艺流程。监理单位应深入研究工程检测、实验、测量等的技术研究。施工单位应进行全方位的施工技术研究。设计单位应进行工程理论与设计的研究。

⑤科研课题应是针对项目的技术经济问题、社会效益问题、环境保护问题等的研究。应有相应的研究资金投入，并有严密的研究经费使用计划和工作计划。社会效益应由社会来评价，主要由建设单位来组织施工单位进行社会效益情况影响的研究，研究建设工程施工给社会各方面带来的利弊，以便优化工程建设方案，满足社会的最大需求，把不利因素降到最小。技术经济效益可以由具体的数字衡量，与设计单位的工程概、预算相比，能够量化到工程某一部位的成本造价，应组织设计单位、施工单位进行研究。设计单位、监理单位、施工单位应按照环评要求对工程施工进行环境效益的研究。

⑥科研课题应是以项目为核心，确定研究的重点和内容。科研课题必须是从项目中产生，或是施工单位所承揽的项目中产生，必须是从满足科研管理要求的项目中产生。

（五）新技术示范工程管理

①各施工技术管理的环节都必须进行新技术示范工程管理，并制定相应的管理措施。应抓好施工新技术源头的管控，才能去谈"四新"技术的推广。是否是新技术，还看它是否有推广价值。

②新技术示范工程的申报应该严格按照每年上级下达的申报要求执行，必须满足上级的评审、验收条件，严格执行上级的公示、批准、贯彻组织实施的要求，所需申报的资料必须按照国家新技术示范工程中"十项新技术"的内容要求编写。

③省市级新技术示范工程由省市主管部门依据国家有关要求组织管理与实施，应由省市属企业集团及承揽有项目的集团企业依据省市有关管理规定安排组织完成和初评验收，应由申报的工程项目组人员依据集团企业具体情况指挥、组织、落实和汇报。

④各环节管理单位应对施工项目单位出具真实客观的证明材料。

⑤项目上应具备"十项新技术"的应用和科技研究、专利开发等内容，新技术示范工程应是针对工程的技术经济问题、社会效益问题、环境效益问题开展的活动。项目上应有组织且以研究形式开展，组织成员必须满足新技术示范工程的条件。

⑥应明确开展新技术示范工程项目的条件，省市级工程项目都应进行示范工程建设。工程上开展新技术示范工程，是对建设工程项目施工技术管理最基本的要求，是为了获得更好的经济、社会、环境效益。

（六）"四新"技术推广管理

制定各环节、各管理程序的推广"四新"技术措施，推广应用新技术淘汰旧技术就必须进行"四新"技术推广的管理。各有关施工企业集团应组织新开工项目进行"四新"技术推广研讨及计划实施的工作，梳理现行应用施工技术情况，比较新技术并进行评审和论证。应按照国家宣贯、培训要求进行，掌握"四新"技术内容，建立"四新"技术层层推广组织体系。施工技术管理各个环节都应进行"四新"技术推广管理工作。对施工技术或"四新"技术的评审与论证，建设、监理、设计、施工等单位必须参与。明确"四新"技术推广的管理工作内容，严格"四新"技术推广管理要求，考察新技术实施的条件和背景。工程项目也应具有"四新"技术推广的条件，对实施推广的社会效益、经济效益、环境效益应进行预测。明确"四新"技术推广的对象，应让科技成果尽快转化成生产力，工程项目必须进行"四新"技术的推广论证和措施制定。

（七）招投标技术管理

①应制定各环节、各管理程序的招投标技术文件措施。招投标技术文件的管理应强化衔接的管理，强化管理层的责任、任务，强化管理环节的责任、任务。

②投标技术文件应严格按照国家招投标法律法规要求进行编制。应根据招标文件、标准规范、现场情况，结合自身掌握的工法和工序作业指导书进行编写。

③招投标技术管理工作应包括招标技术管理和投标技术管理。投标技术文件展示的是集团企业的综合实力和水平，真实体现施工企业施工技术水平及管理能力，而招标技术文件反映的是建设单位的管控能力。

④施工技术管理各环节应编制招投标技术管理制度或细则。工作内容应是：前期准备、发布公告、报名初评、踏勘现场、报送投标文件、开标论标、宣布中标、公示等。

⑤招投标技术管理应是针对某建设工程项目，从建设单位公开招标开始，到选择中标单位为止。为此，应建立专家评审、论证、答疑制度。

（八）施工组织设计管理

①应制定各环节、各管理程序的施工组织设计管理制度。施工组织设计的管理应强调细化管理、细化管理层、细化管理环节的管理。简化工程施工的管理内容，及细化工程施工技术、方法、措施等内容。

②应严格执行施工组织设计编写、编订、编制的规定，应该严格履行施工组织设计审核、审订、审批的规定。

③国家对施工项目有严格的规定，要求施工单位必须按照国家施工组织设计编制标准进行施工组织设计编制，各企业集团也有相应的管理细则出台，各有关单位应进一步完善施工组织设计编制的管理，使其更具针对性和可操作性，并加大监督检查的力度，切实落实好整体管理程序中各层次管理措施的要求到位。

④建设单位应严格按照市有关对施工组织设计编制标准及管理的要求，依照合同中对施工技术的要求和对施工组织设计的承诺进行结算和计量支付。监理单位应按照施工组织设计的有关要求进行监督管理，按照合同和施工组织设计内容进行过程计量管理和施工工序的验收放行。设计单位应依据图纸会审结果，进行设计交底和开展设计洽商，确保施工组织设计编制的质量。其他有关的管理环节，应严格施工组织设计编制的要求，紧密结合各自的施工技术要求，指导施工组织设计编制时既符合实际情况又满足要求。政府监督部门应严格执法，督促各环节管理单位有效运行。

⑤涉及的管理环节多，建设单位应作为施工组织设计管理工作内容的组织者，以会议纪要或合同等形式来约束各单位，应确保施工组织设计、专项施工技术与管理等内容在每个环节上相互一致，彼此连接。应将项目上的施工组织设计管理工作内容形成体系，工程资料来源应是可追溯的且是闭合的，工程文字信息材料应是各环节共享的，文件合同档案资料应是共同认可的且具有法律效力的。

⑥每项工程都必须开展施工组织设计管理工作。

（九）规范标准管理

①应制定各环节、各管理程序的标准规范类施工技术管理措施。应加强落实监管，改变重制定轻管理的做法。每年应依据施工技术发展的变化情况、主管部门的要求及编制指南进行新标准规范的申报、评审、签发、宣贯执行，以及旧标准规范的修订、废止等。

②各企业集团、建设项目相关单位、施工项目部均应设专人进行标准规范的管理，并完善各自的管理工作任务。

③工程施工环节各方均应参与工程标准规范的编制，也可联合共同编制，也可产学研相结合等多种组织形式联合编制。

④管理工作内容应包括：首先掌握已经成熟的工程施工技术、施工方法或措施，形成完整的科研技术文件资料和充分的实验、检验数据，可靠的工程实施安全证明材料，有充分的法理依据做保障，使其最终成为法理依据的文件。其次，管理工作还应确保有充分的理论基础作依靠，使形成施工技术性的标准规范更好地与设计理论及其他相关科目理论相兼容。此外，还应有充分的管理工作基础做铺垫，使形成施工技术性的标准规

范上下之间延续、相互之间补充，并且又独立成章。

⑤编制规范标准必须是在众多的项目施工经验基础上总结提炼而成，一两个案例不能作为编制规范标准充分的依据。新的标准规范必须采取在多个项目上，或是在全市范围内工程项目上采取试用期形式进行试应用。对已经签发的标准规范，各企业集团在项目的实施过程中必须贯彻执行。

（十）绿色文明施工管理

制定各环节、各管理程序的绿色文明施工管理措施，明确政府监管部门的责任与任务，企业集团应有可操作性的办法。应该完善绿色文明施工管理工作任务，检查落实绿色文明施工各项要求。绿色文明施工各个管理层，应制定各自的绿色文明施工管理控制目标，一层比一层具体，项目上的绿色文明施工措施应同施工组织设计一起编制一起落实。绿色文明施工管理工作环节有关各方，应从各自的管理角度展开工作，工程建设单位应是组织管理者，应以合同形式约束指导各方。绿色文明施工管理工作的落脚点是工程项目，工程项目应是以确保绿色文明施工为前提，确保措施有效，确保管理顺畅，确保社会效益、经济效益、环境效益和谐统一。针对绿色文明施工管理工作对象的要求，应加强对每个项目、每道工序绿色文明施工的管理，工程项目进展的每个过程都必须满足绿色文明施工管理的要求。

（十一）专项方案管理

①工程技术实施环节必须进行专项方案的管理，必须进行专项方案的充分论证。专项方案管理是施工技术管理中最具体的施工措施管理，是落实工程阶段施工技术环节管理中最重要的管理。

②建设工程施工技术专项方案的编制和论证必须严格按照国家相关规定执行，必须按照市建设部门下发的相关文件的要求执行。专项方案的编制应确保施工技术措施的安全可靠和技术经济的充分有效，论证过程应客观公正，应有实际的效果。

③政府主管部门和政府监督部门应严格实施执法监督，规范施工技术专项方案管理全过程。企业集团细化专项方案管理工作流程，应进行有效的初步论证作为基础。项目施工方应按各级管理要求，提交完整的专项施工技术资料。

④相关工程项目的有关管理环节各方，都应参与施工技术专项方案的编制，参加专项方案的论证。

⑤依据国家和省市建设主管部门要求，必须规范专项方案管理工作内容。工程施工单位应完善落实专家论证的内容，修改的专项方案将继续履行报批手续，作为施工技术文件的组成部分，应按照合同要求纳入工程竣工资料。

⑥专项方案的工作对象应属于工程项目上的某一技术难题或某一特殊工序，或是高标准、高难度、高风险的施工技术过程。

四、施工技术组织体系的管理

（一）技术管理人员的管理

技术人员的合理配备，技术组织体系的合理组成，是完成施工技术及管理工作的关键。每项施工技术内容都有人员组成的要求，每个管理层和管理环节也都有人员配备的标准。符合要求的人员是经过实践锻炼产生的，应有一套严密的考核选拔体制，可以有效地源源不断地为工程建设输送技术人员。各项施工技术工作必须有相应的技术人员组织完成，应明确技术人员参与工程建设的年限和相应的工作经验及业绩，完成或是履行施工技术任务的情况。应明确技术人员的组成情况、组成成员的任务组成、各成员间的任务搭接与配合。施工企业集团、施工公司、项目经理部等，各管理层管理的基本任务相同但内容不同，技术人员任职资格及技术人员组织组成也应有区别，都应有明确的规定。建设工程施工技术组织体系各环节，都应建立各自的施工技术组织管理体系，都应配备相应能力和水平的工程技术人员。都应有严格的管理制度、要求和管理办法，构建起施工技术管理的内外和上下两个技术保障环节。工作内容应有施工技术组织机构及技术人员发展规划、施工技术人员工作档案、施工技术人员工作安排、工程项目或专项施工技术的技术人员组织。应按照工作对象的要求，确定技术人员或技术人员组成、企业集团的管理技术人员组成，建设工程项目的技术人员组成应根据项目的性质内容来研究配备。

（二）专家及专家库的管理

专家及专家库管理是施工技术及管理工作的基本要求，用好专家使用制度是确保施工技术水平的关键。专家队伍建设及管理应是长期日常的工作，专家及专家队伍的日常工作是细致而严谨的，应有一套健全的管理计划和安排。建设工程施工技术的各管理层和各管理环节，均应聘请工程建设施工的各方面专家并建立专家库。专家应是建设工程领域有经验、有理论的技术人员，有相应的执业资格、技术职称、理论成就、工作业绩等。因此，必须建立专家管理规章制度，对专家的身份地位应有明确的规定，应有严格的入门使用管理条件。各管理层和各管理环节应建立长期有效的专家库，应规划专家库的发展变化，制定专家库的管理规章制度。应明确每次专家活动内容，规范专家活动事项，尊重专家劳动。专家选取应包括大专院校、科研机构、施工单位、设计单位、监理单位、建设单位、政府监管部门及社会有关人员等。各管理层和各管理环节的专家库应有所不同，应注重各自的业务范围，应是相互补充又相互联系的。

（三）施工技术文件资料的管理

工程技术文件资料管理应实施信息化管理手段，采取网络办公形式，实行信息资源共享，使施工技术管理纳入信息管理的平台。对施工技术文件资料应建立收集、归纳、整理、建档、归档等管理工作任务。由施工技术管理工作任务产生的文件资料，由各管理环节、管理程序、管理工作内容产生的文件资料，都需进行有效管理。严格按照各管理层的施工技术文件资料管理规章执行，严格执行文件资料管理流程。施工技术管理过程中，会产生各种纸制和电子材料，一种是资料，一种是文件，都是在管理的范畴内。

工作环节上的文件资料管理的流转应严格区分内外、上下环节，严格区分文件、资料、材料，严格区分专（通）用施工技术性文件资料，就是应包括工程技术性文件资料、专项施工技术文件、技术人员及专家文件等。建立起用于某一项目的、某一类项目的、全体项目的和部分项目的文件资料管理，应开展不同管理层的资料管理，应该建立管理环节的资料管理等。

第二章 桥梁基础工程与桥梁墩台施工

第一节 桥梁工程基础施工

一、浅基础施工

(一)浅基础施工的特点及分类

浅基础可以直接将桥梁结构的荷载传递给地基,并且构造简单,受力明确,施工方便。在场地土质提供的承载能力允许和施工可行的条件下,浅基础是桥梁结构基础中应用较为广泛的基础形式。

浅基础施工的主要特点如下:

一是埋置深度较浅(通常为数米以内),施工比较简单。

二是由于浅基础通常采用明挖法进行施工,故又称为明挖基础或明挖扩大基础。明挖基础最重要的特点是不需要桩基,只要地基承载力能够达到设计要求就可以开展基础的施工。

按照建筑材料和受力特点,浅基础可分为刚性基础和柔性基础两大类。

1. 刚性基础

刚性基础一般采用砖、石、灰土、混凝土等抗压强度大而抗弯、抗剪强度小的材料建造，因此适于建造在刚度较大、变形较小的地基之上。

刚性基础承受荷载后均匀沉降，不能扩散应力，因此基底反力的分布与作用于基础上荷载的分布几乎完全一致。

2. 柔性基础

柔性基础一般采用抗拉、抗压、抗弯、抗剪性能均较好的钢筋混凝土材料建造，适用于地基承载力较差、上部荷载较大、基础埋深较大的情况。

柔性基础抗弯刚度较小，可随地基的变形而变形。通常，柔性基础采用钢筋混凝土建造，在混凝土基础底部配置受力钢筋，利用钢筋耐拉的性质使得基础可以承受弯矩作用，因此柔性基础不受刚性角的限制。

（二）浅基础的构造形式

1. 刚性扩大基础

由于地基强度一般较墩台强度低，所以需要将基础平面尺寸扩大，以适应地基强度的要求；同时，相对于地基而言，基础类似于一个强大的刚体，故常被称为刚性扩大基础。

作为刚性基础，其每边的最大尺寸应受到其自身材料刚性角的限制。当基础较厚时，可以利用刚性角将基础做成阶梯状，这样既可减少基础的圬工量，又可发挥基础的承载作用。

刚性角是材料的一种性质。由于刚性角的存在，设计基础时应当根据刚性角的限定范围将基础按照阶梯形状逐步放大，以便让放大的尺寸尽可能与刚性角保持一致，所以基础的高度与底边宽度不得随意设定。在充分考虑材料刚性角的前提下进行基础的施工，既可以较好地扩散基底应力，又可以节省基础建造材料。

2. 单独基础和联合基础

单独基础是立柱式桥墩中常用的基础形式之一，它的纵、横剖面均可砌筑成台阶式。但当两个立柱式桥墩相距较近，每个单独基础为了适应地基强度的要求而必须扩大基础平面尺寸时，有可能致使相邻的单独基础在平面上相接甚至重叠，此时可将基础扩大部分连在一起，形成联合基础。

3. 条形基础

条形基础可分为墙下条形基础和柱下条形基础两种。墙下条形基础是挡土墙下或涵洞下基础的常用形式。其横剖面可以是矩形，也可以将一侧筑成台阶形。如果条形基础很长，为了避免沿长度方向因沉降不均匀而导致基础开裂，可将基础适当分段并设置沉降缝。有时为了增强立柱下基础的承载力，可将同一排若干立柱的基础联系起来，使之成为柱下条形基础。这种基础可以设计成刚性基础，也可以设计成柔性基础。

（三）基础埋置深度的确定

确定基础的埋置深度是浅基础设计中很重要的步骤，这关系到桥梁结构的稳定和正常使用等问题。在确定基础的埋置深度时，必须综合考虑以下因素：①地基的地质条件；

②河流的冲刷深度；③当地的冻土深度；④上部结构的形式；⑤保证持力层稳定所需的最小设置深度。同时，还要考虑现有的施工技术条件和造价等因素。

（四）地基、基础验算

当基础埋置深度和构造尺寸确定以后，应按照荷载的最不利情况对地基和基础进行验算，以确保结构物的安全和正常使用。

地基、基础验算的主要内容包括：①地基承载力验算；②基底合力偏心距验算；③基础和地基稳定性验算；④基础沉降验算。

1. 地基承载力验算

地基承载力验算主要是验算地基允许承载力是否满足荷载要求。对比，应首先确定地基的允许承载力。除了须对持力层强度进行验算以外，还应特别注意持力层以下是否存在软弱下卧层。

2. 基底合力偏心距验算

桥墩、桥台基础设计时，必须控制基底合力偏心距。其目的是尽可能使基底应力分布比较均匀，以免基底两侧应力分布相差悬殊，致使基底产生较大的不均匀沉降，从而导致桥墩、桥台倾斜，影响其正常使用。此外，当基底某一侧出现拉应力时会使基底应力重分布，从而使基底应力与设计值间出现较大偏差。

3. 基础和地基稳定性验算

基础和地基稳定性验算包括基础抗滑稳定性验算、基础抗倾覆稳定性验算及地基土抗滑稳定性验算。

（1）基础抗滑稳定性验算

基础抗滑稳定性验算是验算基础在水平推力作用下沿基础底面滑动的可能性。其本质上是计算基底与地基土之间的摩擦力，它是由基底与地基土之间的摩擦系数和基底以上结构的质量决定的。基础抗滑稳定性是用抗滑稳定系数 K_c 来表示的，K_c 就是摩阻力 f 与水平推力 $\sum T$ 的的比值，即 $K_c=f/\sum T$。

（2）基础抗倾覆稳定性验算

基础抗倾覆稳定性与基底合力偏心距 e_0 及基底截面重心到截面边缘之间的距离 y 有密切关系。基底合力偏心距越大，则基础抗倾覆的安全储备就越小，通常将 y 与 e_0 的比值称为抗倾覆稳定系数 K_0。

（3）地基土抗滑稳定性验算

当面临如下情况时，地基在外力作用下可能沿滑移面滑动：①墩台位于软土地基上；②地基下方不太深的地方存在软弱土层；③基础位于土质斜坡上。这时，可采用滑坡分析中的圆弧法对地基土的抗滑稳定性进行验算。

（4）基础沉降验算

基础沉降主要是在竖向荷载的作用下，基础下方的土层被压缩变形造成的。如果沉降量过大，势必影响结构的正常使用，甚至危及结构的安全。

基础沉降验算的内容包括最终沉降量、相邻基础的沉降差验算。

（5）柔性基础的计算要点

柔性基础一般为在软土地基上的柱下条形基础。当有外荷载作用时，对于柔性基础的内力分析，应考虑上部结构、基础和地基的协调变形。此刻，应采用弹性地基梁或厚板的分析方法，以此精确求得基础的内力，进而完成柔性基础的设计。但由于这种方法比较烦琐，设计中常用简化方法进行计算，倒梁法便是其中一种常用的简化计算方法。

所谓倒梁法，就是将柱下条形基础假设为以柱脚为固定铰支座的倒置连续梁，以基底净反力作为初始荷载，基础按倒置的多跨连续梁计算内力。显然，倒梁法特别适合刚性柱体系下条形弹性基础的内力分析。实践表明，应用倒梁法时柱间距不宜过大，并应尽量等间距排列。如果地基比较均匀，基础或柱结构刚度较大且条形基础高度大于1/6的柱距，则倒梁法的计算结果更可靠。

（五）浅基础施工步骤

浅基础都是采用基坑开挖的方式进行施工的，基坑开挖环境主要有两种：①陆地上基坑开挖；②水中基坑开挖。

在陆地上开挖基坑时，根据开挖的深度和地下水位的高低，可以将开挖施工划分为四种状态：①浅基坑无水开挖；②深基坑无水开挖；③浅基坑渗水开挖；④深基坑渗水开挖。针对上述四种开挖状态，产生了很多开挖工艺。这里应注意，此处的深基坑是相对概念，其仍然属于浅基础的范畴。

在水中进行浅基础开挖时，通常可采用钢板桩围堰或土石围堰作为基坑开挖的防护手段。

1. 陆地上基坑开挖

（1）浅基坑无水开挖

显然，浅基坑无水开挖属于陆地深水位地层中的开挖。因为基坑浅而水位深，开挖是在无水或渗水很小的情况下进行的，基坑壁的稳定性不受水的影响，因此基坑开挖比较简单，通常不需要考虑护壁。坑壁形态可根据土质情况灵活选择，可选择竖直状、斜坡状、阶梯状。

（2）深基坑无水开挖

首先，地下水位于基坑底面以下，虽基坑开挖较深，但坑内渗水较少，通常在坑底设置几个集水坑抽水即可；基坑壁的稳定性基本不受水的影响，主要由土层性质控制。此时，若条件允许，可以采用坑壁放坡或修筑台阶的方式进行开挖；若条件不允许全方位大尺度扩口，那么应当采取适当的护壁措施进行开挖，以防止坑壁发生坍塌。通常采用的护壁措施有插打钢板桩围堰、钢轨、木桩，也可以采用挂网喷射混凝土、地下连续墙、钻孔搅拌桩连续墙等防护措施。

（3）浅基坑渗水开挖

有些浅基础虽然基坑开挖不深，但因处在水中而无法正常开挖；或者基坑位于地下水位很浅的陆地上，开挖后渗水严重，甚至出现涌水。针对上述两种情况，如不消除水的影响，基坑开挖将难以开展。当前可采用的排水方法主要有以下三种：①降水井抽水排水法；②钢板桩围堰封闭排水法；③地下连续墙封闭排水法。其中，方法①适用于陆地高水位环境；方法②既适用于水中基坑开挖，又适用于陆地高水位环境；方法③适用于陆地高水位环境。在水中环境和陆地高水位环境中，采用集水坑抽水排水的方法是难以奏效的。

（4）深基坑渗水开挖

在水中开挖深基坑是浅基础施工中难度最大的。根据长期的工程实践经验，利用钢板桩围堰封闭开挖空间，使之与外围水源隔绝，在无渗水、无坑壁坍塌的环境中进行水中深基坑的开挖是值得推荐的方法。

2. 水中基坑开挖

（1）钢板桩围堰

钢板桩围堰适用于在较深的水中进行深基坑开挖时的防护。钢板桩围堰一般适用于砂土、碎石土和半干硬性黏土。钢板桩的共性是自身强度高，刚度大，抗插打能力强，在土层中有很强的穿透能力。

钢板桩之间以锁口扣接。扣接后既加强了钢板桩的整体刚度，扣接处又具有很好的抗渗性能。

在深水处可采用双层钢板桩围堰，层间可填黏土。这一方面可增强围堰的抗侧压能力，另一方面可增强围堰的抗渗水能力。在基坑开挖过程中，暴露出来的钢板桩悬臂过长时，可在围堰内增设水平横向支撑，以增加钢板桩的侧向抗弯刚度，进而适应较深的基坑开挖支护。

采用钢板桩围堰支护方式以后，基坑开挖过程始终是在钢板桩支护下进行的。当基础施工完成后，钢板桩还可以回收。

（2）土石围堰

在水流较浅（2m以下）、流速缓慢、渗水量较小的河床中修建浅基础时，可以采用堆积土石袋填筑黏性土芯墙来构筑土石围堰。利用土石围堰隔离河水，围出基坑开挖的空间，再进行基坑开挖和浅基础施工。土石围堰的芯墙宜采用黏性土填筑；当缺少黏性土时，也可用砂土类填筑。为了增强芯墙的防渗能力，应加大坝身芯墙的填筑厚度，以加长渗流的路径，增加渗流阻力。

二、桩基础施工

（一）摩擦桩的施工

摩擦桩依靠基桩与周围土层间的摩擦产生支撑上部结构质量的摩擦力，所以摩擦桩不仅要与四周土体紧密接触，还应该有足够大的接触面积，只有这样才能够获得足够大的摩擦力。

紧密接触意味着摩擦桩的施工应尽可能减少对桩体周围土层的扰动，而且桩的尺寸必须与桩孔尺寸完全吻合。满足这种条件的施工方法有将预制桩体打入地层内，或在地层中钻孔，然后浇筑混凝土。利用第一种施工方法的基桩称为打入桩，利用第二种施工方法的基桩称为钻孔桩。

因为摩擦力的大小与接触面积成正比，为了让桩体获得足够大的摩擦力以支撑上梁结构的质量，必然要求桩与土层之间有足够大的接触面积，这意味着桩体应该有足够的长度。所以，通常情况下摩擦桩都比较长，深入到了很深的土层之中，这也会给施工造成很多困难。

采用群桩将大大提高桩基础与地基间的接触面积，从而极大提高地基对基础的支撑力度，从而可大大提高桥梁基础的承载能力。桩基础与土层接触面积试算表见表2-1。

表2-1 桩基础与土层接触面积试算表

承台宽/m	承台长/m	承台底面积/m²	宽方向桩根数	长方向桩根数	桩直径/m	桩长/m	单桩侧面积/m²	总桩侧面积/m²	总桩侧面积与承台底面积之比
3.20	6.40	20.48	2	4	0.80	25	62.83	376.99	18.41
4.00	8.00	32.00	2	4	1.00	25	78.54	471.24	14.73
6.00	8.00	48.00	3	4	1.00	25	78.54	549.78	11.45
7.50	10.00	75.00	3	4	1.25	25	98.18	687.23	9.16
9.00	12.00	108.00	3	4	1.50	25	117.81	824.67	7.64
6.00	10.00	60.00	3	5	1.00	25	78.54	628.32	10.47
7.50	12.50	93.75	3	5	1.25	25	98.18	785.40	8.38
9.00	15.00	135.00	3	5	1.50	25	117.81	942.48	6.98
8.00	8.00	64.00	4	4	1.00	25	78.54	628.32	9.82
10.00	10.00	100.00	4	4	1.25	25	98.18	785.40	7.85
12.00	12.00	144.00	4	4	1.50	25	117.81	942.48	6.55

1. 打入桩

打入桩是依靠专用设备将预制钢筋混凝土桩或预应力混凝土管桩强行打入土层之中的一种基础形式。

受自身强度和打入设备所限，预制钢筋混凝土桩的单桩承载能力较低；如果有接桩，则接头容易在打入过程中成为折断点，而且桩顶在打入过程中易破碎。由于存在上述种种缺陷，预制钢筋混凝土桩已基本被抛弃，取而代之的是更先进的预应力混凝土管桩，通常人们也将其简称为管桩。由管桩构成的基础称为管桩基础。

预应力混凝土管桩的生产采用工厂化先张预应力混凝土离心成形工艺。其产品种类多，强度高，能够适应多种施工环境。可以说，预应力混凝土管桩体现了目前混凝土技术的进步与混凝土制品的高新工艺水平。

由于预应力混凝土管桩具有优良的插打性能、稳定的承载能力及显著的经济效益，因而越来越被重视，应用范围越来越广泛。

预应力混凝土管桩的沉桩施工方法主要有锤击沉桩法、振动沉桩法、射水沉桩法及静力压桩法。

预应力混凝土管桩基础具有以下优点：

单桩承载能力高；应用范围广；对持力层起伏较大的地质环境适应性强；实现单桩承载能力的成本低；运输吊装方便，接桩快捷；成桩长度不受施工机械的限制；施工速度快，效率高，工期短。

（1）锤击沉桩法

导杆式柴油锤是锤击沉桩法中应用最为广泛的一种桩锤，它以轻质柴油为燃料。锤头落下时点燃油料使压缩空气发生爆炸，对桩帽产生冲击力，同时驱动锤头上跳。当锤头再次落下时，既可冲击桩帽，又可同时引燃油料并引爆压缩空气。如此反复，完成打桩。

（2）静压沉桩法

抱夹式液压静力压桩机（也称抱压桩机）主要以桩机自身的质量加配重作为反作用力来克服压桩过程中的桩侧摩阻力和桩端阻力。压桩机的设计压力已经达到了 6000 ~ 12000kN（即约为 6 ~ 12t）。

预应力混凝土管桩应用的典型实例如下：美国曾在高速公路工程建设中采用了长达 88m 的世界上最长的预应力混凝土管桩；意大利在港口码头建设中采用的预应力混凝土管桩最大直径达 1800mm；荷兰曾在桥梁工程施工中使用了直径达 4000mm 的预应力混凝土管桩；东南亚地区（如马来西亚）生产的预应力混凝土管桩最大直径达 1200mm。

2. 钻孔桩

钻孔桩是利用各种钻孔设备在设计桩位就地钻成一定直径和深度的孔井，在孔井内放入钢筋笼，然后灌注混凝土所形成的桩基础，所以也称为钻孔灌注桩。

我国桥梁工程中，钻孔桩基础的应用始于 20 世纪中期，随着钻孔技术和钻孔工艺的不断成熟与完善，以及钻孔设备的不断发展，钻孔直径由初期的 0.25m 发展到目前的 4.0m 以上，成桩长度也由初期的几米、十几米发展到现在的几十米，甚至上百米。

与管桩相比，钻孔桩有很多优势，比如造价低，节省钢材，施工设备简单，不需要在桩体内施加预应力，操作方便，适用于各种黏性土和砂性土，也适用于含砾石较多的土层及岩层。但是，钻孔桩也存在以下缺点：①在钻孔过程中，容易发生孔壁坍塌、卡钻、掉钻；②当护壁泥浆处理不当时易造成环境污染等；③在混凝土灌注过程中容易发生缩径、断桩等；④在遇到流砂地层或者有承压水的地层时，孔壁极易坍塌，成孔难度较大。

钻孔桩施工应按照土质情况、桩径大小、入土深度和机具设备等条件选用适当的钻机设备和钻孔方法，以确保能顺利达到预定的孔深，然后清孔，吊放钢筋笼，灌注水下混凝土。

钻孔桩施工时，必须首先对场地的工程地质条件和水文地质情况有充分的了解。除应仔细阅读场地工程地质报告外，对场地工程地质不清楚的方面还应进行施工前的钻探勘察。

（1）埋设护筒

护筒的作用：①固定桩位；②引导钻头；③保护孔口，防止孔口土层坍塌；④隔离孔内外表层水；⑤保持孔内水位高出地下水位，增加孔内静水压力，稳定孔壁，防止坍孔。

护筒通常采用钢材料制成，要求坚固耐用，可以反复使用且不漏水，其内径应比钻孔直径稍大。护筒长度应根据场地表层土的性质来确定：如果是黏性土，护筒长度取2m即可；如果是容易坍塌的砂性土，则应当采用长护筒，护筒长度应穿过砂土层。

（2）制备泥浆

泥浆在钻孔过程中的作用主要有以下几点：①在孔壁内侧产生较大的静水压力，防止孔壁坍塌；②因泥浆的静水压力较大，泥浆可以渗进孔壁土层表面，使孔壁形成胶状泥层，从而起到护壁作用；③孔壁胶状泥层可以隔断钻孔内外水的交换，稳定孔内水位；④泥浆具有较大的比重，具有浮渣作用，有利于钻孔过程中的排渣。

（3）钻孔

目前，我国经常使用的钻孔设备有旋转钻、冲击钻、旋挖钻（见表2-2）。

表2-2 我国经常使用的钻孔设备

设备名称	内容
旋转钻	旋转钻利用钻具的旋转切割土体钻进，在钻进的同时常采用循环泥浆护壁与排渣，最终钻进成孔。我国现用的旋转钻按泥浆的循环程序分为正循环钻机与反循环钻机两种。一般情况下，反循环钻机的钻进与出渣效率要高一些

冲击钻	冲击钻的钻头为质量较大的钻锥。钻孔过程中，卷扬机不断将钻锥提起，然后让其自由坠落，利用钻锥落下时的冲击力将土层中的泥砂、石块打成碎渣，然后使碎渣随泥浆的流动排出孔外，最终冲击成孔。冲击钻通常采用提浆筒提浆的方式出渣
旋挖钻	旋挖钻是一种适用于基础工程中成孔作业的施工设备。其广泛用于市政工程、桥梁工程、高层建筑物等基础工程的施工。配合不同的钻具，其可适应干式（短螺旋）、湿式（回转斗）及岩层（岩心钻）的成孔作业。旋挖钻具有装机功率大，输出转矩大，轴向压力大，机动灵活，施工效率高及功能多的特点，目前旋挖钻已被广泛推广并用于各种钻孔桩的施工中。旋挖成孔时，首先通过底部带有进土孔的桶式钻头的回转来破碎岩土，然后将破碎后的岩土压入钻头桶内，最后由钻孔机提升装置和伸缩式钻杆将钻头提出孔外，卸除桶内岩土。如此循环往复，不断地取土和卸土，直至钻至设计深度。对于黏结性好的岩土层，可采用干式或清水钻进工艺，无须泥浆护壁；对于松散易坍塌的地层或有地下水分布、孔壁不稳定的地层，则必须采用静态泥浆护壁的钻进工艺方可确保成孔

（4）清孔，放置钢筋笼

清孔的目的是清除孔底沉淀的钻渣，使沉渣的厚度满足规范的要求，以确保灌注的混凝土与持力层之间无夹层。清孔既可以减小对单桩承载力的影响，又可以避免基桩发生过大的沉降。清孔一般需做两次，第一次是在孔底标高达到设计值后、安装钢筋笼之前，第二次是在钢筋笼安装到位后、灌注混凝土之前。第一次清孔完成后应检查钢筋笼的加工质量，并及时吊装和安放钢筋笼，以避免因延时过长而引起坍孔或沉渣厚度过大。钢筋笼安放完成后需再次清孔，达到要求后才可灌注水下混凝土。

（5）灌注水下混凝土

灌注水下混凝土是形成钻孔桩的最后一道工序，也是非常重要的一道工序。混凝土的灌注质量将直接影响钻孔桩的承载力，灌注质量不好时甚至会造成废桩。灌注水下混凝土时应注意以下几点：

①为保证水下混凝土的质量，设计混凝土配合比时，应在设计强度的基础上提高15%。如果桩的设计强度为C25，则其生产配合比应达到C30，坍落度宜为180～20mm，以保证混凝土具备良好的和易性和流动性，避免灌桩过程中发生断桩。

②首批灌注的混凝土数量应保证将导管内和孔底泥浆全部压出，并保证导管端部埋入孔底混凝土内的深度为1～1.5m。良好的灌注过程应该使得首批灌注的混凝土始终被后续灌注的混凝出托浮在顶面，最终成为桩头混凝土的主要部分而被凿除。

③混凝土的灌注过程应保持连续。灌注过程中应经常测量混凝土的灌注标高和导管埋深，记录混凝土的灌注数量，通过提升导管保证其埋入深度始终为4～6m，避免因埋深过大导致管口压力超过灌注压力，使得导管内混凝土无法压出而孔内混凝土不能顶升，甚至导致导管无法提升，进而造成废桩。正常提升导管时，应防止因提速过快而造

成桩身混凝土夹泥或断桩。

④灌注混凝土最终的顶面标高应在设计桩顶标高的基础上预加一定的高度（翻浆高度），预加高度的部分称为桩头。桩头范围内的浮浆和混凝土应凿除，以确保桩顶混凝土的质量。

桩头凿除后，留下的钢筋作为与承台连接的接茬钢筋。接茬钢筋的长度不得小于1m。

（二）钻孔桩的质量标准

钻孔桩水下混凝土的质量标准如下：
①桩身混凝土强度符合设计要求。
②桩身无断层或夹层。
③桩底不高于设计标高，桩底沉渣厚度不大于质量验收标准的规定。
④凿除桩头后，未出现残余松散层和薄弱混凝土层。
⑤需嵌入承台内接茬钢筋的长度应符合要求。

三、沉井基础施工

（一）沉井的类型

1. 按平面外形分类

按照平面外形，沉井可分为圆形沉井、矩形沉井和圆端形沉井。
①圆形沉井：容易控制下沉方向，取土方便，在水压力作用下井壁只承受环向压力。
②矩形沉井：制造简单，基础受力有利。其四角一般做成圆角，以减小井壁的摩阻力和取土清底的困难。但其阻水面积大，易造成严重冲刷，井壁承受的挠曲弯矩较大。
③圆端形沉井：介于上述两者间，在控制下沉、受力状态、阻水冲刷方面较矩形沉井有利，但制造相对复杂。

2. 按仓室分布分类

当沉井平面尺寸较大时，通常根据井壁侧向承受的弯矩、施工要求及上部结构的需要，在沉井中设置隔墙，将沉井平面分成多格，沉井内部空间被分成多个仓室。

按照仓室的分布，沉井可分为圆形单仓沉井和矩形三仓沉井。

（二）沉井的构成

通常情况下，沉井结构由井壁、刃脚、隔墙、射水管、封底和盖板构成（见表2-3）。

表 2-3 沉井的构成

组成	具体内容
井壁	井壁是沉井的主体部分。在沉井下沉过程中，井壁具有挡土、挡水的作用，同时是沉井下沉入岩时自重荷载的主体部分；当沉井下沉到位后，井壁是将上部荷载向地基传递的主体部分。因此，井壁必须具有足够的强度和一定的厚度
刃脚	井壁最下端首先入岩的楔状部分称为刃脚。刃脚的作用是通过缩小沉井的下切面增大下切强度，使沉井更易切入土体。刃脚底部的宽度一般为 0.1～0.2m，软土可适当放宽。当下沉深度大且土质较硬时，刃脚底面应采用型钢或槽钢加固，以防刃脚破坏
隔墙	当沉井平面尺寸较大时，应在沉井内设置隔墙，将沉井分隔成多个仓室，以加强沉井的刚度，减小井壁的挠曲。应注意的是，在进行隔墙设计时，应使隔墙底面标高高于刃脚底面标高
射水管	当沉井下沉尺度大、穿越的土层土质较好时，其在下沉过程中有可能遇到困难。此时应预先在井壁中埋置射水管，借助射水的帮助提高沉井下沉的速率
封底和盖板	当沉井下沉至设计标高且清基完成后，应浇筑封底混凝土以阻止渗水。若沉井中无填料，应在沉井顶部设置盖板，从而起到上下连接的作用

（三）沉井施工方法

1. 陆地上沉井施工方法

陆地上的沉井采取在墩台位置处就地制造，然后取土下沉的施工方法。因这种施工方法是在原地制作的，故不需大型设备，且施工方便，成本低。

通常情况下，沉井比较高，故可以分段制造、分段下沉。其中，第一节沉井的制作和下沉尤为重要。

（1）第一节沉井的制作

第一节沉井应建造在较好的土质上。当土质强度不能满足第一节沉井制作的质量要求时，可对地基进行处理或减小沉井节段的高度。因为沉井自重较大，刃脚底部窄，应力集中，因此应在沉井刃脚下对称的位置铺垫枕木，再立模、绑扎钢筋、浇筑第一节沉井混凝土。下沉时，应按顺序对称地抽出枕木，防止沉井出现倾斜和开裂。

（2）沉井下沉

在沉井仓室内不断取土可使沉井下沉。下沉方法可分为排水下沉和不排水下沉两种，两种方法对沉井下沉过程中井壁外侧的摩擦力有较大影响。

对于水位以上部分或渗水量小的土层，可采取人工和机械挖土；当井内水位上升时，可采用抓土斗或水力吸泥机取土，待沉井顶面高出地面 1～2m 时应停止挖土，接高沉井。

（3）封底，填充填料及浇筑盖板

封底之前应对基底进行检验和处理，通常情况下采用不排水封底，封底厚度应满足沉井底部不渗水的要求。封底施工完毕后再填充填料，浇筑盖板。

2. 水中沉井施工方法

水中沉井可采用筑岛法和预制浮运下沉两种方法进行施工。

（1）筑岛法

当水浅且流速不大时，可在墩台的设计位置用土石料人工筑岛，并在岛的四周以砂石袋堆码围护；当水流速较大或水位变化大时，可采用钢板桩围堰等方式防护。筑岛完成后，采用陆地上沉井的施工方法进行沉井施工。

（2）预制浮运下沉

当水很深、流速很大时，采用筑岛法难以实施，并且成本太高或风险太大。此时，沉井可以在工厂内或预制场地内分段制造，然后用浮吊分段运输，就位后分段拼接下沉。

第二节　桥墩、桥台的构造特点及施工

一、桥墩和桥台的构造特点

（一）桥墩

1. 桥墩的分类

①桥墩按构造特征分为：重力式（实心）桥墩、薄壁空心桥墩、多柱式柔性桥墩、V 形桥墩等。

②桥墩按变形能力分为：刚性桥墩、柔性桥墩。

③桥墩按截面形状分为：矩形墩、圆形墩、圆端形墩、尖端形墩、组合截面墩。

2. 重力式桥墩

重力式桥墩是一种体形较大、实心截面的构件。它的主要特点是截面尺寸较大，圬工量大，质量较大，刚度大，稳定性好。

重力式桥墩的墩身往往采用脆性材料，比如低标号素混凝土或砖石混凝土。因此，其变形能力弱，比较适合建造在地基承载力较大，覆盖层较薄，基岩埋深较浅的地基上。

重力式桥墩的常用截面形式包括圆形、圆端形，有时也会采用多边形。重力式桥墩侧面坡度一般为 1∶30～1∶20，小跨径桥的桥墩常采用直坡。桥墩顶宽应根据上部结构类型和支座布置而定，桥墩底宽应根据截面受力特点以及基础尺寸而定。

重力式桥墩刚度大，防撞能力强，适合作为拱桥的下部结构，但其迎水面较大，需充分考虑阻碍河道和易被冲刷的问题。

3. 空心桥墩

空心桥墩有两种形式：一种为部分镂空实体桥墩，另一种为薄壁空心桥墩。

（1）部分镂空实体桥墩

部分镂空实体桥墩仍保持了重力式桥墩的基本特点，比如较大的轮廓、较大的圬工量、较少的钢筋量等。

镂空的目的是在截面强度和刚度足以承担外荷载的条件下减少圬工量，使桥墩结构更经济。

但镂空部位受到一定的条件限制，如在墩帽下一定高度范围内，为保证上部结构的荷载能安全有效地传递给墩身镂空部分的墩壁，应设置一定的实体过渡段。

在镂空部分与实体部分连接处，应设置倒角或配置构造钢筋，以避免在墩身的传力路径中产生局部应力集中；对于易遭漂浮物撞击或易磨损、需防冰害的墩身部分，一般不宜镂空。

（2）薄壁空心桥墩

由于其墩身为薄壁结构，故通常采用强度为 C25 以上的钢筋混凝土。由于其强度较高，因此壁厚取 30～50cm。这样不仅可以大幅减轻墩身自重，降低地基承受的荷载，还可以使得其结构外观变得更加轻盈。为了降低薄壁墩身的内外温差，减小水对桥墩的浮力，避免墩身遭受冻胀危害，应在薄壁空心桥墩的墩身壁上设置通风孔和排水孔。对于薄壁空心高墩，为保证墩身稳定和施工安全，可以在适当位置设置水平隔板。

4. 柔性桥墩

柔性桥墩主要是指柱式桥墩，当前柱式桥墩已经在公路桥梁和市政桥梁中被广泛采用。柔性柱式桥墩主要有以下三个方面的特点。

①建筑材料：采用钢筋混凝土结构，具有较强的变形能力。

②长细比：截面尺寸一般比墩高小很多，外形显得细长，其长细比（L/r）较大，侧向刚度较小。

③变位适应性：由于其长细比方面的特点，墩顶可以随上部结构的顺桥向位移而发生相应变位。

柱式桥墩线条简洁、明快、美观，既可节省材料数量，又方便施工，特别适用于桥面较宽的城市桥梁和立交桥。

通常情况下，柱式桥墩可分为独柱、双柱和多柱等形式，也可以根据桥宽的需要和地形、地貌条件进行任意组合。

一般情况下，柱式桥墩由承台、柱式墩身和盖梁组成。然而，当上部梁跨为箱形截面时，墩身可以直接支撑在梁底而不需盖梁；当下部基础为桩基础时，柱式墩身可以直接立于桩基础之上。

柱式桥墩的受力与变形特点：当水平力作用于柱式桥墩所支撑的多跨桥梁梁体上

时，柱式桥墩将按自身刚度的强弱分配水平力；同时，当多跨桥梁因温度变化，混凝土收缩、徐变等因素引起梁体发生位移或变形时，柱式桥墩可利用其变形适应性调整部分水平力的再分配，以提高桥梁的整体安全性。

除柱式实心桥墩外，柔性桥墩还有薄壁空心钢筋混凝土桥墩的表现形式。其墩下基础多使用单排桩。

薄壁空心钢筋混凝土桥墩与预应力混凝土连续梁在支点处固结，从而形成弱性连续刚构桥。这种桥型既能支承上部结构的质量，保持桥墩的稳定，避免桥梁施工过程中的体系转换，又因具有一定的柔性，可以适应上部结构位移的需要，从而可达到变形协调的目的。

5.V 形桥墩

V 形桥墩的出现不仅扩展了桥墩的类型，还给桥梁结构的造型增添了新的形态。

V 形桥墩在改变桥墩受力特征的同时，也改变了桥墩以往那种拙朴的外形，使得桥梁结构的整体造型更显轻巧、美观。

V 形桥墩包括纵向和横向两个方向，扩展的 V 形桥墩还包括 Y 形、X 形、倒梯形等。V 形桥墩可以缩短梁的跨径，进而可以采用更为简单的梁截面，进而可降低梁的高度和造价，增强桥梁的跨越能力，还可以改善桥梁结构的造型。

V 形桥墩与主梁的连接可以是固接，也可以是铰接。前者连接后部分称为 v 形桥墩斜撑刚架，后者连接后部分称为 V 形桥墩连续梁。V 形桥墩斜撑刚架两斜撑的夹角根据桥下通航净空及斜撑与主梁的内力关系来确定。

（二）桥台

桥台是桥梁结构的重要组成部分。桥台的主要功能为支承桥梁，阻挡台后填土，承受侧向土压力，以及衔接道路与桥梁。在有些桥梁工程中，还根据桥梁结构与环境的关系对桥台进行艺术化设计，从而使桥台成为桥梁结构的标志性结构，即桥头建筑。

1. 重力式桥台

重力式桥台主要依靠桥台自重来平衡台后的土压力，并支承上部结构的荷载。其一般由浆砌片石、片石混凝土或素混凝土等圬工材料建造而成。根据桥梁跨径、桥台高度及地形地貌条件，重力式桥台通常可分为 U 形桥台、埋置式桥台、八字式桥台和一字式桥台等。

（1）U 形桥台

U 形桥台构造简单，主要由刚性基础、台身、台帽、台背、翼墙等组成。其圬工体积较为庞大，因而自重大，比较适合建造在承载力较高的地基土之上。

（2）埋置式桥台

埋置式桥台将台身埋置于台前溜坡内，其基础埋置深度取决于水文地质条件。

其台身为圬工实体，而台帽和耳墙使用钢筋混凝土构件。

（3）八字式桥台和一字式桥台

在有些情况下，不允许台后路基向桥台前方放溜坡，因此需在台身两侧加翼墙将土体挡于桥台后部，便形成了带翼墙的桥台。当台身与翼墙斜交时称为八字式桥台，当台身与翼墙在同一平面上时称为一字式桥台。

重力式桥台还有T形桥台、矩形桥台、十字形桥台及耳墙式桥台等形式。

2. 轻型桥台

轻型桥台由钢筋混凝土材料建造而成，因此台身结构的抗弯和抗剪能力强，圬工体积小，使得桥台结构轻型化，并且施工方便。

按照这样两个因素——桥台是否具备挡土功能和台前是否设置溜坡，可将轻型桥台分为薄壁轻型桥台、柱式桥台、埋置式轻型桥台等。

（1）薄壁轻型桥台

薄壁轻型桥台多采用悬臂式或扶壁式结构。

（2）柱式桥台

柱式桥台所受的土压力较小，适用于地基承载力较小、台身较高、跨径较大的梁桥。其构造较为简单，结构采用钢筋混凝土构件，构造形式有双柱式、多柱式、墙式、半重力式和双排架式、板凳式等。

3. 组合式桥台

为了让桥台轻型化，桥台要承受桥跨结构传来的竖向力和水平力，而台后的土压力则由其他桥跨结构来承受，这样就形成了组合式桥台。其主要分为三大类：锚定板式组合式桥台，过梁式、框架式组合式桥台，桥台与挡土墙组合式桥台。

二、桥梁墩台施工

（一）钢筋混凝土墩台施工

1. 模板施工

钢筋混凝土墩台施工主要使用现场就地浇筑混凝土的方法完成。在进行墩台施工时，应根据桥址处的场地条件、墩台的结构形式以及模板周转使用的经济性来选择墩台施工时的模板组合方式。墩台模板的类型主要可分为拼装式模板和整体吊装模板两大类，本部分内容将着重介绍这两种模板的施工方法。

（1）拼装式模板

根据墩身所需要的形状，拼装式模板由各种尺寸的标准模板、销钉、拉杆和加劲构件等组成。标准模板一般采用钢、木、胶合板等材料制造，边框多用角钢制作，面板宜采用薄钢板、胶合板等材料。加劲构件通常采用型钢和方木。

拼装式模板具有截面形状组合灵活，拆装较为方便等特点。但随着城市桥梁建设的发展，桥梁造型美观要求的逐渐提高以及墩台垂直高度的增加，整体吊装模板施工方法也得到了较为广泛的应用。

拼装式模板体系具有如下优点：

①模板面积大，拼缝少，适用性强，可以按需要灵活拼装成各种形状的模板结构，尤其适用于形状比较复杂的结构。

②刚度大，质量小，承载能力强，从而极大减少了支撑，扩大了施工空间。

③装拆方便，使用灵活，易于现场组装及解体，使施工效率提高。

④各连接件标准化程度高，通用性强；造价低廉，重复使用次数多，从而降低了工程成本。

⑤将工人施工操作台面同时考虑在体系之内，免去了脚手架的搭设，既增强了操作安全性、方便性，又大大节省了材料。

（2）整体吊装模板

所谓整体吊装模板，实际上是将墩台按一定模数水平分成若干节段，将每段模板在地面上拼装成固定的整体后再吊装就位。

整体吊装模板的优点：安装时间短，加快了施工进度，提高了施工质量，在翻模施工时往往在标准节段上设置 0.5~1m 高的过渡节段，提高了标准节段模板的利用率；将拼装式模板的高空作业改为平地作业，有助于保证施工安全和模板制作质量；模板刚性大，可少设拉筋，改善了混凝土的表面质量；结构简单，整体拆装方便，建造高墩时较为经济。

2. 混凝土浇筑

桥梁墩台具有垂直高度较大、平面尺寸相对较小的特点，其混凝土浇筑方法有别于梁或承台等构件的混凝土浇筑方法。墩台混凝土运输方式不仅有水平运输，还有难度较大的垂直运输。通常采用的混凝土运输方法有：使用卷扬机和升降电梯平台运送混凝土手推车，利用塔式起重机吊斗输送混凝土，利用混凝土输送泵将混凝土送至高空建筑点等。

混凝土在运输过程中应有足够的初凝时间，以保证混凝土的浇筑质量。混凝土的拌和、运输及浇筑速度应大于墩台混凝土浇筑体积与配制混凝土的初凝时间之比。对于泵送混凝土，应防止堵管现象的发生。在进行大体积墩台混凝土浇筑时应分层分块浇筑，同时应控制混凝土的水化热。在通常情况下，其应符合相关桥涵施工质量标准的要求。当平截面面积过大，次层混凝土不能在前层混凝土初凝或被重塑前浇筑完成时，可进行分块浇筑。

分块浇筑时应符合下列规定：

①分块时宜合理布置，各分块平截面面积应小于 $50m^2$；每块的高度不宜超过 2m；

②块与块之间的水平接缝面应与基础平截面的短边平行，且与截面边界垂直；

③上、下邻层混凝土间的竖向接缝应错开位置做开口，并按施工缝处理。

大体积混凝土应参照下述方法控制混凝土的水化热温度：

①用改善骨料级配，降低水灰比，掺加混合料、外加剂、片石等方法来减少水泥用量；

②采用水化热低的大坝水泥、矿渣水泥、粉煤灰水泥或低强度等级水泥；

③减小浇筑层厚度，以加快混凝土的散热速度；混凝土用料应避免日光暴晒，以降低初始温度；

④在混凝土内埋设冷却管通水冷却。

3. 镶面

随着混凝土作为墩台材料的普遍使用，用浆砌片石和浆砌块石作墩台材料的主体结构减少了。为了美化墩台，防止冰棱撞击的发生，保护混凝土表面免受海水或其他化学物质的腐蚀，可以使用如花岗岩、大理石等镶面材料装饰混凝土表面，也可以将这些材料作为模板，进行墩台混凝土浇筑。

桥墩破冰体镶面的砌筑应符合下列要求：

①当破冰棱与垂线间的夹角大于20°时，破冰体镶面横缝应垂直于破冰棱；当破冰棱与垂线间的夹角小于或等于20°时，破冰体镶面横缝可呈水平。

②破冰体镶面的砌筑层次应与墩身一致。

③砌缝宽度应为1～1.2cm。

④严禁在破冰棱中线上及破冰棱与墩身的相交线上设置砌缝。

（二）装配式墩台施工

装配式墩台是将高大的墩台沿垂直方向按一定的模数水平分成若干构件，在桥址周围的预制场地上进行预制，然后通过运输车或船将构件运到现场后进行现场拼装而成的墩台。

装配式墩台比较适用于桥梁长度较长、桥墩数量较多、桥墩相对较高的情况。该情况下或不具备高空混凝土浇筑条件，或浇筑难度较大，所以可以在施工场地以外选择一个合适的地方进行构件预制，但对运输和起重机械设备要求较高。

装配式柱式墩施工是将桥墩分解成若干构件，如承台、柱、盖梁或墩帽等，在工厂或施工现场集中预制，再运送到施工场地装配成桥墩。

装配式墩台施工的主要工序为预制构件，安装连接与混凝土填缝。其中，进行两个构件之间的拼装接头是最为关键的工序，既要保证连接牢固、安全，又要使结构简单，便于施工。

1. 目前常用的拼装接头

（1）承插式接头

承插式接头连接是将预制构件插入相应的承台预留孔内，插入长度一般为1.2～1.5倍的构件宽度，底部铺设2cm厚的砂浆，四周以半干硬性混凝土填充。这种方法往往用于立柱与基础的接头连接。

（2）钢筋锚固接头

钢筋锚固接头连接是使构件上的预留钢筋形成钢筋骨架，插入另一构件的预留槽内，或将钢筋互相焊接后再浇筑混凝土。这种方法多用于立柱与墩帽处的连接。

（3）焊接接头

焊接接头连接是将预埋在构件中的钢板与另一构件的预埋钢板用电焊连接，外部再用混凝土封闭。这种方法易于调整误差，多用于水平连接杆与立柱间的连接。

（4）扣环式接头

扣环式接头连接即相互连接的构件按预定位置预埋环式钢筋，安装时柱脚先安置在承台的柱心上，上、下环式钢筋互相错接，扣环间插入U形钢筋焊接，再立模浇筑外侧接头混凝土。

（5）法兰盘接头

采用法兰盘接头时，在连接构件两端安装法兰盘，连接时要求法兰盘预埋件的位置必须与构件垂直，接头处可以不采用混凝土封闭。

2. 装配式柱式墩台施工

装配式柱式墩台在施工中应注意以下几点：

①墩台柱构件与基础顶面的预留基杯应编号，并检查各个墩台柱的高度和基杯底部标高是否符合设计要求，基杯四壁与柱边空隙宽度不得小于2cm。

②墩台柱吊入基杯内就位时，应在纵、横方向进行测量，使柱身垂直度或倾斜度以及平面位置均符合设计要求，对质量大、细长的墩柱，须用风缆或撑木固定后方可放吊钩。

③在墩台柱顶安装盖梁前，应该首先检查盖梁上预留槽眼的位置是否符合设计要求，否则应先进行修凿。

④柱身与盖梁（墩帽）安装完毕经检查符合要求后，可在基杯空隙与盖梁槽眼处浇筑稀砂浆。待其硬化后拆除楔子、支撑或风缆，再在楔子孔中灌填砂浆。

3. 装配式预应力墩台施工

随着预应力技术的发展与成熟，预应力施工方法开始应用于桥墩施工中，特别是后张法预应力钢筋混凝土装配式墩台施工方法。这种施工方法与装配式柱式墩台的施工方法相似，除了安装时采用接头处理技术之外，节段预制构件之间的连接主要依赖于预应力钢束。后张法预应力钢筋混凝土装配式墩台使用的预应力钢材主要有高强度低松弛率钢丝和冷拉Ⅳ级粗钢筋两种。高强度低松弛率钢丝的强度高，张拉力大，因此所需预应力束的数量较少，施工时穿束较容易。在预应力钢束连接处，受预应力钢束连接器的影响，需要局部加厚构件的混凝土壁。对于冷拉Ⅳ级粗钢筋，要求混凝土预制构件中的预留孔道精度高，以利于冷拉Ⅳ级粗钢筋的连接。

后张法预应力钢筋混凝土装配式墩台的预应力张拉方式有两种，即在墩帽顶上张拉预应力钢束和在墩台底的实体部位张拉预应力钢束，通常在墩帽顶上张拉预应力钢束。

（1）在墩帽顶上张拉预应力钢束

在墩帽顶上张拉预应力钢束的主要特点如下：

①张拉作业为高空作业，虽然张拉操作方便，但安全性较差；

②预应力钢束锚固端可以直接埋入承台，而不需要设置过渡段；

③在墩台底截面受力最大的位置可以发挥预应力钢束抗弯能力强的特点。

（2）在墩台底的实体部位张拉预应力钢束

在墩台底的实体部位张拉预应力钢束的主要特点如下：

①张拉作业为地面作业，施工安全并且方便；

②在墩台底要设置过渡段，既要满足预应力钢束张拉千斤顶的安放要求，又要布置较多的受力钢筋，以满足截面在运营阶段的受力要求；

③过渡段构件中预应力钢束的张拉位置与竖向受力钢筋间的相互关系较为复杂。

预应力钢束的张拉要求：预应力管道内的压浆要求与预应力混凝土梁的要求一致，在此不再赘述。应特别注意的是，压浆时最好由下而上压注，构件装配的水平拼装缝使用35号水泥砂浆，砂浆厚度为15mm。其一方面可以起到调节水平的作用，另一方面可避免因渗水而影响预制构件的连接质量。

（三）滑升模板施工

滑升模板施工方法是一种现浇混凝土工程连续成型施工工艺。在高桥墩施工、施工过程中，滑升模板始终支撑在混凝土内预置的顶升杆件上，利用液压或手动提升设备将滑升模板体系提离地面并使其不断地向上滑升，而不依赖于已浇筑的混凝土墩壁。可以，在每一个滑升模板的循环施工过程中，不会对绑扎钢筋和浇筑混凝土产生影响，直至到达所需要的高度。

滑升模板实际上是一个体系，包含模板、模板支架、施工平台、提升装置、模板坡率调整装置等。在滑升模板施工过程中，每一个混凝土节段的浇筑均采用同一套模板，因此浇筑节段的高度是相同的，模板强度不需要随着墩高的增大而增大，从而特别适用于现场浇筑高耸构筑物、建筑物等的竖向结构，比如筒仓、高桥墩、电视塔、竖井、沉井、双曲线冷却塔和高层建筑等。

1. 滑升模板施工方法的优点

滑升模板施工方法具有以下优点（见表2-4）。

表2-4　滑升模板施工方法的优点

优点	内容
机械化程度高	整套滑升模板均由电动液压机械提升，机械化程度高
结构整体性好	滑升模板体系刚度高且可连续作业，各层混凝土之间不留施工缝，从而大大提高了墩台混凝土浇筑的内在质量和外观质量
施工速度快	施工过程中只需要进行一次模板组装，从而大大减少了模板拆装工序，实现了连续作业。竖向结构施工速度快，在一般气温下，每个昼夜的平均施工进度可达5～6m

适应性强	该方法不但可用于直坡墩身的施工，还可用于斜坡墩身的施工
节约模板和劳动力，有利于安全施工	滑升模板事先在地面上组装，施工中不再变化，模板的利用率很高。这不但可以大量节约模板，还极大地减少了装拆模板的劳动力，方便浇筑混凝土，改善了操作条件，因而有利于安全施工

2. 滑升模板施工方法的缺点

滑升模板施工方法具有以下缺点：

一次性投资大；建筑物立面造型受到一定限制；需要较高的施工管理水平和技术水平。

3. 滑升模板的构造

滑升模板施工中，将模板悬挂在工作平台上，沿着墩台结构断面的边界拼装模板，并在千斤顶的作用下向上滑升。滑升模板的构造因墩台截面形式的不同而稍有差异，但其主要部件和功能大致相同。

一般情况下，滑升模板主要由操作平台系统、模板系统和液压提升系统等组成。

（1）操作平台系统

操作平台系统是绑扎钢筋、浇筑混凝土、提升模板的操作场所，是材料、工具等的堆放场所，是液压控制设备的安置台，有时还用于架设垂直运输机械。

操作平台系统的组成部分包括内操作平台、外操作平台、吊挂脚手架。

①内操作平台。内操作平台一般由内钢圈、承重辐射梁、楞木和踏板组成。内操作平台用以提供施工操作场地，为整个滑升模板结构的部分骨架，因此应具备足够的强度和刚度。

承重辐射梁支承在提升架的立柱上，也可通过托架支承在桁架式围圈上。按平面形状的不同，内操作平台的平面可组装成矩形、圆形等各种形状；按结构的不同，内操作平台的结构可分为分割式与整体式；按施工工艺要求的不同，内操作平台的踏板可设计成固定式或活动式。

②外操作平台。外操作平台往往由悬臂辐射梁或外挑三角架、楞木和踏板组成。

悬臂辐射梁或外挑三角架支撑在提升架的立柱或围圈上，外操作平台的外挑宽度为0.8m或1.0m，在其外侧设置防护栏杆，张挂安全网，以便安全操作。

③吊挂脚手架。吊挂脚手架的作用是进行混凝土质量的检查、混凝土构件表面的修整和养护、模板的调整和拆卸等。

内吊挂脚手架挂在提升架立柱和操作平台的钢桁架或悬臂辐射梁上，外吊挂脚手架挂在提升架立柱和外挑三角架或悬臂辐射梁上。吊挂脚手架的吊杆可用 $\phi 6mm$ 或 $\phi 8mm$ 的圆钢制成，也可使用柔性链条。作业人员行走的踏板宽度一般为500mm或

800mm，每层高度为2m左右。吊挂脚手架的外侧必须设置防护栏杆，并张挂安全网到底部。

（2）模板系统

模板系统的组成部分为模板、围圈和提升架。

①模板。模板的作用是使混凝土成型，并保证其表面质量符合要求。因此，滑升模板的内外模通常采用薄钢板制作而成，并通过背后的加固围圈悬挂于提升架之上，使得模板具有足够的强度，以承受混凝土的侧压力、冲击力及滑升时模板与混凝土之间的摩阻力。

对于壁厚不变的斜坡空心墩，采用单侧收坡丝杠沿辐射梁进行径向调整以控制坡率；对于变壁厚的斜坡空心墩，则设置内、外收坡丝杠分别调整内、外模板的坡率，从而实现对墩壁变厚、变坡的控制。

滑升模板的高度一般为0.9~1.2m，在高耸结构施工中，模板的形状通常为弧形，兼具收放和活动的功能。为了减少滑升时模板与混凝土之间的摩阻力及便于脱模，模板在安装时应形成上口小、下口大的倾斜度，一般单面倾斜度为0.2%~0.5%，内、外模在1/2高度处的净间距为结构截面的厚度。

②围圈。在模板系统中，围圈是一种非常重要的构件，它沿水平方向布置在模板背面，一般上、下各布置一道，形成闭合框。围圈一方面可以固定模板，同时带动模板滑升，承受模板传来的侧压力、冲击力、摩阻力及模板和围圈的自重；另一方面，若操作平台支承在围圈上，还可以承受平台自重和其上的施工荷载。

③提升架。顾名思义，提升架的首要作用是带动围圈、模板和操作平台系统一起滑升。因此，提升架自身必须具备足够的刚度，用以固定围圈位置，防止模板发生侧向变形。

提升架横梁至模板顶部之间的净高度，对于配筋结构不宜小于500mm，对于无筋结构不宜小于250mm，但也不应过大，否则支撑杆的自由长度增加，会影响其稳定性和承载能力。

用于变截面结构的提升架，在立柱上应设有调整内、外模板间距和倾斜度的装置；当采用工具式提升设备时，应在提升架横梁下设置内径比支撑杆直径大2~5mm的套管，其长度应到模板下缘。

（3）液压提升系统

液压提升系统由支撑杆（爬杆）、液压式千斤顶及丝杠式千斤顶组成。

①支撑杆（爬杆）。在全部滑升模板施工过程中，支撑杆既是液压千斤顶爬升的轨道，又是滑升模板装置全部质量的承重支柱，承受施工过程中的全部荷载。因而，支撑杆的制作标准很高，一般采用ϕ25mm的圆钢，还必须进行调直除锈处理。

支撑杆的加工长度一般为3~5m。施工过程中，支撑杆经常需要接长，以适应结构混凝土浇筑的需要。支撑杆接长通常使用丝扣、榫接或坡口焊接方式。当采用丝杠式提升设备时，顶升丝杠应用丝扣连接。

②液压式千斤顶。采用穿心式液压千斤顶时，支撑杆从其中心穿过。液压式千斤顶按千斤顶卡具形式的不同可分为滚珠式和楔块式；按额定起重量来分，有30kN、

60kN、75kN、90kN和100kN等几种，以30kN的应用较广。液压式千斤顶的允许承载力，即工作起重量，一般不应超过其额定起重量的一半。

③丝杠式千斤顶。当丝杠套筒手柄正向转动时，上卡座抱死顶升丝杠。此时顶升丝杠提升模板系统上升，同时提升下卡座，直至上、下卡座顶住为止；手柄反向转动时，下卡座抱死，上卡座复位，然后开始下一个循环。

4. 滑升模板系统的组装

在滑升模板施工过程中，滑升模板系统只需组装一次，中途通常不再变化，直到施工完毕，然后拆除。

（1）滑升模板系统组装前的准备工作

①组装滑升模板系统前，基础土方应回填平整，并要求起滑线以下的基础或结构混凝土达到一定强度。

②在组装位置用弹线标出提升架、支撑杆、工作平台桁架等装置的定位线和标高线。

③检查滑升模板系统各部件的质量，核对其规格和数量。

④完成液压设备的试车、试压检查。

⑤安装垂直运输设备；利用土方或者枕木构建临时组装平台。

（2）滑升模板系统的组装顺序

①安装提升架，并检查其水平度和垂直度。

②安装围圈。按照先内后外、先上后下的顺序将围圈安装于提升架立柱之上，并锁紧固定。

③绑扎起滑段混凝土内的钢筋，安装预埋件及预留孔洞的胎模。

④安装模板。按照先内后外、先角模后其他的顺序进行安装。

⑤安装内操作平台的桁架或梁以及踏板；安装外操作平台的外挑三角架、踏板、防护栏杆等。

⑥安装液压式千斤顶及液压设备（或丝杠式千斤顶），并开展空载试车及对油路进行加压排气。

⑦在液压系统试验合格后，安装支撑杆并校核其垂直度。

⑧待滑升施工开始后模板升至3m左右时，安装内、外吊挂脚手架并张挂安全网。

（四）V形墩施工

1.V形墩桥梁的特点

近十多年来，国内外出现了很多以预应力混凝土V形支撑作为桥墩的桥梁。其桥型以V形墩连续刚构为主，也有部分为V形墩连续梁。V形墩结构轻盈，造型美观，具有极强的时代特征。其外形在某些特定场合犹如大鹏展翅，塑造了一种健美的力量，也诠释着不断进取的理念。所以，其不仅在很多重要的大跨度公路和市政桥梁中被采用，还成为我国现代化高速铁路建设中选用的桥型之一。

V形墩桥梁具有如下优点（见表2-5）。

表 2-5　V 形墩桥梁的优点

优点	内容
结构受力比较合理	V 形墩桥梁与采用直立墩的同跨径连续桥梁相比，悬臂跨径减小，负弯矩值大幅度降低，正弯矩的作用效果也有所缓解。V 形支撑的受力在某种程度上类似于拱桥中的拱圈受力，可以在不增加圬工量的同时有助于发挥混凝土的抗压能力，增大支撑范围，提高桥梁的承载能力
结构刚度大大提高	V 形支撑既加强了支点附近梁的刚度，又减小了跨径，使结构的竖向挠度能得到更有效的控制。与此同时，由于 V 形支撑与顶部 0° 梁块之间构成了极为稳定的刚性三角形，故大大增加了桥梁各方向上的刚度
结构造价更经济	V 形墩桥梁的上述两个优点使得构件的截面尺寸减小，故可节约材料用量，降低造价。一般认为，V 形墩桥梁比直立式桥墩连续桥梁的造价低 10%～15%

2.V 形墩的施工方法

V 形墩桥梁施工的关键是 V 形墩的施工。所以，V 形墩桥梁施工方法的制订首先要适应 V 形墩结构特点的需要，其次要考虑桥址处的水文和地质环境，还要考虑工程的工期要求和造价约束。

V 形墩施工方法的选择中，最重要的是模板支架方案的选择，其次是混凝土浇筑方案的确定。

随着 V 形墩桥梁的不断建设，V 形墩的模板支架方法在不断发展，目前主要有满堂支架法、刚性模架加局部支撑法和平衡内支撑法。

（1）满堂支架法

满堂支架法是一种古老而成熟的施工方法。其主要靠密集的钢管支架支撑模板，工艺简单，受力明确，且可以充分利用现有的各类施工材料，不需专用设备，但缺点是钢材耗量大，对地基承载力要求高，不适用于河床以下工程地质条件较差的环境，也不适用于深水及施工期间有较高通航要求的环境。

（2）刚性模架加局部支撑法

在这种方法中，模板与刚性桁架组装成刚性模架。由于模架的刚度很大，承载能力很强，因此施工中只需将模架进行精确定位之后，采取局部支撑稳定刚性模架的空中位置便可以进行 V 形墩的施工。V 形墩斜双肢施工完成以后，须尽快在双肢之间张拉临时索栓拉杆，使体系处于稳定状态，然后采用支架法进行 0# 梁块的施工。

（3）平衡内支撑法

平衡内支撑法是一种新型施工方法。该方法主要是在 V 形墩浇筑之前，先在墩的双肢内部预埋型钢，双肢混凝土浇筑成型之后再在双肢之间架设承重平衡塔架，然后在塔架两侧对称悬挂拉索将 V 形支撑内预埋型钢锁定，同时在塔架顶部利用拉索悬挂住 0# 梁块底模桁架，为 M 梁块的施工建立施工平台。

V 形墩的施工方法还有鹰架加临时支墩法等多种方法。根据 V 形墩桥梁的规模，混凝土浇筑一般有两种方式：①一次性整体浇筑完毕；②分段分次浇筑。

对于大体积 V 形支撑结构，国内外大多采取分段分次浇筑方式。分段分次浇筑可以避免一次性浇筑的混凝土方量过大，而且可以让先期浇筑的混凝土达到一定强度后承担部分后浇混凝土的质量，进而减小支架及模板承受的质量，使得其刚度及强度容易满足施工要求，同时可使得 V 形支撑 0# 梁块结构更容易精确定位，成型状态良好。分段分次浇筑还可以避免大体积混凝土浇筑时常产生的温度裂缝，但必须控制好混凝土分段分次浇筑的时机。

3.V 形墩连续刚构桥施工阶段的划分

对于任何结构的施工控制而言，结构成型后的设计目标（主要是几何形态和受力状态）是施工过程追求并不断逼近的最重要目标，因此施工过程的阶段性分解应以这一目标的实现为依据。在每一个施工阶段完成之后，当前已成型结构的受力状态和几何形态不但要合理，还应在后续施工阶段的持续作用下稳定地向着最终目标逼近，最大限度地减小施工荷载引起的结构次内力。下面以一座大跨度 V 形墩连续刚构桥的施工为例，简要说明 V 形墩连续刚构桥施工步骤的划分及 V 形墩的施工要点。

V 形墩连续刚构桥的施工过程可以采取如下阶段划分方案（假设此时 V 形墩基础和桥台已施工完成）：

①施工 V 形墩墩身，用临时拉索临时闭合；
②施工墩顶 0# 梁块混凝土梁，形成稳定体系；
③进行边墩附近梁段混凝土的鹰架法现浇和主墩两侧梁跨的悬臂浇筑；进行边跨和中跨合龙段浇筑以及桥面系施工。

大量的理论与实践证明，这样的施工阶段划分与实施不但最有利于开展该桥梁的施工，而且成桥后的桥形和受力状态能够最佳地逼近设计目标。

第一施工阶段主要是进行 V 形墩墩身的施工。施工完成之后，为避免 V 形墩双肢根部因重力作用而产生外倾拉伤，在双肢之间张拉临时预应力拉索，形成临时稳定体系。

在第二施工阶段，首先搭设 V 形墩顶部的主梁施工支架，浇筑主梁 0# 梁块混凝土，然后张拉主梁 M 梁块和 V 形墩双肢内预应力钢束，使主梁 0# 梁块与 V 形墩形成稳定的固结状态。

在第三阶段，拆除 V 形墩临时预应力拉索和支架，在 V 形墩顶 0# 梁块上拼装悬臂施工挂篮，开始悬臂浇筑主梁每一节段混凝土；并且，在两个边墩处搭设鹰架，浇筑边墩附近的主梁混凝土直线段，等待悬臂浇筑梁段与之合龙。

最后完成边跨与中跨合龙段的施工，一般顺序为先边跨，后中跨。然后依次完成 V 形墩双肢和全桥梁体预应力钢束的张拉，拆除边墩鹰架，完成整个体系的受力转换。之后，完成桥面系和栏杆的施工。完成上述施工之后，便可达到最终的成桥状态。

4.V形墩的施工要点

V形墩双肢受力比较复杂,在顶部0#梁块尚未浇筑、封闭的稳定体系尚未形成之前,必须对V形支撑根部外荷载和自重产生的弯矩作用进行严格的控制,因所以施工过程中应注意以下几点:

①V形支撑夹角较大,其双肢混凝土刚度尚未形成前,双肢施工模架将承受很大的水平力作用,因此必须保证V形墩双肢的施工模架具有足够的刚度和稳定性,进而确保双肢在浇筑过程中其根部拉应力不超限。

②V形截面的形式比较多,钢筋布置也比较密集,在混凝土浇筑过程中须保证混凝土振捣密实,同时还要保证V形支撑的内夹角和刚性骨架的定位符合设计要求。

③施工前应对V形墩双肢的施工过程进行精确的模拟计算,准确掌握模架体系各个部件可能的变位和受力情况;施工过程中应加强安全监测,以确保V形支撑及顶部M梁块始终处于良好的受力状态。

④V形墩双肢在施工过程中的受力状态与成桥后的最终受力状态相比变化较大,因此往往需要对布置在V形墩双肢中的预应力钢束进行多次分批张拉,过程较为复杂,必须控制好预应力钢束的张拉顺序和张拉吨位。

第三章 简支梁桥与斜拉桥施工

第一节 简支梁桥施工

一、简支梁桥的就地浇筑

（一）支架、模板及预拱度的设置与计算

1. 支架

支架按其构造分为立柱式、梁式和梁－柱组合式，按使用材料可划分为木支架、钢支架、钢木混合支架和万能杆件拼装支架等。

（1）立柱式支架

满堂架支撑体系主要由基础、支撑排架和排架顶部纵横梁组成。

因为立杆（柱）是其主要承载构件，并且用量极大，因此也称其为立柱式支架。立柱式支架中节点由钢管，上、下碗扣，限位销，接长端头等组成。

使用立柱式支架基本配件搭建的排架在空间上为矩形，因矩形构造的稳定性较弱，所以必须在空间排架的纵、横两个方向增加穿插于排架之间足够数量的剪力撑，以确保排架在承受巨大荷载时的稳定性。

立柱式支架适合在陆地上搭建。因为立杆较密集，并且支撑在可调底座上，使得上

部荷载被分散,因此通常在整平的地基上铺设碎石层或砂砾石层,然后浇筑混凝土作为立杆的基础。立杆的长度通常为 60～300cm,采用连接销接长,立杆顶部安置槽形可调顶托用以架设纵、横梁,在此基础上进行模板的拼装。

(2)梁式支架

梁式支架因立柱间距比较大,故对柱顶承重梁刚度的要求很高。此刻,承重梁刚度在梁式支架体系中具有决定性作用。根据不同跨径,承重梁可采用工字钢、钢板梁或钢桁梁。一般来说,跨径小于 10m 的现浇梁适合采用工字钢作为承重梁,跨径在 20m 以下时可采用钢板梁作为承重梁,跨径大于 20m 时宜采用钢桁梁作为承重梁。

承重梁可以支承在墩旁支柱上,也可支承在桥墩顶部预留的托架上;支柱可以支撑在桥墩承台上,也可以支撑在墩旁浇筑的地梁上。

(3)梁–柱式支架

梁–柱式支架的性能介于立柱式支架和梁式支架之间。当桥梁较高,跨径较大,必须在支架下设通车或通航道孔或者有排洪要求时,可采用梁–柱式支架。在这种情况下,承重梁可支撑在桥梁墩台上,或者临时支撑在支柱及临时墩上,形成多跨的梁–柱式支架。

贝雷梁采用立置贝雷架作支撑,因为支架过高,梁体混凝土荷载较大,且支架之间横向约束不足,导致支架出现了 S 状失稳变形,梁体出现不均匀下沉,并产生多处裂缝。

混凝土就地浇筑支架均属于临时结构,通常由施工单位自己设计。除扣件式钢管支架有国家规范以外,很多类型的支架因选用构件种类繁多,难以制定规范,因此事故多发。为避免事故发生,支架应尽可能选用标准构件,采用非标准构件搭建支架时应进行安全检算。

2. 模板

桥梁工程中经常用到的模板包括拼装木模、定型组合钢模、工具式大型模板、爬模、滑升模板、定制钢模等。桥梁就地浇筑中常用的模板是拼装木模和定制钢模。在实践中,模板的选择主要取决于模板可周转使用的次数和模板材料的供应。当建造单跨或跨径不同的多跨梁体时,一般采用木模;当施工多跨跨径相同且结构相同的桥跨时,从效率和经济角度考虑,可采用大型木模块件组装或专门的定制钢模。实践表明,在工程数量和模板周转使用次数相同的情况下,对于模板工程的造价与上部结构工程造价的比值,木模为 4%～10%,钢模为 2%～3%。

(1)木模

这里所说的木模,是指高强度竹胶板。木模是采用精品竹帘纵横交错排列,辅以酚醛树脂胶水,经高温高压制作而成的,所以具有如下优点:

①强度高,韧性好。其强度相当于木制模板的 4～10 倍,抗弯强度达木制模板的 8～10 倍。

②板幅宽,拼缝少。这可减少模板支撑方木的数量,提高支模与拆模速度,省时省料。

③表面平整光滑,易脱模,吸附力仅为钢模的 1/8,可取消抹灰作业,进而加快工

程施工速度。

④具备很强的防水、防腐、防蛀、抗老化性能,遇水受潮都不易变形。

⑤使用寿命长,周转次数多,可双面使用;导热系数小,冬季施工保温性能好。

⑥可采用锯、刨、钉、钻等方式进行加工,因而适用于任意形状的结构模板拼装,且尺寸准确,可做到接缝严密不漏浆。

⑦当辅以各类标准配件和加固件后可用于大型定型模板块件的制作,为混凝土的浇筑成型提供高效、方便、快捷的模板工具。

正是因为木模具有上述优点,所以其在桥梁的就地浇筑施工中得到了广泛应用。

(2)钢模

因桥梁所处环境不同或设计理念存在差异,桥梁结构的细节千变万化,现浇梁钢模应根据设计图纸加工而成。钢模通常做成大型块件,块件长3~8m,由钢板和支撑钢骨架焊接而成。其中,钢板的厚度为4~8mm,支撑钢骨架由水平肋和竖直肋构成。肋可采用钢板或角钢做成,肋距为0.5~0.8m。

在进行钢制外模拼装时,大型钢模块件之间采用螺栓或钢销连接,然后在模板块件接缝的内表面刮腻子并磨平,在接缝外侧可用胶带封闭,既要防止混凝土浇筑过程中漏浆,又要保证混凝土脱模后梁体表面光滑。对于多次周转使用的钢模,在每次使用前可用化学方法或机械方法进行清洁;在浇筑混凝土前要在模板内壁涂脱模剂或润滑油,以利于脱模。

现浇梁体内模大多采用木模拼装,并辅以各类支架支撑,但偶尔也有施工单位采用标准的小型定型钢模进行现浇箱形梁的内模拼装。

一般,小型定型钢模的长度为600mm、750mm、900mm、1200mm、1500mm,宽度为100mm、150mm、200mm、250mm、300mm,再辅以各种规格的角模和连接加固配件,可以很方便地拼装出不同形状的内模。但由于小型定型钢模尺寸较小,要求支撑密集,且接缝数量多,后期表面处理工作量比较大,容易发生漏浆,混凝土脱模后的光洁度也难以控制,因此应尽量避免在大型主体结构的混凝土施工中使用小型定型钢模。

3. 对支架、模板的要求

施工中支架、模板应满足以下要求:

①模板、支架虽然是临时结构,但它们在施工过程中要承受大部分且相当大的荷载。为了保证施工安全及结构位置和尺寸的准确,支架和模板必须具有足够的强度、刚度和稳定性。另外,支架的设计和模板的拼装应受力明确,计算图式应简明可信。为了减少变形,构件应具有受压和受拉的能力,还应尽可能减少构件的接缝数量。

②在河道中施工的支架,要充分考虑洪水、漂流物及过往船只可能对其造成的影响,并采取合适的安全措施;在进行施工进度安排时,应尽量避免在高水位情况下施工。

③立柱式支架中的立柱必须安装在有足够承载力的地基上。立柱底端应设置垫木,用以分散支架承受的荷载,减小地基的荷载集中度,用来控制整个体系的沉降量。

④支架在加载后不可避免地会产生变形与下挠,因此安装前必须进行全面而充分的

检算，并在安装时设置适当的预拱度，使就地浇筑桥跨结构成型后的线形符合设计要求。

⑤梁体就地浇筑的模板支架不得与施工用的脚手架和便桥相搭接，避免因脚手架或便桥的振动而影响混凝土的浇筑质量。

⑥模板接缝必须严密，如有缝隙，须首先用泡沫塑料填塞，然后在缝隙内侧刮腻子打磨，在缝隙外侧用胶带封闭，以避免发生漏浆。

⑦为减少施工现场施工设施的安装和拆卸工作量，同时为了便于施工设施的周转使用，模板和支架应尽量做成装配式组件或块件。

4. 预拱度的设置与计算

（1）预拱度的设置

在简支梁就地浇筑施工过程中，模板和支架因承受巨大的混凝土荷载作用而产生弹性和非弹性变形。如果不加以控制，势必导致现浇梁成型后跨中下挠。为避免这种情况的发生，保证桥梁竣工后线形准确，在进行模板与支架安装时须设置确定的预拱度。设置预拱度时应考虑下列因素：

①卸架后上部构造自重及 1/2 活荷载产生的竖向挠度 δ_1；

②支架在荷载作用下的弹性压缩量 δ_2；

③支架在荷载作用下的非弹性变形量 δ_3；

④支架基础在荷载作用下的非弹性沉陷量 δ_4；

⑤由混凝土收缩及温度变化引起的挠度 δ_5。

按照梁的挠度和支架变形所计算出来的变形值之和，为支架体系预拱度的最大值。预拱度设置的位置在梁的跨径中点，其余各点的预拱度以中间点为最高值，以梁的两端为 0，呈直线或二次抛物线形式分布。

（2）预拱度的计算

如上所述，上部构造和支架的各项变形值之和即为应设置的预拱度。各项变形值可按下列方法计算确定。

①针对恒荷载和活荷载设置预拱度。其值等于恒荷载加 1/2 静活荷载所产生的竖向挠度。当恒荷载和静活荷载产生的挠度不超过跨径的 1/1600 时，可不设置相应的预拱度。

②满布式支架的弹性变形量。当支架杆件的长度为 L，压力分布为 p 时，其弹性变形量系 $\delta_2 = pL/E$。当支架为桁架等形式时，应按具体情况计算其弹性变形量。

③支架在每个接缝处的非弹性变形量。在通常情况下，横纹木料的非弹性变形量为 3mm，顺纹木料的非弹性变形量为 3mm；木料与金属或木料与圬工接缝处的非弹性变形量为 1～2mm，顺纹与横纹木料接缝处的非弹性变形量为 2.5mm。

④卸落设备的压缩量。砂筒内砂粒压缩量和金属筒变形的非弹性压缩量应根据压力大小，砂子细度模量及筒径、筒高确定。一般情况下，20t 压力砂筒的压缩量为 4mm，40t 压力砂筒的压缩量为 6mm；砂子未预先压紧时的压缩量为 10mm。

⑤支架基底的沉陷量。支架基底的沉陷量可通过试验确定或参考表 3-1 估算。

表 3-1　支架基底沉陷量估算表

土的类型	枕梁 /mm	桩 /mm	
		当桩上有极限荷载时	桩的支撑能力不允许利用时
砂土	0.5~10	0.5	0.5
黏土	1.5~2.0	1.0	0.3

（二）施工工序

就地浇筑钢筋混凝土简支梁桥的施工工序如图 3-1 所示。若是预应力混凝土梁，则还应当包含预应力索的安装、张拉、压浆、封锚等工序。

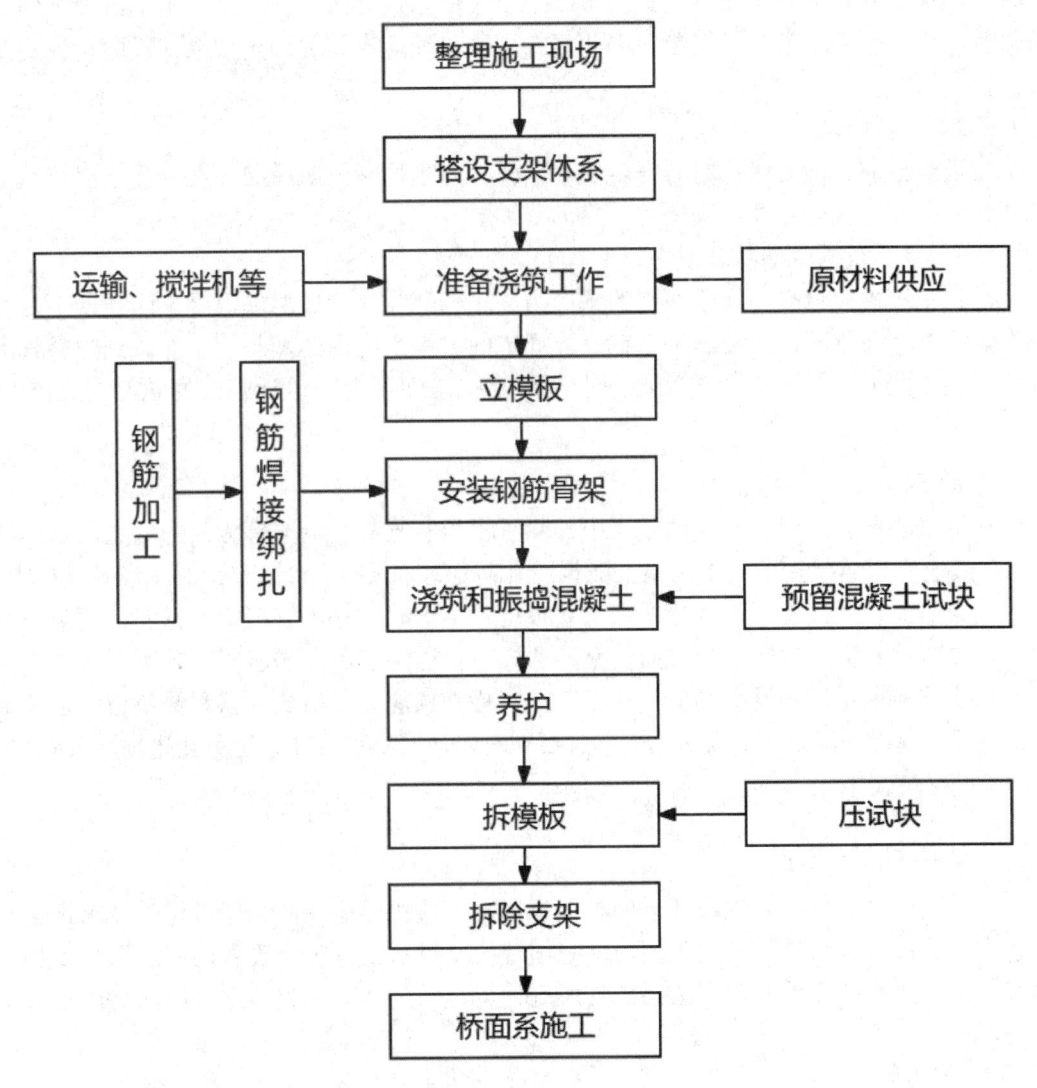

图 3-1　就地浇筑钢筋混凝土简支梁桥的施工工序

二、简支梁的预制与安装

（一）简支梁的预制

常用简支梁主要有先张法预应力板梁、后张法预应力 T 梁和箱形梁等。在梁体预制过程中，施工质量保证体系的加强和完善直接影响预制构件的成品质量。目前，公路与城市桥梁工程中多采用先张法制作预应力板梁，采用后张法制作预应力 T 梁和箱形梁。

1. 先张法

在采用先张法预制预应力混凝土梁的过程中，常见的质量问题如下。

（1）内模移动

空心板预制时多采用充气胶囊内模，但由于其固定方式欠佳，易产生下沉及上浮，从而造成顶、底板厚度难以控制，因此要特别注意胶囊支架的固定效果，以防止胶囊产生位移。

（2）张拉断丝

在进行预应力钢束张拉时有时会发生断丝，发生这种情况时必须在混凝土浇筑前更换新的钢束，然后重新进行张拉。

（3）空心板梁两端易开裂

因先张法预应力空心板梁两端的预应力放张较早，易造成两端混凝土因强度不足而开裂。针对这种情况，须在施工中在设计规定的放张长度内套塑料管，并做到塑料管不漏、不裂。此外，预应力的放张必须在混凝土抗压强度大于设计强度的 70% 后均匀、缓慢地进行。

2. 后张法

在后张法预应力混凝土梁的施工中，除了模板、支架、钢筋等方面的常见质量问题以外，其他质量问题多发生于混凝土浇筑、预应力钢束张拉、封锚和孔道灌浆等过程中，如孔道塌陷、孔道位置不正或堵塞，锚垫板位置不准确、锚下混凝土不密实，预应力钢束滑丝、断丝、应力超标、张拉伸长率不达标，孔道压浆不实或压浆困难等。

防止这些质量问题发生的关键在于：严格检查预应力孔道成孔器和锚垫板的定位情况；各部位混凝土浇筑振捣要充分，并且要注意对成孔器的保护，避免孔道损坏及走位。

（二）预制简支梁的安装

1. 架桥机架设法

伴随我国高速公路和铁路建设的高速发展，架桥机的应用越来越广泛，需求量也越来越大。通过技术引进、消化和创新，我国现代架桥机及其配套设备的制造取得了长足进步，生产的产品几乎覆盖了架桥机的所有种类，某些产品的整体水平已达到或超过了国外同类产品。

（1）架桥机的定义

架桥机是将预制好的梁片放置到桥墩顶部的设备。架桥机在特种设备目录中属于桥式起重机，其主要功能是先将梁片提起，然后运送到目标位置后放下。然而由于架桥机在实现上述功能过程中必须具有其他一些能力，从而使得架桥机与常规意义上的起重机有很大的不同。例如，架桥机为了将提起的梁片放置到前方待架设的孔跨上，必须要求其自身结构具备大跨度向前伸展（即过孔）的能力，才能实现梁片的前输与安置功能，这是常规起重机不需具备的能力。

（2）架桥机的分类

①按照架桥机适用的工程领域分类：公路架桥机、铁路架桥机和公铁两用架桥机。

②按照架桥机适用的单片梁规模分类：T梁（包括板梁和小箱形梁）架桥机、整体箱形梁架桥机。

③按照架桥机的结构特点与工作模式分类：导梁式架桥机、步履式架桥机、导梁式定点起吊架桥机、运架一体式架桥机、步履式公铁两用单梁片架桥机、步履式公路单梁片架桥机。其中，前4种主要用于铁路整体箱梁的架设。

（3）架桥机及其架梁过程

以下按照架桥机的分类对架桥机及工作过程进行介绍。

①导梁式架桥机。导梁式架桥机是一种适用于铁路整体箱形梁架设的架桥机。下面以TLJ900型铁路架桥机为例来介绍导梁式架桥机的结构特点、过孔作业和架梁作业过程。

导梁式架桥机主要由前后2台吊梁行车、2根箱形主梁及横联、1套前支腿、1套后支腿、后支腿台车及顶升装置、辅助支腿、悬臂梁、下导梁、下导梁天车、轨道、电气控制系统、液压系统和动力系统等组成。

导梁式架桥机的主要架梁步骤如下。

步骤1：待架梁状态。待架梁状态是指架桥机完成过孔之后，各支腿已经站位到位，待运梁车将待架梁运来后开始架设下一孔梁的状态。

步骤2：起吊梁和移梁。运梁车喂梁到位后，前吊梁小车吊起梁的一端向前拖拉，然后双吊梁小车吊起梁向前移梁。

步骤3：落梁。梁体移动到位后将梁体落至墩顶，调整标高与平面坐标后灌注支座高强度砂浆，完成一片梁体的架设。

步骤4：架桥机过孔前的准备。将前、后吊梁小车移至主梁后端，以加强后端的配重。

步骤5：前移前、后支腿。后支腿沿架设好的梁面前移，前支腿利用导梁支撑前移。

步骤6：前移导梁。利用前吊梁小车和导梁天车吊起导梁，然后前移导梁。

步骤7：调整导梁天车的吊位。导梁前移至孔跨一半时，利用辅助支腿暂时悬吊导梁，然后将导梁天车后退以调整吊位，为完成导梁的前移到位做准备。

步骤8：导梁到位后使架桥机回归待架梁状态。目前吊梁小车和导梁天车完成导梁前移后，使吊梁小车回归到主梁后端，等待运梁车喂梁，然后进行下一孔梁的架设。

②步履式架桥机。步履式架桥机是一种适用于铁路整体箱形梁架设的架桥机。步履式架桥机主要由2根箱形主梁及横联、3套支腿（1、2、3号支腿）、主梁顶面的2台起重天车以及轨道、电气控制系统、液压系统和动力系统等组成。

下面介绍步履式架桥机的架梁作业过程。

步骤1：步履式架桥机的三个支腿处于待架梁的位置，等待运梁车将待架梁片喂入架桥机。

步骤2：前、后起重天车从架桥机喂梁区内提起梁片，然后将其运送至架梁区。

步骤3：梁片到达架梁区后，经过精确对位后落至墩顶，同时运梁车返回梁场继续运送下一梁片。

步骤4：为了架设下一梁片，步履式架桥机需完成过孔作业。为此，两个起重天车回到架桥机后端参与配重，同时3号支腿也后退，以加强步履式架桥机过孔时的稳定性。

步骤5：做好上述过孔准备工作后，2号和3号支腿依靠自身动力前行，让1号支腿落至待架孔前端的墩顶。到位后对1号和2号支腿进行调整并锁定，然后让3号支腿继续前行至架梁位置。此刻，架桥机又处于待架梁状态。

当步履式架桥机完成一座大桥的架设后去架设另一座大桥时，需借助运梁车驮负步履式架桥机前行。这个过程称为步履式架桥机转场。

③导梁式定点起吊架桥机。导梁式定点起吊架桥机是一种适用于铁路整体箱形梁架设的架桥机。

该架桥机主要由2根箱形主梁及横联、前后支腿、辅助支腿、主梁顶面的2台吊梁车、导梁吊车、导梁天车，以及轨道、电气控制系统、液压系统和动力系统等组成。

下面介绍导梁式定点起吊架桥机的架梁作业过程。

步骤1：架桥机就位，运梁车运梁到位并与架桥机对接，安装运梁车与导梁之间的过渡轨桥，然后依靠梁下驮梁小车将待架梁体运送至导梁梁面。

步骤2：提吊梁车将梁吊起，导致梁体脱离导梁，驮梁小车返回运梁车，运梁车返回梁场。

步骤3：解除导梁与架桥机的连接，调整导梁吊车与导梁天车到位，然后将导梁提升，使之离开桥墩并准备前移。

步骤4：导梁吊车和导梁天车协同工作，沿主梁和悬臂梁前行，将导梁向前运送。

步骤5：当导梁向前运送一半时，借助辅助支腿临时吊住导梁，再将导梁天车退位，调整其吊位后再次与导梁吊车共同起吊导梁。

步骤6：导梁吊机和导梁天车吊运导梁前行到位，然后将导梁落至墩顶就位。

步骤7：主梁吊梁车将待架梁体落下并就位。

步骤8：收起吊梁车的吊钩，架桥机前行到位，辅助支腿回缩，前支腿支撑于墩顶，后支腿转换为架梁模式。运梁车载运预制梁到位，开始准备架设下一孔梁。

④运架一体式架桥机。运架一体式架桥机可实现"三位一体"，就是吊梁机、运梁车与架桥机一体化，使设备的利用率大大提高，运、架梁的成本大大降低。其设备紧凑，灵活性很强，属于目前比较先进的架梁设备，体现了我国高速铁路建设技术的进步，目前在我国高速铁路简支箱形梁的架设中应用得越来越普遍。

运架一体式架桥机主要有两种结构形式，分别是导梁式运架一体式架桥机和无下导梁流动式运架一体式架桥机。

运架一体式架桥机的应用，使人们充分感受到该设备能够大幅降低运、架梁的工作强度，在节约施工成本的同时缩短了施工时间。在使用过程中，该设备还表现出了过隧道和转场优势。

导梁式运架一体式架桥机的工作步骤如下。

步骤1：在梁场组装之后，用运架梁车将导梁运至待架桥的桥头。

步骤2：在桥台上放置主滚轮支腿并锚固。

步骤3：以运架梁车为动力将导梁前移一跨，放下支腿和辅助支腿并锚固。

步骤4：导梁继续前移。

步骤5：导梁前移到位后，在运架梁车离开前将导梁后端锚固，或者采用配重的方式压住导梁后端，然后前移支腿，最后使运架梁车离开。

步骤6：运架梁车从梁场将待架设梁取回。

步骤7：运架梁车与导梁对接。

步骤8：运架梁车沿导梁顶面前行至架梁位。

步骤9：运架梁车到位后制动，再将下导梁前抽，让出架梁位，落梁。

步骤10：落梁到位后，下导梁回抽10m左右锚固于梁面，运架梁车退回，返回梁场取梁。

当桥面由多片梁体构成时（如T梁桥、板梁桥、小型箱形梁桥等），通常采用逐片架设的方法施工。单片梁架桥机适用于此类桥梁的架设。

单片梁架桥机主要由主梁、3个支腿、主梁顶面的2台吊梁车，以及横向移动轨道、电气控制系统、液压系统和动力系统等组成。

⑤步履式公路架桥机。步履式公路架桥机是架设高速公路桥梁时使用非常广泛的一类架桥设备。该架桥机结构简单，操作方便，安全性高，架设效率高，能够进行纵、横两个方向的移位，因此尤其适用于架设由多片T梁或小型箱形梁构成的桥跨。

2. 浮吊架设法

浮吊船又称起重船吊，在通航河道、深水河道或海峡上架桥时，可采用浮吊船安装预制梁。当采用浮吊船进行预制梁片的安装时，浮吊船宜逆流而上，按先远后近的顺序进行安装。浮吊架设法具备吊装能力强，施工速度快，高空作业少等优点，是一种大跨多孔水中桥梁的有效施工方法。

浮吊船的吊臂分为固定式和旋转式，起吊重量一般为数百吨至数千吨，甚至超过10000t。我国中铁大桥局集团有限公司在建造东海大桥时，出资设计建造了海上大型浮吊船"小天鹅"号，其起吊重量达2500t，起吊高度达41m，为架设70m长预应力混凝土箱形梁发挥了重要作用。

然而，在建造杭州湾跨海大桥时"小天鹅"号浮吊船在吊装高墩区的箱形梁时无法满足需要，中铁大桥局集团有限公司又出资设计建造了吊装高度更高、起吊能力更强的海上浮吊船"天一"号。"天一"号浮吊船建成后，起重能力达3000t，起吊高度达53m，居世界第二，亚洲第一。其除能适应杭州湾水域航行、作业之外，还能进入我国内河 A 级、B 级航区或沿海海域作业，并能在近海及无限航区拖航调遣。

通过"小天鹅"号和"天一"号的协同作业，杭州湾跨海大桥的建设顺利完成。

完成杭州湾跨海大桥的建设之后，"天一"号转战上海长江口崇明岛隧桥工程，首次吊装了长 105m、宽 16.95m、重达 2300t 的我国最大的钢－混组合梁。完成上海长江口崇明岛隧桥工程之后，"天一"号又千里北上青岛，参与了青岛海湾大桥的建设。

目前，我国浮吊船建造技术不断取得新的进步，由上海振华港口机械（集团）股份有限公司自主研发制造的目前世界上起吊重量最大的 7500t 全回转自航"蓝鲸"号浮吊船，于 2008 年 5 月 7 日在长兴岛基地正式交付海洋石油工程股份有限公司。

"蓝鲸"号浮吊船主要用于油气田开采过程中安装或拆卸导管架和平台模块等，同时由于其起吊高度达 110m，"蓝鲸"号也可以兼作大型大跨径桥梁预制件吊装、打捞及水上重、大件吊装之用。

3. 车吊和门吊架设法

车吊或门吊的起重量一般为几十吨到几百吨，由于预制板梁、T 梁和小型箱形梁质量较小，因此在陆地条件许可的情况下，采用车吊或门吊进行架设更合适。这种架设方式简单、快捷、安全、效率高，因而得到了广泛的应用。

第二节　斜拉桥的结构体系和构造特点

一、斜拉桥的类型

（一）漂浮体系斜拉桥

所谓漂浮体系斜拉桥，是指塔墩固结但塔梁分离，主梁除两端有支承外，其余部位全部用斜拉索悬吊，从而形成多点弹性支承的单跨梁桥。多点弹性支承使得梁体处于满载状态时，塔柱附近的主梁不会产生负弯矩峰值；同时，由于主梁可以随塔柱的伸缩而自动上下调整，故温度梯度、混凝土收缩和徐变产生的次内力均较小。特别是在采用密索体系时，主梁截面的变形和内力变化较平缓，受力较均匀，对于主梁制造不会提出过高的要求。当发生地震时，在地震荷载的作用下，整个梁体将发生纵向摆荡。若梁体与塔墩的自振频率相差较大，则通过两者之间无规律的运动差和能量转换可以有效地控制塔墩的地震响应。但是，还应该采取一些措施来避免梁体两端的碰撞破坏。斜拉桥通常采用悬臂施工，为了保证施工过程的安全，需在塔梁相交处采取塔梁临时固结措施，以此抵抗施工过程中的不平衡弯矩和剪力作用。

（二）支承体系斜拉桥

所谓支承体系斜拉桥，是指塔墩固结，通过在塔柱横梁顶面设置竖向支承而将梁体支承在塔柱上，使得成桥后的梁体成为跨内具有多点弹性支承的三跨或三跨以上的连续梁桥。

如果支承体系的结构形式为主梁跨中设铰或挂孔，则要求挂孔处的搭接长度满足安全需要，以免一侧悬臂梁体受到车辆荷载作用时挂孔处发生过大的倾斜，从而影响行车的通顺。通常情况下，带挂孔的悬臂梁仅用于预应力混凝土梁，主梁在塔柱处采用固定支承，在边墩处采用纵向活动支承。

（三）塔梁固结体系斜拉桥

所谓塔梁固结体系斜拉桥，是指塔柱修建好之后在塔柱横梁上建造梁体，并将梁体与横梁固结的斜拉桥。此时，斜拉索作为一种弹性支承悬挂于悬臂梁体各处，斜拉索水平分力的作用使得主梁相当于配置了体外预应力索的连续梁或悬臂梁。

在塔梁固结体系斜拉桥中，梁的内力、挠度与主梁和塔柱的弯曲刚度比值直接相关。当跨中满载时，主梁在墩顶处的转角位移会导致塔柱倾斜，从而可显著增大主梁的跨中挠度和边跨负弯矩。因此，当使用塔梁固结体系斜拉桥时，合理控制主梁与塔柱的弯曲刚度比值很重要。

（四）刚构体系斜拉桥

在刚构体系斜拉桥中，梁与塔、塔与墩之间均为固结，从而形成跨度内具有多点弹性支承的刚构。

刚构体系斜拉桥的优点是既免除了大型支座，又能满足悬臂施工的稳定性要求，结构的整体刚度比较好，主梁挠度小；其缺点是主梁固结处的负弯矩大，结构中因温度和混凝土收缩徐变效应而产生的次内力较大，若在主梁跨中设置可以水平移动的剪力铰或挂孔，则将导致行车不通顺。刚构体系较适用于独塔斜拉桥。

在斜拉桥的使用实践中，究竟应当选取怎样的主梁结构体系需根据地质条件、支座吨位、施工方法、行车平顺性及抗风抗震等因素综合分析后确定。

二、斜拉桥的主要构件

（一）桥塔

斜拉桥的桥塔作为悬挂梁体及支承桥面活荷载的结构，其重要性是不言而喻的。桥塔造型的选择首先要满足结构性的功能要求，其次要满足投资方对景观效果的预期。随着科学技术的进步和建筑材料的发展，人们越来越追求斜拉桥的景观效果，因而出现了造型千姿百态的桥塔。即便某些桥塔的受力性能不尽合理，但是在安全性得到保证的前提下，投资方仍然愿意在桥塔造型方面投入更多的资金。所以，桥塔的设计应当受到人们的高度重视。

1. 桥塔的基本结构

一般情况下，斜拉桥的桥塔主要由四部分组成：塔座、塔柱、横梁和塔冠。在斜拉桥的长期发展变化过程中，桥塔的造型演变出了丰富多彩的形态。但无论如何变化，桥塔的造型首先要满足拉索布置和锚固安全的要求，其次要尽可能达到美学方面的预期景观效果。这就使得塔柱需要由多道横梁来约束或加强，因而横梁分为下横梁和上横梁，上、下横梁又把塔柱分为上塔柱、中塔柱和下塔柱多个部分。其中，下横梁除了用于增加塔柱的面内刚度外，还主要用来支撑主梁，维持主梁的标高。由于桥塔造型的多样化，其横梁的数量和分布必须根据具体情况而定，塔柱的分段情况也是如此，不可一概而论。

2. 桥塔的结构形式

当前，建造桥塔所用的建筑材料主要有钢筋混凝土、预应力混凝土、钢材料。

在当代斜拉桥的建设中，涌现出了大量冲破传统斜拉桥设计理念的造型奇特、空间姿态多变、视觉冲击效果极强的不对称桥塔形式，外加桥面形式的多变（如曲线桥、变宽桥、不等跨桥等），使得塔柱或桥面上的锚固点不在同一直线上，从而出现了大量刚柔并济、富有动感的曲面索面，展现出了斜拉桥未来发展的广阔空间。

在部门内容中，主要讲述基本形态的斜拉桥和与其相应的塔柱。

3. 桥塔塔柱的截面形式

桥塔塔柱的截面形式和截面尺寸首先应满足结构对于强度、刚度和稳定性方面的要求，其次要满足桥塔上拉索锚固区的构造要求和桥梁美学方面的需求。

桥塔塔柱的截面形式与建造材料有关。若采用混凝土塔柱，通常塔柱沿塔高有变截面和等截面两种形式，截面可以是实心截面或箱形截面。一般来说，等截面实心塔柱适用于小跨径斜拉桥，变截面实心塔柱适用于中等跨径斜拉桥，而对于大跨径斜拉桥来说，其桥塔一般采用箱形变截面塔柱。

如果塔柱采用钢材料建造，一般采用箱形结构，一般为单室多箱结构。为了确保钢塔柱具有足够的抗弯、抗扭刚度储备，箱室内应设置多层横隔板，横隔板上留有过人孔，并在各室之间的竖向隔板上焊接加劲肋，形成平面正交异性体系。

钢塔柱适用于大跨度斜拉桥，便于分段工厂化制作，运抵现场后分段吊装和焊接。节段质量较轻，施工比较容易；锚固区的制作尺寸精确，锚具安装和张拉作业空间充分，因此在钢塔柱上安装斜拉索比较方便。

（二）主梁

斜拉桥的主梁可分为混凝土梁、钢箱梁、钢－混叠合梁和钢－混组合梁。

主梁截面形式的选择取决于很多因素，如建桥环境、梁体建造材料、主梁扭转动力特性、主梁与斜拉索之间的相互作用关系、斜拉索面的形态、斜拉索在梁面的锚固位置及分布、主梁施工工艺等因素。主梁的常用截面形式主要有板式梁、双主梁、半封闭箱形梁、箱形梁等。

除了上述混凝土梁和钢箱梁以外，还有各类钢－混叠合梁和钢－混组合梁。

1. 混凝土梁

混凝土梁的主要优势是造价低，刚度大，挠度小，抗风稳定性好，抗潮湿性能好，后期养护工作量比钢梁小，操作简单，养护成本低；其缺点是跨越能力不如钢梁强，施工速度不如钢梁快。

2. 钢箱梁

钢箱梁的主要优势是跨越能力强，构件可在工厂制作后在现场焊接装配成梁段，质量可靠，施工速度快；其缺点是价格昂贵，后期养护工作量大，抗风稳定性较差。

3. 钢 – 混叠合梁

钢 – 混叠合梁是在钢主梁上用预制混凝土桥面板代替常用的正交异性钢桥面板。因此，这种桥型既具有钢主梁的主要优点，又表现出混凝土箱形梁的重要优势，如节约钢材，成本较低，梁体的刚度和抗风稳定性均优于钢主梁。但是，应采取有效的措施确保混凝土桥面板与钢主梁之间的良好结合，同时还要采取有效的结构措施，以免大桥在运营过程中出现混凝土桥面板开裂的现象。

4. 钢 – 混组合梁

钢 – 混组合梁是指中孔大跨采用钢主梁，两侧边跨采用多跨预应力混凝土连续梁的组合梁。

钢 – 混组合梁具有如下优点：

①由于边跨主梁采用预应力混凝土结构，提高了全桥梁体的刚度，因此极大减小了主跨的内力及变形。

②边跨混凝土梁增加了边跨配重，既可减小边跨的长度，又可避免边跨端支座出现负反力，特别适用于边跨或主跨比较小的情况。

③边跨相对容易架设，因此边跨采用预应力混凝土梁既能够保证安全架设，又有利于降低成本；而主跨的施工环境较差，采用钢梁可以分段在岸边预制，然后从主塔根部开始进行悬臂拼装，因梁段比较轻，运输和悬吊安装相对容易。

采取钢 – 混组合梁时，必须采取科学的构造措施，确保钢材料与混凝土材料之间的紧密结合。

（三）斜拉索

每一根斜拉索都包括钢索和锚具两大部分。其中，钢索承受拉力；锚具设置在钢索两端，一方面用于锚固钢索，另一方面具有传递拉力的作用。钢索作为斜拉索的主体，主要有平行钢筋索、钢丝索和钢绞线索几种形式。

1. 钢索

（1）平行钢筋索

平行钢筋索由若干根高强度的钢筋平行组成，钢筋直径为 10 ~ 16mm，其标准强度不宜低于 1570MPa。所有钢筋全穿在一根粗大的聚乙烯套管内。索力调整完毕后在套管中注入水泥浆对钢筋进行防护。这种钢索应配备夹片式群锚。

平行钢筋索必须在现场架设过程中形成，操作过程繁杂，而且由于钢筋的出厂长度有限，当应用于大跨度斜拉桥时，索中钢筋必定存在接头，进而使其疲劳强度受到影响。

因此，进入20世纪80年代以后，平行钢筋索已很少采用。

（2）钢丝索

钢丝索划分为平行钢丝索和平行钢丝微扭索。将若干根钢丝平行并拢、扎紧，穿入聚乙烯套管，在张拉结束后注入水泥浆防护，形成平行钢丝索；在钢丝平行并拢后整体作同心同向的轻度扭转，然后用包带扎紧，最后用热挤压成型技术将聚乙烯材料包裹在索的最外层进行防护，从而形成平行钢丝微扭索。

平行钢丝索因不能盘绕，故难以长途运输，只适宜现场制作，随加工随用；而平行钢丝微扭索因挠曲性能好，可以盘绕成盘，因而可长途运输，宜在工厂中进行机械化生产并配备锚具后运至施工现场。显然，平行钢丝微扭索的工厂化生产不但极大地简化了施工现场的工作，而且可生产出超长钢索，索的质量也有保证，在大跨度斜拉桥建造中显示出了巨大优势，因而逐步取代平行钢丝索而成为斜拉桥的主要用索。

当前，钢丝索主要采用 $\phi 5 \sim \phi 7mm$ 钢丝制作，要求钢丝的抗拉强度不低于1570MPa。钢丝索配用的锚具为镦头锚或冷铸镦头锚。

（3）钢绞线索

钢绞线索的制作类似于平行钢丝索，分为平行钢绞线索和平行钢绞线微扭索。

其防护形式主要有：

①将平行成束的钢绞线整束穿入聚乙烯套管中，然后压注水泥浆进行封闭；

②将每一根钢绞线涂防锈油脂后再包裹聚乙烯防护层，然后将钢绞线平行成束，整体穿入较大直径的聚乙烯套管中，然后灌注水泥浆封闭；

③将钢绞线平行成束后，经过轻微扭转后用热挤压聚乙烯外包，最后经热挤压成束。

一般情况下，前两种防护形式形成的平行钢绞线索适合在施工现场加工制作；而平行钢绞线微扭索适合在工厂预制，盘绕成盘后运至施工现场。

钢绞线的抗拉强度可达到1860MPa，较钢丝的抗拉强度提高了27%，因此用钢绞线制作钢索可以进一步减小索的截面，降低索的质量。平行钢绞线索或平行钢绞线微扭索常配用夹片式群锚，先将钢绞线逐根张拉，建立初应力，然后整束张拉至规定应力。平行钢绞线索也可以配用冷铸镦头锚。

2. 锚具

斜拉索两端依靠锚具分别锚固在梁体与塔柱之上，使得斜拉索成为桥面荷载向塔柱传递的直接途径。在这个由斜拉索牵引而形成的完整体系中，锚具不但在力的传递方面发挥了画龙点睛的作用，而且自身将直接承受钢丝束或钢绞线束的巨大拉力，因此锚具的制造质量和安装质量直接关系到斜拉桥的安全。在斜拉索的安装施工中，一般采用镦头锚或冷铸镦头锚对钢丝束或钢绞线束进行锚固。锚具受力最复杂并且对安全影响最大的部位主要是锚板、锚杯与锚圈。其中，锚圈与锚杯之间的螺齿受力安全更为重要。

（四）斜拉索的布置

1. 斜拉索的立面布置

斜拉索的立面布置形式有很多种，每种形式在构造、力学和外形等方面都各具特点。

（1）辐射状索面

辐射状索面将全部拉索的一端汇集并悬挂于塔顶，另一端分别伸向桥面的不同悬挂点，将整个梁体悬挂于设计标高处。在塔柱与梁体之间的相对关系确定之后，这样的悬挂方式可以使各斜拉索与梁面之间的夹角都取得最大值，可充分发挥每一根斜拉索的提升潜力，进而减少斜拉索的总体用钢量。

但是，这种布索方式将较多的锚具汇聚于塔顶，使得塔顶处锚具比较拥挤，造成塔顶挂索区的结构比较复杂，不但施工难度大，而且索的张拉缺少充分的工作空间。由于拉索都集中在塔顶，因此桥面荷载从塔顶开始向下传递，整个塔柱都承受压力。当塔柱比较高时，自由长度较大，此刻应当确保塔身的刚度满足压曲稳定的要求。

（2）平行状索面

顾名思义，在平行状索面中，各斜拉索彼此平行，以等间距的方式分别锚固在桥塔的不同高度上，因此索与塔柱的连接构造易于处理，便于施工，索的张拉工作空间充足。索的平行分布使得塔柱内的压力向下逐段增大，有利于保证塔的稳定性，而且外形比较美观。但这种布索形式用钢量最大，加之几何可变性较大，故对整个体系的内力及变形分布较不利。

（3）扇形索面

扇形索面是介于辐射状索面和平行状索面之间的一种索面形式。此种索面的斜拉索在塔柱和梁面上分别按等间距分布，只是在塔柱上的分布间距一般小于在梁面上的分布间距，斜拉索像扇面一样展开。显然，这种形式的索面合理地协调了辐射状索面和平行状索面的优、缺点，所以成为斜拉桥最常用的索面形式。

2. 斜拉索的横向布置

斜拉桥的索面形态及斜拉索的横向布置千变万化，通常随桥塔和主梁的构造形式而变化。斜拉索的横向布置按照索面的空间形态可以粗略分为平面索面和曲面索面，按照索面内斜拉索的密集程度可以粗略分为密索索面和稀索索面，按照塔柱两侧索面的对称性可以粗略分为对称索面和不对称索面，按照索面的横向布置层次可进一步细分为单索面、双索面和多索面。

单索面一般布置在路面的中央隔离带，桥塔为独柱形式，索面和塔柱占据的桥面空间小，不但能够为乘客展现开阔的视野，并且整个外形看起来显得简洁美观。但是，独柱仅受面内约束，承受的面外及扭转约束很弱，因此在横向荷载作用下很容易发生面外弯曲或振动。如果横向荷载相对于塔柱不对称，还容易引起塔柱乃至梁体一起发生平面内转动。另外，单索面控制桥面顺桥向扭转的能力很弱，在风荷载作用下桥面发生较大幅度顺桥向扭转的危险性较大，所以要求主梁以及塔柱应该具备很高的抗扭刚度。相比之下，双索面以及双塔柱的控制作用，使得双索面斜拉桥具有较强的抗扭能力。

绝大多数情况下，为了保证整个斜拉桥体系受力简明，施工方便以及结构功能目标的更好实现，索面大多使用平面索面。一般来说，平面索面可以是竖直的，也可以是倾斜的，但对于上述目标的实现影响很弱；少数景观桥为了追求美学效果而将桥塔变异或将桥面设计为曲线或变宽的形态，使得索面锚固点不在一条直线上，进而导致曲面索面的出现。

密索面斜拉桥可以将梁体的弯矩分布调整得很平稳，梁体内的剪力幅也小一些，相对于稀索面斜拉桥而言，其对梁体制作材料和梁高的要求也相对弱一些，梁面的平顺性更好。

（五）斜拉索与塔柱之间的锚固

斜拉索是斜拉桥体系中必不可少的重要构件，也是桥面荷载传递到塔柱和基础的必经路线。要使斜拉索确实发挥其设计功能，必须采用非常可靠的措施将每一根斜拉索的两端分别结结实实地锚固在塔柱和桥面上，所以，塔柱或梁面锚固区的结构设计是非常重要的。

拉索锚固区的结构设计由多种因素决定，不可一概而论。通常情况下，可根据拉索的锚固位置（塔柱上或梁面上）、锚固区的建造材料、锚固区的受力强度、斜拉索的密集程度等因素来确定。

斜拉索与塔柱之间的锚固有多种方式，可按照图 3-2 所示方法进行分类。

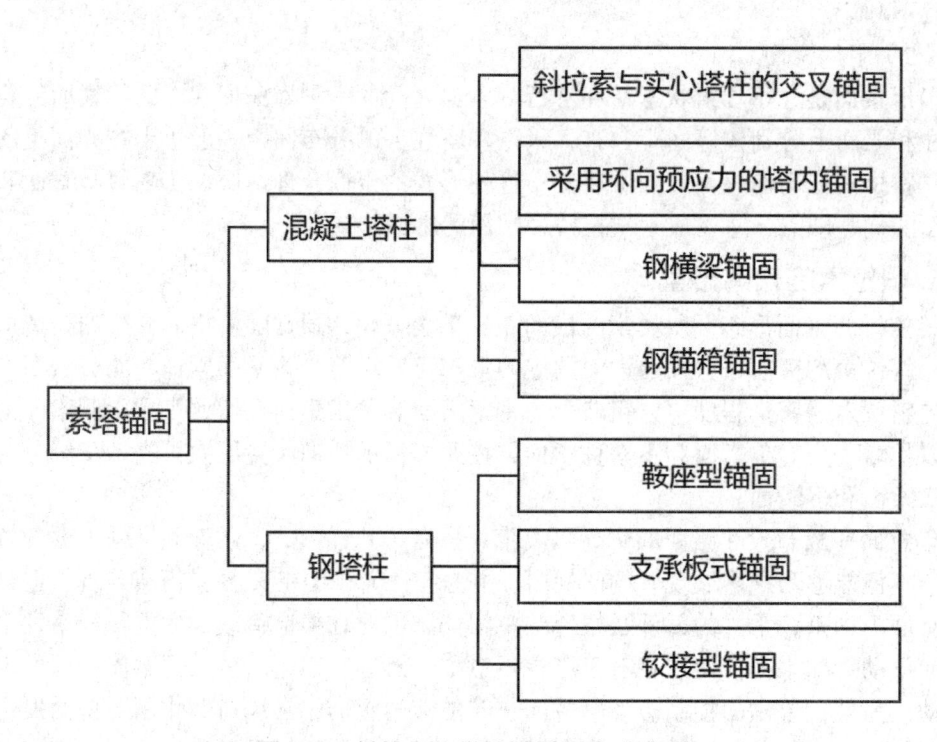

图 3-2 斜拉索与塔柱的锚固方式分类

1. 斜拉索与混凝土塔柱之间的锚固

（1）斜拉索与实心塔柱的交叉锚固

这种锚固方式适用于采用实心塔柱的中、小跨度斜拉桥，交叉锚固方式有很多种。斜拉索的张拉既可以在塔柱上实施，又可在梁上实施，但应在塔柱轴线两侧横桥向对称布置并对称张拉，防止塔柱发生扭转。

（2）采用环向预应力的塔内锚固

当桥塔横桥向尺寸与索力均较小，且斜拉索为单股索时，只需在桥塔侧壁内设置预应力钢筋束；当桥塔横桥向尺寸较大，斜拉索为横排的双股钢索时，需在桥塔侧壁、前墙上均设置预应力钢筋束；当桥塔横桥向尺寸和索力均较大，且斜拉索为横排的双股钢索时，除需在桥塔侧壁、前墙上都设置预应力钢筋束外，还应增设纵向中间隔板。此刻，斜拉索水平分力在塔壁上产生的拉应力由设在塔内的平面预应力筋对塔柱产生的预压力来抵消，斜拉索的竖向分力则直接由桥塔混凝土承担。

（3）钢横梁锚固

钢横梁锚固方式适用于单索面和平行双索面桥，但这种方式占用了较多的桥塔内部空间，所以不适用于空间双索面桥。

钢横梁支承于空心塔柱内塔壁的牛腿上。钢横梁作为一个独立和稳定的构件，两端的支承点可在顺桥向和横桥向作微小的移动和转动，因此基本不约束温度变化使钢横梁产生的变形。但是，为了避免两端产生过大的位移，在钢横梁两端都设置了顺桥向、横桥向的限位构造装置。

钢横梁锚固的受力特点：当桥塔两侧的索力方向角与斜拉索的倾角相等时，水平分力由钢横梁的轴向受拉及两端较小量级的弯矩来平衡，与桥塔无关，而竖向分力则由钢锚固梁通过牛腿传给塔柱；当桥塔两侧的索力方向角与斜拉索的倾角不相等时，水平分力的不平衡值可以由钢横梁下的支承摩阻力或顺桥向的两端水平限位装置传递给桥塔牛腿。

（4）钢锚箱锚固

钢锚箱的构造形式划分为两种：内置式钢锚箱和外露式钢锚箱。

内置式钢锚箱设置于桥塔混凝土箱体的内部，桥塔从上到下为完整的箱体；外露式钢锚箱镶嵌于桥塔混凝土箱体端墙的中间，在嵌入区域将桥塔分为两个半围合截面，在桥塔外可以看到钢锚箱的端板。

内置式钢锚箱通过端头钢板外侧的剪力钉与混凝土塔柱端墙结合在一起，因此索力的竖向分量通过剪力钉传递给桥塔，而水平分力直接通过钢锚箱的端头钢板传递给箱形混凝土桥塔的端墙；外露式钢锚箱的剪力钉既要传递桥塔和钢锚箱之间沿桥塔高度方向的剪力，又要传递桥塔和钢锚箱之间顺桥向的剪力，而且为保证传力效果，通常需要在混凝土桥塔的塔壁上施加较大的预应力来实现外露式钢锚箱与混凝土桥塔之间的结合。

2. 斜拉索与钢塔柱之间的锚固

（1）鞍座型锚固

鞍座型锚固用于部分斜拉桥斜拉索在塔身上的锚固。部分斜拉桥的斜拉索在构造上与常规斜拉桥斜拉索的不同之处在于塔上的锚固形式。在常规斜拉桥中，斜拉索在塔顶上张拉并锚固；而部分斜拉桥则在塔顶设置双套管结构的转向鞍座。其外套管预埋于塔内，内套管置于外套管内，斜拉索连续通过内管后，两端分别锚固在梁上。为了防止内、外管之间发生相对滑移，在两侧斜拉索出口处的内、外管之间设置抗滑锚头。

（2）支承板式锚固

在支承板式锚固中，斜拉索通过钢垫块支承于两侧塔壁的抗剪钢板上，钢板与顺桥向钢结构焊接，斜拉索的索力直接通过抗剪钢板及顺桥向钢结构传至塔壁上。

在实际操作中，需认真处理好承压支承面的平整度，避免出现局部应力集中。

（3）铰接型锚固

在铰接型锚固中，斜拉索使用外露锚头，锚头用铰与索塔连接。在连接处，带有眼孔的斜拉索锚头通过销钉连接在塔冠支座的肋板上，形成铰接型锚固。此刻，外露锚头能够围绕销钉转动，以适应斜拉桥体系内部之间的相对变位，确保锚头对销轴及肋板不产生扭矩作用。

（六）斜拉索与主梁之间的锚固

1. 斜拉索与混凝土主梁之间的锚固

斜拉索与混凝土主梁之间的锚固方式主要有顶板锚固、箱内锚固、斜隔板锚固、梁体两侧锚固和梁底锚固等。

（1）顶板锚固

通常来说，斜拉索与混凝土主梁之间宜采用顶板锚固的锚固方式。这种锚固方式适用于箱内采用加劲斜杆的单索面桥。

（2）箱内锚固

这种锚固方式主要适用于采用两个分离单箱的双索面桥，也适用于采用带有中间箱室的单索面桥。

（3）斜隔板锚固

这种锚固方式的适用范围与箱内锚固基本相同。

（4）梁体两侧锚固

采用这种锚固方式时，要在梁体两侧设锚固块锚固，这种方式仅适用于双索面桥。

（5）梁底锚固

这种方法适用于梁截面较小的双主梁或板式梁。

2. 斜拉索与钢主梁之间的锚固

（1）锚箱式锚固

在大跨度钢箱梁斜拉桥的建设中，锚箱式锚固是斜拉索与钢箱梁之间连接时采用的最为广泛的一种方式。此时，斜拉索与钢箱梁之间的传力路径为：斜拉索→锚垫板→锚箱承压板→锚固板→锚箱顶、底板→钢箱梁。

由于锚箱式锚固方式中力的传递路径非常明确，因此索力作用精确。在锚箱式锚固结构中，通过采用楔形承压锚垫板，可以适应斜拉索横向倾角的调整；再者，锚箱式锚固结构通常安置于风嘴内，空间充分，可以选用内置式斜拉索阻尼器，保证阻尼器能够牢固地连接在主梁上，进而充分发挥阻尼器的作用，而且景观效果好。在这种锚固结构中，斜拉索可以两端张拉。

（2）销铰式锚固

在这种锚固结构中，可将耳板设计为楔形以适应斜拉索不同横向倾角的需要。这种锚固结构构造简单，便于安装和日常检修，但锚固系统外露，不美观。销铰式锚固结构的传力路径为：斜拉索→销铰连接件→锚固耳板→腹板→钢箱梁。

由于斜拉索距桥面较高，不能保证阻尼器与主梁连接的可靠性，因此当采用内置式阻尼器时，对于抑制斜拉索振动的效果不理想。同时，由于耳板销孔附近的应力集中现象非常突出，需采用高强度钢材，并采取以下措施以提高耳板受力的安全性：加大耳板厚度或销轴直径，以加大承压面积；在销轴外加一层软垫层，改善销孔处的接触效果，以降低耳板孔周的局部应力。在这种锚固结构中，斜拉索只能在塔端张拉。

（3）拉板式锚固

在这种锚固结构中，锚拉板可分为上、中、下三部分。上部为板索连接板，板中间夹焊有用于安装斜拉索的锚拉筒；下部则通过焊缝直接焊接在主梁顶板表面；中部为传力受拉区，受拉区上端开槽以安置锚具。

在拉板式锚固结构中，拉板与锚拉筒、主梁顶板间的焊缝是受力关键部位。该处应力集中现象突出，尤其拉板与主梁顶板间的焊缝受竖向拉应力和纵向剪应力的共同作用，应力状态复杂。因此，对焊缝的质量应严格要求，进行静荷载和疲劳评定；同时，为确保将索力均匀地传给主梁，主梁顶板与拉板焊接的区域需加厚，拉板和锚拉筒的焊接面积需加大。在这种锚固结构中，斜拉索只能在塔端张拉。

（4）锚管式锚固

锚管式锚固是在主梁或纵梁的腹板上安装一根钢管，将斜拉索锚固于钢管内，索力通过钢管传递给主梁或纵梁的腹板。在进行斜拉索锚固时，可以采用楔形承压垫板以适应各斜拉索不同的横向倾角。该锚固体系便于使用内置式拉索阻尼减振器，并且阻尼减振器的作用能够得到充分的发挥。但因为锚头裸露于梁底，因此使用过程中日常检修不方便，也不美观。锚管式锚固结构的传力路径为：斜拉索→锚管承压板→锚管→底板→腹板→钢箱梁。在这种锚固结构中，斜拉索在塔端和梁端张拉皆可。

第三节 斜拉桥的施工方法

一、主塔施工

（一）基础内容

斜拉桥主塔施工方法的确定需要从多个方面进行考虑。

首先，主塔建造材料是决定施工方法的根本因素。当前，常见的斜拉桥主塔有混凝土主塔、钢主塔和钢－混组合主塔。其中，混凝土主塔又分为钢筋混凝土主塔和预应力混凝土主塔。对于钢－混组合主塔来说，通常下塔柱为混凝土结构，上塔柱为钢结构。这样的设计既可以发挥混凝土结构稳重、耐久、支撑能力强、容易现场浇筑成型的特点，又可以充分利用钢材易加工、结构质量轻、易安装、延展性能好、适合建造高耸结构的优点。但是，在钢混结合部位必须采取特殊构造将混凝土材料和钢材牢固结合在一起，才能保证钢－混组合主塔的长久安全。显然，针对不同的建筑材料，主塔的施工方法必然有明显的差异。

其次，应当充分认识到斜拉桥桥塔的构造远比一般桥墩复杂。通常桥塔的中部和上部均高出桥面，并以出色的承拉、承弯及承压能力将主梁提起。因而，从外形来看，桥塔可能是直立的，也可能是倾斜的，甚至可能是曲线形的；在塔柱的数量上，塔柱可能是单塔柱，也可能是双塔柱，甚至可能是多塔柱，塔柱之间有横梁；从受力的角度，桥塔上必须设有众多斜拉索锚固点，锚固点及相关预埋件的定位必须精准，以确保斜拉索的安装、张拉和锚固能顺利进行。正是塔柱外形和受力性能上的变化，使得其施工方法必须与之相适应。

除此之外，在进行塔柱施工时，塔内必须设置必要的工作平台和起重设备；塔顶需要设置航空标志灯及避雷器，塔身内设置检修攀登步梯；对于景观桥，还可以在塔内安装观光电梯，所有这些都增加了桥塔的施工难度。因此，桥塔施工方案的编写与实施必须根据设计图纸统筹兼顾结构要求、构造需要以及施工需求。

（二）混凝土主塔施工

混凝土主塔的施工方法主要有三种：支架现浇法、预制吊装法、移动模板施工法。其中，移动模板施工法包括翻模法、爬模法和滑升模板法。下面分别给予简要介绍。

1. 支架现浇法

该施工方法工艺成熟，不需专用设备，能适应较复杂的塔柱断面形式，锚固区预留孔道和预埋件的处理也较方便；缺点是施工周期较长，且费工、费料。支架现浇法比较适用于跨度为200m左右，桥面以上塔高为40m左右的斜拉桥。对于跨径更大的斜拉桥，其桥面以上的塔柱会更高，此时可将塔柱分为多段采取不同的方法施工。例如，塔柱的下部节段可采用支架现浇法施工；上部节段可采用移动模板施工法或预制吊装法施工。

2. 预制吊装法

顾名思义，采用这种方法时需首先在桥下预制场地将塔柱分段预制，然后运抵施工现场，运用起重能力较强的吊装设备进行拼装施工。这种施工方法不适合建造较高的塔柱，但是当塔柱不高、工期比较紧的时候，这种施工方法可以加快施工速度，减小高空作业的难度和劳动强度。当前，国外采用预制吊装法比较多，我国大多采用支架现浇法。

3. 移动模板施工法

移动模板施工法主要包括翻模法、爬模法和滑升模板法。这些方法均适用于高塔的施工，但是在施工工艺、施工效率、施工质量、施工安全等方面有着明显的差异。

下面分别给予简要介绍。

（1）翻模法

翻模体系通常由三层独立的模架组成，每一层模架由模板、支架、工作平台和吊架构成。在正常的循环施工中，每次将最下层模架拆卸后起吊并安装至最上层模架顶面处，然后以下面两层模架作为支撑浇筑新的一层塔柱，直至施工结束。翻模法施工中需要借助塔式起重机作为起吊设备，所以翻模法施工进度慢，外观效果差，高作业时的安全性低，在桥塔施工中已很少采用。

（2）爬模法

爬模法是目前塔柱施工中采用比较多的一种施工方法。爬模法施工安全性高，质量可靠，桥塔施工大多采用此法。爬模法施工的模板通常采用钢模板，沿竖向一般布置3~4节，每节的高度根据模板支架的构造和支挡能力等采用2~5m，而爬模法施工中每节段混凝土的浇筑长度通常为3~6m。为了保证爬模操作的顺利进行，一般在爬模体系中设置自备提升设施或其他提升动力设施，目前使用较多的是液压式爬升设备。

在构造上，爬模体系主要由模架、爬架和导轨构成，外加液压式或电动式提升设备。整个体系依附于已浇筑成型的混凝土塔柱外壁，为待浇筑节段混凝土提供模板支护。

（3）滑升模板法

无论采用翻模法施工还是采取爬模法施工，一个共同的特点是都将已浇筑成型的塔柱混凝土作为下一节段施工的支撑。特别是在爬模法施工中，爬架依赖于导轨才能提升，而导轨必须安装在已成型的混凝土塔壁上。但是在滑升模板法施工中，整个体系的支撑和提升不依赖已浇筑成型的混凝土，而是支撑在预先埋置在塔壁混凝土内部的顶升钢筋或钢管上。

滑升模板体系主要由模板、围圈、吊挂脚手架、支撑杆（俗称爬杆、顶杆）、千斤顶和顶架、操作平台和提升架等组成。在滑升模板法施工过程中，由于不再要求已浇筑混凝土必须达到较高的强度，因此施工的混凝土结构连续性好，表面光滑，无施工缝，并且施工速度快，安全性高，混凝土材料消耗少，可节省大量对拉钢筋、钢模板及其他周转材料。正是上述优势，使得滑升模板法已成为塔柱等混凝土高耸结构的主要施工方法。

（三）钢主塔施工

钢主塔都在工厂内分段制作，运抵现场后进行分段吊装和连接。所以，相比混凝土塔柱，钢主塔的施工要简单得多，施工的技术含量较低，具有施工进度快，施工周期短，施工安全性高等优点，再加上钢材料容易加工、分段质量轻、易安装、延展性能好等特点，使得钢主塔在特大跨度斜拉桥的塔柱建造中具有独特的优势。

二、横梁施工

对于大跨度斜拉桥高耸的双塔来说，无论是直立的还是倾斜的，都需要在双塔之间设置一道或多道横梁。

横梁至少具有以下三方面的功能：首先，对于某些斜拉桥来说，横梁作为梁体的支撑必不可少；其次，横梁作为双塔之间的连接可以大大增加塔柱的横向刚度；再者，对于斜塔柱来说，双塔之间的横梁是维持塔柱稳定所必需的构件。因此，横梁施工是塔柱施工中非常重要的一个环节。

但是，由于横梁的跨径和断面较大，并且是高空悬空作业，因此横梁的施工难度很大。为此，必须在设计高度的双塔之间为横梁施工搭建一个支撑平台，方可完成横梁的施工。为了保证横梁的施工质量和施工安全，在设计这个支撑平台时，不仅要考虑支撑平台的竖向刚度，还要考虑支撑平台、塔柱和混凝土横梁因材料不同在日照下变形不一致所导致的不均匀变形，需开展有效措施避免混凝土横梁在早期养护期间及每次浇筑过程中由于支架的变形而引起的开裂。

三、塔柱施工时应注意的事项

①斜拉桥的塔柱截面通常沿高度变化，并且塔柱轴线往往是倾斜的，如A形、倒Y形或菱形塔柱。为了保证塔柱（特别是倾斜的塔柱）在施工过程中受力与变形的安全性，在没有设计横梁的位置应考虑每隔一定高度设置临时的横向支撑杆。当塔柱内倾时，临时支撑应按受压体系进行设计和施工；当塔柱外倾时，临时支撑应按受拉体系进行设计和施工，以满足倾斜塔柱施工安全的需要。

②桥塔除了在拉索张拉锚固部位有凹凸槽或缺口外，通常还有用作检查的通道，以及因景观需求而导致的截面变化区等。对于这些外形的丰富变化，在设计模板时都应充分考虑。

③桥塔上除了设置施工所需的工作平台以外，还需要设置方便拉索安装和张拉作业的脚手架平台。

④混凝土塔柱是就地浇筑的，随着高度的增加，施工机具、起吊设备、施工材料的搬运以及拉索的安装等宜采用爬升式塔式起重机作为起重设备；如果采用管道输送混凝

土，应特别注意泵送混凝土的配合比设计、泵送设施的布置、泵送设备的能力等，应采用高性能泵车，以确保泵送混凝土的质量达到设计要求。

⑤桥塔施工是高空作业，要有充分可靠的安全措施，以防止上下层之间落物伤人事故的发生。

四、主梁施工

与塔柱施工方法的选择类似，一般情况下，斜拉桥主梁施工方法的选择主要是由主梁的建筑材料决定的。

斜拉桥混凝土主梁常用的施工方法有支架或托架法、悬臂浇筑法、平转法和顶推法等。对于大跨度混凝土斜拉桥，其主梁特别适合采用悬臂浇筑法进行施工。当然，梁体局部（0#梁段、边跨直线段或某些无索区）的施工通常辅以支架法或托架法；平转法和顶推法适用于特殊环境下跨径不大、高度不高的斜拉桥。

对于特大跨度的斜拉桥来说，主梁非常适合采用钢箱梁，而钢箱梁的施工特别适合采用悬臂拼装的方法。此时，可以在桥下将钢箱梁分段预制，然后由运输船只或车辆将梁段运抵桥下吊装位置，由吊装设备将梁段提升、就位、拼装和挂索。若梁体采用钢桁架梁，悬臂拼装的方法同样适合。当然，梁体局部（0#梁段、边跨直线段或某些无索区）的施工通常辅以支架法或托架法。

（一）混凝土主梁的悬臂浇筑施工

斜拉桥混凝土主梁为等截面梁，宜采用悬臂浇筑施工法。

斜拉桥混凝土主梁悬臂施工时所采用的挂篮主要有长平台牵索挂篮和短平台复合型牵索挂篮。牵索挂篮按杆件种类可分为常备杆件组拼式和型钢组焊式。

1. 悬臂施工

斜拉桥混凝土主梁尤其适合采用悬臂浇筑的方法施工。20世纪七八十年代，我国大部分斜拉桥悬臂浇筑所采用的挂篮沿用一般连续梁施工常用的挂篮。然而，无论是桁架式挂篮还是斜拉式挂篮都采用后支点悬臂结构，使得节段浇筑长度受到很大限制。同时，挂篮自重比较大，与所浇筑梁段的质量之比一般在0.7以上，甚至可能达到1~2。

20世纪80年代后期，我国桥梁工作者根据斜拉桥的特点，努力挖掘斜拉索在悬臂施工过程中的承载作用，开始研制前支点牵索式挂篮。牵索式挂篮利用悬浇梁段前端最外侧两根斜拉索将挂篮前端大部分施工荷载传至承载能力极强的桥塔，从而将后支点悬臂状态下的负弯矩转变为前支点简支状态下的正弯矩。这既改变了挂篮和浇筑梁体在施工过程中的受力状态，又减轻了挂篮自重，使节段悬臂浇筑长度及挂篮的承受能力都得以提高，并简化了施工程序，进而诞生了长平台牵索挂篮。

但是作为前支点挂篮，长平台牵索挂篮也存在明显的缺点——前移不便且承载平台过长。因此，我国桥梁工作者将后支点式挂篮与拉索的承载能力相结合，设计出了复合型牵索挂篮。复合型牵索挂篮利用桥面桁架结构与拉索共同受力，不但可以大大减小承载平台的长度，而且便于挂篮的前移，人们通常称之为短平台牵索挂篮。

目前，牵索挂篮已成为斜拉桥混凝土连续梁悬臂施工中的主要设备。

（1）长平台牵索挂篮

顾名思义，长平台牵索挂篮的总长度很长。一般情况下，挂篮平台长度较待浇梁段长很多，并且仅在混凝土主梁下设置挂篮平台，如浇注8m梁段，挂篮平台的长度可达23m。

长平台牵索挂篮主要由主桁承重系统、模板系统、牵索系统、锚固系统、调高系统及行走系统6部分组成。悬臂施工过程中，将待浇筑梁段的斜拉索临时锚固在长平台牵索挂篮的前端，因此挂篮前端的垂直荷载可通过拉索直接传递给斜拉桥桥塔，这样可以大大减小挂篮对主梁的荷载作用；当悬臂梁段施工完成后，再将拉索从挂篮前端解除并锚固在主梁上，进而完成体系转换。

长平台牵索挂篮的优点主要有：能够为待浇梁段提供充足的作业空间；为挂篮平台悬臂部分提供足够的竖向刚度，以保证主梁的线形。但也带来一些问题，因挂篮长、自重大，致使挂篮前移时挂钩直接作用于主梁的反力过大，对某些断面可能会改变主梁的设计尺寸，因此前移时不是很方便，并提高了工程量和工程费用。

（2）短平台复合型牵索挂篮

短平台复合型牵索挂篮主要由挂篮平台、三脚架和伺服系统（牵索系统、悬吊系统、行走系统、锚固系统、水平支承系统、微调定位系统）组成。所谓复合型，是指现浇梁段的荷载由牵索系统和三脚架共同承担。

该挂篮体系荷载的传递路径为：首先通过挂篮平台前、后吊杆将部分竖向施工荷载传给三脚架，再通过三脚架直接传递给已浇筑的混凝土主梁，同时另一部分竖向荷载通过斜拉索直接传递给塔墩；而牵索下端的水平力先由挂篮纵梁前端传至挂篮平台后端的水平拉杆，再通过已浇筑梁段前端的抗剪柱传给已浇筑的主梁，从而避免挂篮平台发生后退。

采用短平台复合型牵索挂篮之后，挂篮平台作用于主梁上的反力大大减小，而且三脚架的采用更好地解决了长平台挂篮不便于前移的问题，缩短了挂篮长度，减轻了挂篮自重，挂篮纵梁竖向抗弯刚度增大，大大减小了挂篮纵梁的挠曲变形，因此更有助于对混凝土梁的线形进行控制。

2. 转体施工

当斜拉桥的跨度不是很大，并且不允许在道路或河流上方沿桥梁设计轴线直接架设时，可以将桥梁对称地分为两座半桥，每座半桥构成一座独塔斜拉桥，分别在平行于道路或河流的两侧建造。两座独塔斜拉桥建造完成后经过适当的调整，便可以分别围绕各自的塔柱轴线转体至桥梁设计轴线处就位并合龙。

3. 顶推施工

在顶推施工中，梁体分段预制，预制场地设置在梁体纵轴方向的台后。由于预制场地限定在一定范围内，可在预制场地上方设置顶棚，因而施工不受天气影响，可全天候施工。一段梁体预制完成后，用纵向预应力筋将其与已完成的梁体连成整体，然后通过水平千斤顶施力，在导梁的引导下将梁体向前顶推出预制场地，然后在预制场地继续进行下一节段梁的预制，如此循环作业直到施工完成。

对于跨度较大的斜拉桥来说，必须在主塔与边墩之间设置多个临时支墩，以避免梁体前端在顶推过程中发生大的下挠，同时应在导梁前端设置标高调整装置，确保导梁能够顺利搭上临时支墩的墩顶。

总的来说，顶推施工法有如下特点：

①可以使用简单的设备建造长大桥梁，施工费用低，施工平稳无噪声，可在水中、山谷和高桥墩上使用，也可在曲率相同的弯桥和坡桥上使用。

②主梁分段预制，连续作业，结构整体性好。由于不需要大型起重设备，所以施工节段的长度一般可取为10～20m，顶推跨径取为30～50m最为经济有利。如果跨径大于此值，则需要采用设置临时支墩等辅助手段。

③梁段预制场地固定，施工条件较好，便于施工管理和质量控制，避免高空作业；同时，模板和其他设备可多次周转使用，进而降低了施工成本。

④顶推过程中梁体内力变化很大，梁体在施工阶段与运营时期的内力变化也比较大，因此在梁截面设计和布索时要同时满足施工与运营的要求。

⑤适用于等截面梁的施工，但桥梁跨径较大时选用等截面梁会造成材料用量的不经济，还会增加施工难度，因此顶推施工法更适用于中等跨径桥梁的施工，桥梁的总长以500～600m为宜。

（二）钢箱梁的悬臂拼装施工

当斜拉桥跨度较大时，使用钢箱梁作为梁体比较合适。因为钢材刚度大、弹性好且易加工，预制成箱形梁段之后质量较轻，便于运输、吊装和拼接，便于安装斜拉索，成桥时的形态也容易调整，因此钢箱梁在大跨度斜拉桥的建造中得到了广泛应用。

钢箱梁的施工非常适合采用悬臂拼装的方法，预制梁段的吊装设备通常采用梁面步履式悬臂吊机。

斜拉桥钢箱梁的悬臂吊装技术要点如下。

1. 0$^\#$梁段的安装

0$^\#$梁段是无索区，通常由4～6个梁段组成，每个梁段的长度为10～13m，因此0$^\#$梁段只能在支架或托架上安装。根据塔柱所处环境，安装梁段时所需的梁段通常采用水运或陆运的方式运抵桥下，然后用大型浮吊或塔式起重机安装至支架或托架上，经焊接后形成0$^\#$梁段。0$^\#$梁段安装完毕后既是组装步履式悬臂挂篮的平台，又是循环开展预制梁段悬臂吊装、焊接和挂索作业的起点。

2. 标准节段的安装

标准节段一般采用步履式悬臂吊机对称进行安装。很多情况下，由于0$^\#$梁段的长度不足以同时安装两台吊机，故在第一节标准节段安装时，多采取先安装一侧吊机去吊装同侧第一节标准梁段。并且，为了保持 0# 梁段的平衡，在 0# 梁段的另一侧配置平衡重以平衡起吊梁段所产生的倾覆力矩。从第二节标准梁段开始即可撤去平衡配重，实现对称悬臂吊装施工。

在标准梁段的安装过程中，梁段吊装、就位、挂索、环焊、张拉交替进行。梁段先由拖轮运至桥下，再由步履式悬臂吊机吊起，到达桥面标高后利用预先安置在箱形梁顶、底板上的就位装置将梁段与已安装梁体对接，再用螺栓临时连接，然后挂索。当拉索适度吃力后进行环向焊接。最后按照设计要求进行斜拉索第一次张拉，同时对相邻拉索进行补张拉。

3. 合龙段施工

通常情况下，对于双塔三跨钢箱梁斜拉桥来说，采用梁段悬臂吊装施工有三处合龙口，分别是两处边跨合龙口和一处跨中合龙口。边跨合龙口可采用吊装合龙段的方式实现合龙，也可采用顶推施工的方式将安装于支架上的边跨段与悬臂安装梁体实现合龙，最后吊装跨中合龙段完成跨中合龙。因为跨中合龙之后将进行体系转换，梁体内力经过调整后将重新分配，因此合龙施工的质量将影响到梁体内力的再分配是否合理，还会影响到桥面的平顺性，最终有可能影响到桥梁长期运营的安全性。为了避免合龙不当所遗留下的种种潜在危害，应努力实现设计所希望的无误差合龙，避免强制性合龙。当体系转换完成之后内力将重新分配，将对索力分布产生一定的影响，因此必须对索力进行一次全面测试，根据测试结果进行适当的调整，以此作为成桥索力。

五、斜拉索施工

斜拉索作为斜拉桥的特征构件，是这种桥型名称的来源，在结构上也是连接塔、梁，传递桥面荷载，构造一个稳定体系不可或缺的关键构件。所以，斜拉索的设计、制造与安装质量便显得非常重要。

（一）斜拉索安装注意事项

斜拉索安装时应注意以下几点非技术性事项：

①由于斜拉桥的梁体是逐段生成的，每生成一段就必须在前端挂索，故拉索安装与梁体逐段施工是有规律地交替进行的，这样才能保证梁体的受力安全。因此，斜拉索的安装将贯穿整个悬臂施工过程。

②由于混凝土梁的悬臂施工采用牵索挂篮，因此梁端的斜拉索需安装两次。第一次是出于悬臂施工的需要，梁端拉索需临时挂在施工平台的前端，用以承担较大的施工荷载，并将荷载传递至塔柱；第二次挂索是在梁段施工完毕后，需将拉索从挂篮前端拆解后永久锚固在梁体前端。

③一般情况下，拉索两端分别锚固在桥塔上和梁体内，一端为固定锚，另一端为张拉锚。张拉锚究竟安装于塔上还是梁内需严格遵从设计。

④由于固定锚和张拉锚在结构和安装方面具有明显的差异，因此在斜拉索的布索和

吊装时须谨慎检查，采用正确的安装方法，切不可失误。

（二）斜拉索的安装

斜拉索制作好后堆放在制索厂，安装前运送到施工现场。运输过程中，为了防止斜拉索受损，大跨度斜拉桥的斜拉索通常使用钢结构焊成的索盘将斜拉索卷盘，或者将斜拉索直接盘绕成盘状，外面加临时保护。

1. 放索

通常情况下，安装斜拉索之前应在梁面锚固点与塔柱之间将斜拉索展开，为斜拉索的安装做好准备，这就是所谓的放索。由于斜拉索在工厂中生产时已经成盘，因此施工现场的放索方式通常有两种立式转盘放索和水平转盘放索。

对于盘在钢结构盘架上的斜拉索，在采用立式转盘放索时，为了避免散盘，应在索盘上安装转盘制动装置；如果拉索成盘时没有盘架，则应将索盘置于转动平台上采用水平转盘放索。不论采用何种放索方式，当斜拉索在桥面上伸展移动时，应在沿斜拉索移动的路径上布设滚筒，并将锚头置于移动平车上，以减小放索阻力，避免斜拉索在桥面上磨损，确保放索顺利。

2. 挂索方案

常用的挂索方案有以下三种。

（1）先梁后塔

当张拉锚安装于塔上时，采用的挂索方案可简称为"先梁后塔"。这种挂索方案通常用于主梁为预制安装，梁端操作空间狭小而塔端安装、张拉空间较充足的斜拉桥。这时，梁端锚头通常为固定锚，塔端锚头为张拉锚。

挂索时，首先利用塔式起重机将拉索张拉锚头提升至桥塔待安装的索道管口附近，然后将梁端拉索锚头安装到位，最后利用软、硬牵引装置将塔端张拉锚头穿过索道管牵引至塔内，套入锚垫板并穿入锁紧螺母后临时固定，等待实施张拉作业。

（2）先塔后梁

当张拉锚安装于梁上时，采用的挂索方案可简称为"先塔后梁"。这种挂索方案适用于主梁采用支架法或牵索挂篮悬浇法施工且塔内操作空间狭窄的情况。这时，塔端锚头通常为固定锚，梁端锚头为张拉锚。

挂索时，首先利用塔式起重机将斜拉索的固定锚头吊装至塔柱待穿索的索道管口，利用牵引装置将锚头牵引至塔端锚垫板上并穿入螺母；然后挂斜拉索的梁端锚头，利用安装在锚头前端的刚性张拉杆及柔性牵引杆分步牵引斜拉索的锚头到安装位置。

（3）先梁或先塔

当张拉锚既适合安装在塔上也适合安装在梁上时，适宜采用"先梁或先塔"的挂索方案。具体实施时，先接长拉索的一端，待另一端被牵引安装到位后再将接长的一端牵引到位。这种方法适用于塔、梁两端都具有充足施工操作空间的情况，挂索设计条件相对宽松，经济效益明显。

以上三种挂索方案可总结为一条具有共性的基本原则：先挂固定锚，后挂张拉锚。总之，挂索方法的选择应服从全桥上部结构施工总体方案和步骤的安排。

3. 挂索技术

对于固定锚端，常用的吊装技术为点吊法，点吊法又划分为单吊点法和多吊点法；对于张拉锚端，常用的吊装技术为分步牵引法。

（1）点吊法

所谓点吊法，是指索盘上桥并放索到位后，首先从索道内伸出牵引索连接到拉索的前端，并在锚具后方的适当位置选择一个或多个吊点安装索夹，然后以塔式起重机和型钢支架卷扬机为吊装设备，辅助转向滑轮开展拉索吊装。当锚头提升到索道管口位置后，在牵引索的引导下使锚头准确通过索道管，穿入螺母后将锚头锚固在锚垫板上。

斜拉索通常可分为柔性索和刚性索。柔性索一般相对细一些、长一些，质量较轻，容易折曲，适宜采取单吊点法吊装，而且单吊点法施工简便，效率高；而刚性索相对刚一些、粗一些，很难折曲，适合采用多吊点法吊装，让吊点分散，可扩大斜拉索的折曲范围，以适应拉索穿入索道前必须达到弯曲形态的要求。

（2）分步牵引法

分步牵引法主要适用于斜拉索张拉锚端的吊装。首先用大吨位卷扬机将斜拉索的张拉锚端从桥面提升到索道管口外，再用穿心式千斤顶将其牵引通过索道，穿入锁紧螺母临时锚固在锚垫板上，待下一步张拉操作。

牵引过程第一步：利用卷扬机吊索在滑轮组辅助之下产生的牵引力，使斜拉索锚头在柔性拉杆（即刚性索）的引导下逐步靠近索道管口，使刚性拉杆进入索道。

牵引过程第二步：当刚性拉杆进入索道时，斜拉索的吊起长度越来越长，拉索索力和卷扬机吊索的起吊力逐渐增大，需刚性拉杆发挥引导作用，准确地将锚头逐渐牵引到位。

（三）斜拉索的张拉

所谓斜拉索的张拉，是指在挂索完成之后在斜拉索内导入一定的拉力，使每一根斜拉索以适度张紧的状态承担部分梁体与桥面的荷载，并且可以通过对斜拉索张紧状态的调整来实现对桥面标高和梁体形态的调整。

1. 斜拉索的张拉方法

（1）千斤顶直接张拉

该方法是在斜拉索的某一端（梁端或者塔端）锚固点处安装千斤顶直接张拉斜拉索，将斜拉索内力控制在所需要的水准。这种张拉方法较简单且直接，是目前普遍采用的方法，但需要在塔内或梁上预留或临时设置足够的千斤顶安装与张拉作业的空间。

（2）用临时钢索将主梁前端拉起

此方法是用临时钢索将主梁前端临时吊起，待斜拉索安装并锚固后逐步放松并解除临时钢索，依靠梁体的复位过程使斜拉索受拉。此方法不需要大型张拉机具，但仅仅依靠临时钢索有时不足以让主梁前端产生所需的上挠量,最后还需用其他方法来补充斜拉索的索力,所以此方法较少采用。

（3）在支架上将主梁前端顶起

此方法的原理同张拉方法,只是将向上拉起改为向上顶起。这种方法只适用于主梁用支架法架设的斜拉桥。

2. 张拉与补张拉

在斜拉桥的悬臂施工过程中,主梁长度一直在逐段增长,拉索数量随之不断增加,梁体增长的每一段都是在多根斜拉索的悬吊下悬浮于空中,成为一个临时的超静定体系。因此,斜拉桥梁体悬臂施工过程就是一个超静定可变体系的规模由小到大、阶段性增大的过程,这样的过程决定了斜拉索的受力也是一个不断变化、波动性增大的结构参数。

施工过程的每个阶段都会形成一个超静定体系,每次增加的梁段质量和梁端新增斜拉索（在此称作主动索）的张拉必定会影响先前已经张拉的斜拉索（在此称作被动索）,使得被动索索力在后期悬臂施工新增荷载（梁段质量和拉索张拉力）的影响下不断变化。因而,在悬臂施工过程中科学地控制每个阶段主动索的张拉力度,对于控制主梁悬臂施工的成桥形态和梁体内弯矩分布的均匀性以及提高梁体在长期运营中的安全性便显得极为重要。

科学地控制每个悬臂施工阶段内主动索的张拉力度是一项复杂的工作,需要在设计成桥目标的约束下,在梁体悬臂施工成桥过程中每个暂时的超静定状态之间进行联合求解,并通过对联合求解结果的优化制订一个最佳的张拉方案。因为施工过程中各临时超静定状态下主动索的张拉将导致一系列被动索索力的变化,因此这将影响每一悬臂施工阶段目标的实现,必须及时进行被动索的索力调整,调整的依据来自优化后的张拉方案,否则主梁状态将偏离施工目标越来越远。关于张拉方案的优化和被动索的索力调整,需考虑以下几个因素:

①总体张拉方案应该由一系列阶段性张拉方案构成,每个阶段都设有梁体线形与索力分布的施工目标,以此作为控制与评价施工过程的依据。

②张拉方案的优化与确定必须考虑施工的效率与便捷,追求可操作性,不可能按照超静定体系的理论过细考虑主动索对于所有被动索的影响。虽然主动索的后续张拉对于一系列被动索的索力均会产生影响,但其影响效果将随着被动索与主动索之间距离的增加而迅速减弱。对于混凝土梁来说,考虑相邻被动索的影响便可以得到较好的效果,而钢箱梁相对较柔,应该加大调整的范围,可以到次相邻索的范围。

③由于混凝土梁的刚度比较大,主动索对于被动索的影响效果衰减较快,因此可以仅考虑相邻索的影响,其张拉方案可按照二次张拉进行设计;而钢箱梁相对较柔,刚度相对弱一些,主动索张拉时对于被动索的影响范围相对大一些,因此可以考虑次相邻索的影响,张拉方案可以按照三次张拉进行设计。

基于以上考虑,在当前斜拉桥的悬臂施工中,混凝土梁的斜拉索通常采用二次张拉,钢箱梁的斜拉索可以采用二次或三次张拉。也就是说,每当悬臂施工增加一段梁体并完成梁端主动索的张拉之后，由于梁体前端上翘，导致后部相邻索和次相邻索有所松弛，因此必须实施补张拉。所谓二次张拉，是指只考虑相邻索的补张拉，因此在整个施工过程中斜拉索最多实施两次张拉；三次张拉则考虑次相邻索的补张拉，因此在整个施工过程中斜拉索最多实施三次张拉。

成桥以后还需要进行一次全桥斜拉索索力分布的检测与效果评估，将梁体弯矩分布的均匀性作为重要目标。在此基础上制订一个全局调整方案，由此确定最终的成桥索力分布。

3. 索力的测试与控制

斜拉索张拉是由张拉端的牵引千斤顶完成的，但由于悬挂于塔、梁之间的斜拉索中部存在不可避免的挠曲下垂，对倾角较大的长索而言更为显著，故千斤顶的油表读数并不能真实反映出斜拉索施加于梁端的实际张拉力。因此，需要借助弦索振动理论进行索力测试，以此指导斜拉索的张拉。

基于弦索振动理论的索力测试方法：针对一根单纯的柔性索（$EI=0$）来说，当其两端受到张力 T 的作用而绷紧时，索的横向振动频率 f 可以由下式给出；如果斜拉索不能被看作单纯的柔性索，而是具有一定抗弯刚度的索，当其两端受到张力 T 的作用而绷紧时，其位于 a、b 之间的横向振动频率 f 可以由下式给出。根据一般常识，弦索中张拉力 T 越大，其振动频率 f 越高。

$$T = \frac{4wl^2 f^2}{n^2 g}$$

（3-1）

$$T = \frac{4wl^2 f_n^2}{n^2 g} - \frac{n^2 EI \pi^2}{l^2}$$

（3-2）

在式（3-1）中，f 为单纯柔性索的横向振动频率；在式（3-2）中，f_n 为索的第 n 阶自振频率。索力测试主要是测试索的横向振动频率。一旦测得横向振动频率，便可以按照式（3-1）或式（3-2）计算索力值。

通常情况下，对于细长的柔性索，采用式（3-1）计算便可以获得精度足够高的索力；对于短粗索，应采用式（3-2）计算，n 取 1，因为在现场测试工作中，可以迅速而准确地测得拉索的第一阶自振频率。

索力测试计算的效率非常高，测试者可以迅速将测试结果反馈给张拉操作人员，使得张拉操作人员在维持千斤顶持载的状态下按照指令调整索力，使其达到当前张拉方案所设计的吨位，误差应控制在 5% 以内。

（四）换索

在斜拉索制作过程中，钢丝束或钢绞线束的防护极其重要。近 20 年来，尽管斜拉索的外层防护技术和钢束的防锈技术有了很大进步，但是柔性索的防护效果还不能说有绝对把握，特别在锚头附近。由于斜拉索的长期振动，漏气、渗水等现象难以杜绝，因此在经过长期运营以后，难免有个别斜拉索因锈蚀而无法继续使用，此刻不得不进行斜拉索更换；再者，来自外部的损伤，如车辆撞击、人为破坏等均有可能造成斜拉索严重受损而不得不更换。因此，斜拉桥的设计应该将斜拉索更换作为设计内容。

通常情况下，对于密索体系斜拉桥，斜拉索可逐根更换；对于疏索体系斜拉桥，应设置临时索安装预埋件，借助临时索的帮助实现换索作业。

第四章 拱桥与连续梁桥施工

第一节 拱桥施工

一、拱桥的结构形式、受力特点及施工方法

（一）拱桥的结构形式

拱桥的结构形式多样，最基本的组成部分包含基础、桥墩台、拱圈及拱上结构。其中，拱圈是拱桥最基本也是最重要的承力构件。

拱桥可按照以下几种方式进行分类。

①按照拱圈所采用的建筑材料可以划分为圬工（砖、石板或者石块、混凝土砌块）拱桥、钢筋混凝土拱桥、木拱桥、钢管混凝土拱桥及钢拱桥。

②按照拱圈上方的建筑形式可以划分为实腹式拱桥、空腹式拱桥。

③按照主拱圈的拱轴线形式可以划分为圆弧拱桥、抛物线拱桥和悬链线拱桥。

④按照桥面与主拱圈之间的相对位置可以划分为上承式拱桥、中承式拱桥及下承式拱桥。

⑤按照主拱圈的截面形式可以划分为实心板拱桥、空心板拱桥、肋拱桥、箱形拱桥、双曲拱桥。

⑥按照成拱的静力体系可以划分为无铰拱桥、双铰拱桥、三铰拱桥。

（二）拱桥的施工方法

在拱桥施工过程中，最为重要的内容是拱圈施工。若拱圈成型并且可以承载，拱桥其余部分的施工难度将大大降低。目前，拱圈的施工方法主要分为有支架施工方法和无支架施工方法两类。所谓有支架施工方法，就是在搭建的支架上将拱圈浇筑成型或者用预制砌块将拱圈砌筑成型，并在拱圈之上继续完成拱上结构之后再落架。但在很多情况（如跨越峡谷或跨越大江、大河）下，现场环境根本不允许搭建支架，从而诞生了无支架施工方法，其已成为近年来修建大跨度拱桥的主要方法。当前，大跨度拱桥的无支架施工方法主要有劲性骨架施工法、塔架扣索悬臂浇筑施工法、装配式拱桥悬拼施工法和转体施工法等。

二、拱桥有支架施工

（一）常见的支架形式

当拱桥采用支架施工时，支架的顶面形式必然与拱圈的形态相匹配而呈拱形，因此也称为拱架。较常用的拱架有支架式木拱架、撑架式木拱架、扇形拱架、钢木组合拱架、钢桁式拱架、满布式钢管拱架和土牛拱胎。下面将分别给予简要介绍。

1. 支架式木拱架

通常情况下，由于木拱架结构简单，搭建容易，并且立柱间距小，承重能力强，稳定性好，因此适于在河水流量小、无洪水威胁且无通航能力的河道上建造拱桥时使用。

2. 撑架式木拱架

撑架式木拱架的构造较为复杂，因为拱架表面的支点间距可以做得较大，因而其可用于建造桥墩较高且跨径较大的拱桥，并且可节省成本和材料，还可适应有通航要求的河道。

3. 扇形拱架

扇形拱架的搭建以河道中的基础为中心支撑点，以放射状布置的斜杆为径向支撑骨架，再用水平横木逐层将放射状布置的斜杆连接成整体，进而形成扇形结构。扇形拱架主要用于支承砌筑式拱圈的施工荷载。虽然扇形拱架的结构比较复杂，但由于支撑斜杆采用径向布置，施工过程中以径向受压的方式承担施工荷载，因此可以更充分地发挥材料的承载能力，特别适合砌筑大拱度拱圈时采用。

4. 钢木组合拱架

钢木组合拱架中的钢梁由于采用型钢、钢桁架或贝雷梁做成，具有抗弯截面较大、抗变形能力极强的特点，可以在环向作大跨度架设，因此大大增加了支架的间距，可大量替代径向布置的木质撑杆和横向连接木料，减少木材的使用量。

采用环向架设的钢梁后，可在梁面上设置变高方木以形成拱度，并用以支承模板。

5. 钢桁式拱架

钢桁式拱架又称为拱形钢拱架，通常采用标准的拼装式桁架拼装而成。标准的拼装式桁架由一系列组件构成，其中主要包括标准节段、拱顶段和拱脚段，外加连接杆、钢销、螺栓等连接件，通过这些连接件可以将标准节段、拱顶段和拱脚段组装成所需要的拱架。一般钢桁式拱架采用三铰拱的形式，由于三铰拱为静定结构，受外荷载作用后可以自动调节内力的分布，使得拱架始终处于环向受压状态，从而能够更好地适应施工荷载的作用。

6. 满布式钢管拱架

满布式钢管拱架通常采用碗扣式或扣件式钢管脚手架搭建而成。这种脚手架具有承载力较强，搭设灵活，拆卸和运输方便的特点，多用于房屋建筑工程。近年来，随着城市立交桥的发展，碗扣式或扣件式钢管脚手架被大量用作墩台施工的脚手架或上部梁式构造现浇的满堂支架，还经常被用作浇筑或砌筑拱桥拱圈时的满布式钢管拱架。

一般情况下，碗扣式钢管脚手架较扣件式钢管脚手架承载力更大，但是当桥孔下地面不平、高差较大时，适合采用扣件式钢管脚手架搭设满布式钢管拱架，因为这种脚手架具有较强的灵活性。当然，在基础条件不好的情况下，也能够采用支撑在临时支墩上的钢桁梁作为满布式钢管拱架的搭设基础，或者采用碎石和混凝土进行地基硬化，在硬化地基上搭设满布式钢管拱架。

7. 土牛拱胎

土牛拱胎适合在缺乏钢木建材的环境中建造砌筑式拱桥或拱形结构。古人曾在缺少拱架搭建材料的情况下，广泛采用土牛拱胎来建造石板拱桥、小跨度砌筑式拱桥或拱形石窟，有些拱桥保留至今，成为了珍贵的历史文物。即使在当代社会，在一些偏远贫穷的地区，土牛拱胎仍然被经常用来建造跨度不大的块石砌筑式拱桥和拱形石窟。所谓土牛拱胎，就是在需要建造拱桥的地点首先用土、砂、卵石、片石等按照拱圈的形状填筑一个拱形土胎，由于土胎的轮廓像一个卧在地上的牛背，故因此得名。土牛拱胎堆成并经压实后，在其顶面用块石或砌块砌筑拱圈，待拱圈完成后将土牛拱胎清除便形成了可以承载的砌筑式拱圈。

（二）拱桥主拱圈的砌筑施工

在支架上砌筑或就地浇筑上承式拱圈通常分三个阶段进行：

阶段 1：施工拱圈或拱肋混凝土；

阶段 2：施工拱上建筑；

阶段 3：施工桥面系。

目前，利用拱架搭建进行砌筑的拱桥主要有两类：石拱桥和混凝土预制块拱桥。石拱桥的种类主要按其拱圈砌筑材料的形状进行划分，常见的有石板拱桥、块石拱桥和浆砌片石拱桥等。

1. 拱圈放样与备料

采用拱石砌筑石拱圈时，拱石的尺寸一定要按照拱圈的曲率进行加工，尤其是拱石之间的挤压面要尽可能吻合。为了合理地加工拱石，保证拱石的尺寸准确，通常需要在样台上将拱圈按照1∶1的比例放出大样，然后用木板或镍铁皮在样台上按拱圈分块的尺寸制成样板，再根据模板的尺寸进行拱石加工。

在加工拱石时需注意，砌筑拱石时必须设置放射状径向贯通缝，使得拱石沿环向成为垂直于拱轴线的多层结构，同时要求拱石的环向砌缝为间断的弧形，不能出现环向贯通砌缝，还要求环向相邻拱石之间的间断性环向砌缝必须错开至少10cm。这对于保持拱圈每一个径向截面的整体性能有利，并且可以增强拱圈截面环向压力传递的均匀性。

2. 拱圈砌筑

（1）连续砌筑

对于跨径不大于16m的拱圈，当采用满布式钢管拱架施工时，可以从两拱脚处开始，向着拱顶方向对称地依次砌筑，最后在拱顶处合龙；对于跨径小于10m的拱圈，若采用拱架施工，应在砌筑拱脚的同时，预压拱顶以及距拱顶$L/4$部位的拱架，以提前消除拱架的非弹性沉降并预防拱架的弹性变形，进而可有效地预防拱圈在砌筑过程中产生不正常的变形和开裂。预压物可采用拱石，随撤随砌，也可采用砂袋等其他材料。

砌筑拱圈时，常在拱顶处预留一龙口，最后在拱顶处合龙。为防止拱圈因温度变化而产生过大的附加应力，拱圈合龙应在设计所规定的温度范围内进行；当设计无规定时，宜在气温为10~15℃时进行。刹尖封顶应在拱圈砌缝砂浆强度达到设计规定强度后进行。

（2）分段砌筑

当跨径为16~25m的拱桥使用满布式钢管拱架施工，或跨径为10~25m的拱桥采用钢桁式拱架施工时，可将半跨分成三段，然后逐段对称砌筑。

分段砌筑时，各段间可预留缝隙，缝隙宽3~4cm。在缝隙处砌筑的拱石要规则。为保证砌筑过程中不改变缝隙的形状和尺寸，也为了便于拱石传力，缝隙处可用铁条或水泥砂浆预制块作为垫块，待各段拱石砌完后再填塞缝隙。填塞缝隙应两半跨对称进行，各缝隙同时填塞，或从拱脚开始向拱顶方向填塞。因用力夯填缝隙砂浆可使拱圈拱起，故此法宜在小跨径拱施工中使用。填塞缝隙砂浆使拱圈合龙时，应注意选择最后填塞缝隙的合龙温度。为加快施工进度并使拱架受力均匀，各段亦可交叉平行砌筑。

砌筑大跨径拱圈时，当拱脚与距拱脚$L/4$段间的倾角大于拱石与拱架底模板间的摩擦角时，砌筑上拱段时，下端必须设置端模板并用撑木（称为闭合楔）支撑。砌筑闭合楔时，必须从中部开始随拆随砌，并且必须在先砌筑的拱石砂浆达到一定强度后再对称拆除两侧的闭合楔，砌筑相应位置处的拱石。

（3）分环分段砌筑

当拱桥跨度很大时，拱圈往往比较厚。如果拱圈需要分三层以上进行砌筑，则可将拱圈分成几环砌筑，砌一环合龙一环。当下环砌筑完成并养护数日，砌缝砂浆达到规定强度时，再砌筑上环。

上、下环拱石的砌缝应交错，每环可采用分段砌筑。当跨径大于25m时，每段长度一般不宜超过8m，段间可设置缝隙或闭合楔。对于采用分环砌筑且分段较多的拱圈，为了使拱架受力均匀、对称，可在拱跨跨中两侧 $L/4$ 处或在其他多处同时砌筑合龙。

（4）多连拱拱圈的砌筑

砌筑多连拱拱圈时，应考虑相邻拱圈之间的关系，确保相邻拱圈在施工过程中受力的对称与均匀，以免跨中桥墩承受过大的单侧推力。因而，当采用钢桁式拱架时，应合理安排各孔的砌筑顺序；当采用满布式钢管拱架时，应合理安排各孔拱架的卸落程序。

3. 拱桥主拱圈的就地浇筑施工

在支架上就地浇筑拱桥的施工顺序同拱桥的砌筑施工顺序基本相同。首先浇筑主拱圈或拱肋混凝土，其次浇筑拱上立柱、联系梁及横梁等拱上建筑，最后浇筑桥面系。但是，在施工过程中需注意，后一节段混凝土的浇筑应在前一节段混凝土强度达到设计要求后进行。拱圈或拱肋施工拱架的拆除可在拱圈混凝土强度达到设计强度的70%以上且拱上建筑施工前进行，拆架前还应对拱圈进行稳定性验算。

在浇筑主拱圈混凝土时，立柱底座应与拱圈或拱肋同时浇筑，同时在立柱支座处还应预留钢筋混凝土拱圈与立柱之间的联系钢筋。

主拱圈混凝土的浇筑方法与砌筑施工方法类似，可划分为连续浇筑法、分段浇筑法和分环分段浇筑法，具体施工方案主要根据桥梁跨径确定。

（1）连续浇筑

跨径在16m以下的混凝土拱圈或拱肋，因拱矢较小，拱圈混凝土数量较少，所以主拱可以从两拱脚处开始对称地向拱顶方向连续浇筑混凝土。其间最先浇筑的部分混凝土可能因自重的作用随拱架的下沉而下沉，但仍具有可塑性，不致使拱圈或拱肋开裂。如果因混凝土数量多而预计不能在限定时间内完成浇筑，则需在两拱脚处留下隔缝，最后浇筑成拱。

（2）分段浇筑

对于跨径在16m以上的混凝土拱圈或拱肋，为避免先浇筑的混凝土因拱架下沉而开裂，并减弱混凝土的收缩作用，混凝土可沿拱跨方向分段浇筑，各段之间预留间隔槽。这样，即便在混凝土浇筑过程中拱架发生下沉，拱圈各节段之间仍存在相对活动的余地，从而避免拱圈开裂。

拱段长度一般取6~15m，应保证划分的拱段沿拱顶两侧对称、均匀分布。拱段间设置0.5~1.0m宽的间隔槽，间隔槽宜设在拱架受力的反弯点、拱架节点、拱顶或拱脚处。如果间隔槽内需设置钢筋接头，则间隔槽的宽度应满足钢筋接头的需要。拱段浇筑应在拱顶两侧对称、顺序进行，便于尽可能地减小拱架变形并保持变形均匀。

间隔槽的浇筑应在拱跨各段混凝土浇筑完成且强度达到设计强度的70%以上后进行。其浇筑顺序应从拱脚向拱顶对称进行，在拱顶浇筑间隔槽后完成拱圈的合龙。拱圈合龙时的温度一般应接近当地年平均气温或为5~15℃。为加速施工进程，间隔槽混凝土可采用比拱圈混凝土高一级的半干硬性混凝土。

（3）分环分段浇筑

对于大跨径钢筋混凝土拱圈，因拱圈较厚，荷载较大，为减轻拱架的负荷，减小拱架变形，拱圈混凝土可使用分环分段浇筑法。通常情况下，可根据拱圈的高度将拱圈分成两环或三环，先分段浇筑下环混凝土，再浇筑上环混凝土。因为分环分段浇筑施工的工期较长，下环混凝土在达到设计强度后便具备了较强的承载能力，能够参与到拱架的承载作用当中，共同承担下环混凝土的浇筑重量，所以此时可降低对拱架刚度的要求。

有时拱圈施工也可以先分环逐段浇筑，但暂留合龙段，待最上层环施工至仅剩合龙段时，再将所有环的合龙段一次性浇筑完成。上、下环的间隔槽互相对应、贯通，宽度一般取为2m左右，有钢筋接头的槽宽可取为4m左右。按这样的浇筑顺序，可减少每次浇筑的混凝土数量，但拱架必须按全部拱圈混凝土的重量进行设计。

在分环分段浇筑施工中，各环混凝土的龄期有较大差异，混凝土的收缩和温差影响会在各环界面之间产生剪力和结构内应力，容易形成环间裂缝。所以，分环分段浇筑的顺序、养护时间和各环界面的结合必须通过计算确定。

4. 拱上建筑施工

当主拱圈混凝土达到规定的强度后，即可进行拱上建筑的施工。拱上建筑施工时，应遵循对称、均匀、均衡的原则，不得使主拱圈产生过大的不均匀变形。

对于实腹式拱上建筑施工，应从两侧拱脚向拱顶方向对称进行。当侧墙砌完后再填筑拱腹填料。空腹式拱一般是在腹拱墩或立柱施工完成后先卸落主拱圈拱架，再对称、均匀地进行腹拱或横梁的施工，最后完成联系梁以及桥面的施工。对于较大跨径的拱桥，拱上建筑的砌筑顺序应按设计文件的规定确定。

三、拱桥无支架就地浇筑施工

（一）劲性骨架施工法

所谓劲性骨架施工法，是指利用先期安装的拱形劲性骨架（通常采用桁式钢管拱架）作为大跨度拱圈的施工支架，再挂模浇筑混凝土将劲性骨架中所有的竖、横桁架用混凝土包裹之后形成拱圈。这种施工方法最早由捷克工程师米兰（Milan）提出，所以又称为米兰法（Milanmethod）。在这种施工方法中，劲性骨架不仅要充分发挥支架的功能，还是主拱圈中最主要的承载结构。该方法自1942年在西班牙埃斯拉桥的施工中首次应用以来，逐渐成为修建大跨度拱桥的常用方法。尤其是在采用高强度、经济的钢管混凝土作为骨架材料以来，劲性骨架施工法得到了更广泛的应用。

劲性骨架拱桥与普通钢筋混凝土拱桥的区别在于，前者不仅以钢桁拱架作为施工的支架，还要成为拱圈内的主要受力结构，因此劲性骨架可以是型钢，也可以是钢管。采用钢管作劲性骨架的混凝土拱圈又可称为内填外包型钢管混凝土拱圈。劲性骨架施工法在某种程度上解决了大跨度拱桥施工的"自架设问题"，即首先架设自重轻、刚度和强度均较大的钢管骨架，然后在空钢管内压注混凝土形成钢管混凝土，使骨架进一步强化，最后在钢管混凝土骨架上外挂模板浇筑外包混凝土，形成以钢管骨架为主要受力结构的大跨度箱形钢管混凝土拱圈。

显然，对于这类拱桥，劲性骨架的施工最为重要。按照目前已经较为成熟的施工经验，大跨度劲性骨架拱圈的施工可以分为四个阶段：

①在现场按设计图纸进行骨架1：1.放样、下料和加工，将整个劲性骨架按照节段划分进行预制。

②利用缆索吊和扣索进行劲性骨架的分段悬臂拼装与成拱。

③采用泵送法浇筑钢管内的混凝土，形成承载能力更强的钢管混凝土劲性骨架。

④在钢管混凝土劲性骨架外侧悬挂模板，分环分段浇筑外包混凝土，最终形成拱圈。

拱脚定位区由3个节段组成，是中间区各个拱段安装的基础。拱脚定位区拱段空中定位的精度决定了中间区拱段的空中线形，所以必须在充分考虑了后续所有荷载的影响之后，经过精确计算才能保证拱脚定位区拱段的准确安装。

安装中间区拱段时，骨架节段的安装过程具有高度循环相似性。每3个节段为一组，节段之间用法兰盘连接，端头用扣索锁定。

拱顶合龙区拱段的安装决定了劲性骨架合龙时的精度和成拱线形，因此拱顶合龙区拱段的长度应该能够有效地调整中间区拱段安装时留下的误差，确保合龙口两端劲性骨架的精确对位，努力实现无误差合龙。

劲性骨架合龙后进行钢管混凝土灌注，待钢管内混凝土强度达到设计要求后进行外包混凝土的浇筑。外包混凝土浇筑采用外挂模板的方法，浇筑时分环分段逐步进行。其顺序为中底板→下中腹板→上中腹板→中顶板→边底板→边腹板→边顶板。首先浇筑中箱，从底板开始逐渐向上分四批浇筑，在顶板处闭合；中箱劲性骨架外包混凝土浇筑完成之后，对称浇筑边箱，先浇筑底板，再浇筑腹板，最后浇筑顶板。

（二）塔架扣索悬臂浇筑施工法

塔架扣索悬臂浇筑施工法简称塔架扣索施工法，是国外采用最早、应用最多的大跨径钢筋混凝土拱桥无支架施工方法。应用塔架扣索施工法的关键在于如下设备：缆索吊、塔架、扣索。其施工要点在于：首先根据地形特点在拱脚附近合适的位置安装临时塔架，拱圈施工采用悬臂浇筑施工法或悬臂拼装施工法。当施工完一段拱圈后，用扣索的一端拉住拱段前端，扣索的另一端则绕过塔架顶部锚固在塔架后部的锚碇或岩盘上。用这种方法便可以将拱圈逐段向河中悬臂架设，直至在拱顶处合龙。采用塔架扣索施工法施工拱圈时多采用悬臂浇筑施工法，也可采用悬臂拼装施工法。

塔架扣索施工法需灵活应用。为了适应现场施工环境的需要，有时需安装多个临时塔架，或者利用一个塔架的不同部位支撑扣索。

（三）装配式悬臂拼装施工法

就像大跨度连续梁的预制拼装一样，在大跨度拱桥施工当中，拱圈分段预制、分段悬臂拼装施工也是一种无支架施工方法。缆索吊由于具有跨越能力强、水平和垂直运输机动灵活、适用性广、施工稳妥方便等优点，因此在峡谷、水深流急的河段上或在有通航要求的河流上进行大跨度拱桥施工中被广泛采用。

1. 拱肋的分段预制

跨径在30m以内的拱肋可不分段或分为两段，跨径为30～80m的拱肋可分为三段，跨径大于80m的拱肋一般分为五段。拱肋的分段点应选择在拱肋自重弯矩最小的位置或其附近。

拱肋的预制方法分为立式预制和卧式预制两种。立式预制的特点是：起吊安全、方便；底模可采用土牛拱胎，节省木料；当采用密排浇筑时，占用场地较少。卧式预制的共性是：可节省木料，拱肋的形状及尺寸容易控制，浇筑混凝土时操作方便，但拱肋起吊时容易损坏。卧式预制又可分为单片预制和多片叠合预制两种。

2. 拱肋的安装

在合理安排拱肋的吊装顺序方面，需考虑下列原则：

①对于单孔桥跨，拱肋合龙的横向稳定决定了吊装拱肋的顺序。

②对于多孔桥跨，应尽可能在每孔内多合龙几片拱肋后再推进，一般不少于两片拱肋。但合龙的拱肋片数不能超过桥墩强度和稳定性所允许的单向推力下的拱肋片数。

③对于高桥墩，还应根据桥墩的墩顶位移值控制单向推力，墩顶位移值应小于$L/600$～$L/400$。

④对于设有制动墩的桥跨，可以制动墩为界分孔吊装，先合龙的拱肋可提前进行拱肋接头、横系梁等的安装工作。

⑤采用缆索吊吊装时，为了方便拱肋起吊，拱肋起吊位置处的桥孔一般安排在最后吊装。必要时，该孔最后几根拱肋可在两肋之间用"穿孔"的方法起吊。用缆索吊吊装时，为了减少主索横向移动的次数，可将每次需吊装的拱肋预制段全部悬挂于缆索上后再移动主索。

⑥为了减少扣索往返拖拉的次数，可按吊装推进方向顺序进行吊装。拱肋安装的顺序一般为：首先进行拱脚定位区的拱段吊装、悬拼及悬挂、张拉扣索，其次进行中间区的拱段吊装、悬拼及悬挂、张拉扣索，最后进行拱顶合龙区的拱段吊装、悬拼及悬挂、张拉扣索。当拱肋的线形和合龙口精确调整到位后，再安装合龙段。

施工中用于拱段临时固定的扣索有"天扣""塔扣""通扣"及"墩扣"等类型，施工中可根据具体情况选用，也可混合使用。

3. 拱肋的合龙

拱肋的合龙方式有单基肋合龙、多段联合单基肋合龙、双基肋合龙、留索单基肋合龙等。当拱肋的跨度大于80m或横向稳定安全系数小于4时，应采取双基肋合龙松索成拱的方式，即当第一根拱肋合龙、校正拱轴线并楔紧拱肋接头缝后，稍微放松扣索和起重索，但不卸掉扣索，压紧接头缝，待第二根拱肋合龙并将两根拱肋横向连接、固定和拉好风缆后，再同时放松并卸除作用于两根拱肋上的扣索和起重索。

拱肋合龙后的松索过程必须注意下列事项：

①松索前应校正拱轴线及各接头的高程，使之符合要求。

②每次松索均应采用仪器观测，以控制各接头的高程，以防拱肋各接头的高程发生非对称变形而导致拱肋失稳或开裂。

③松索应当从两侧拱脚段开始，均匀、对称地逐渐向上进行，最后解除起重索。

④松索应分级进行，每一级的松弛量应尽可能小一些，以各接头高程的变化量不超过 1cm 作为控制标准。松索至扣索和起重索基本不受力为止，然后用钢板嵌塞并压紧接头缝，同时用风缆调整拱肋的拱轴线，调整到位后拧紧接头螺栓。在调整拱轴线的过程中，不仅要观测各接头的高程，还应监测拱顶及 $L/8$ 跨点处的高程，将其控制在允许误差之内。

⑤接头处部件焊接后方可完全卸索成拱。安装拱上结构时需遵循的原则与拱桥无支架施工时的原则相同。

4. 稳定措施

在采用缆索吊进行拱桥悬拼施工过程中，为保证拱肋有足够的纵、横两个方向的稳定性，除应满足计算要求外，在构造上和施工中还必须采取一些措施。一般横向稳定措施为设置风缆，在拱肋之间设置横撑。

横向稳定风缆的作用为：在边段拱肋就位后可用以调整和固定拱肋中线；在拱肋合龙时可用以约束接头的横向位移；在拱肋成拱以后相当于一个弹性支承，可减短拱肋的自由长度，增强拱肋的横向稳定性；当拱肋在外力作用下产生位移时，也可对其起到约束作用。

当拱肋的设计宽度小于单基肋合龙所需要的最小宽度时，为满足拱肋横向稳定性的要求，可采用双基肋合龙或多基肋合龙的方式。

较大跨径的拱桥尤为适合采用双基肋合龙或多基肋合龙的方式，基肋与基肋之间必须紧随拱肋的拼装及时设置肋间横向联系（或临时连接）。拱肋横向联系的形式通常有木夹板、木剪刀撑和钢筋拉杆等。

在拱轴系数过大，拱肋截面尺寸太小、刚度不足等特殊情况下，有时需采用加强拱肋纵向稳定性的施工措施。当拱肋接头处可能发生上冒变形时，可在其下方设置下拉索以控制变形；当拱肋的截面尺寸太小、刚度不足时，可在拱肋底部等分点上用钢丝绳进行多点张拉。

四、拱桥转体施工法

（一）有平衡重转体施工

有平衡重转体施工时通常以桥台背墙和配重作为平衡重，将桥体上部转体结构前端用扣索锚固在反力墙上，用以稳定转动体系和调整重心位置。出于拱桥转动体系质量的限制以及经济成本方面的考虑，有平衡重转体施工一般仅适用于跨径 100m 以内的拱桥。

有平衡重转体施工技术的关键在于两个方面：①转动体系的设计、制造与安装；

②保持转体在施工全过程中的平衡。

通常情况下，单跨拱桥在拱脚处设计有背墙。背墙既可以发挥桥台的作用，又可以作为转动体系的平衡重，还是转体过程中桥体上部拉索的锚碇反力墙。拉杆可以是拱桥的上弦杆，也可以是临时设置的体外拉杆钢筋或者扣索钢丝绳。

拱桥有平衡重转体施工的主要施工程序如下：

①制作下盘；

②制作上盘；

③试转上盘到预制轴线位置；

④浇筑背墙；

⑤浇筑主拱圈上部结构；

⑥张拉拉索，使上部结构脱离支架并和上盘、背墙形成一个转动体系，通过配重基本把重心调整到轴心处；

⑦牵引转动体系，使半拱平面转动合龙；

⑧封上、下盘，夯填桥台背土，封拱顶，松拉索，实现体系转换。

（二）无平衡重转体施工

采用有平衡重转体施工法修建拱桥时，转动体系中的平衡重通常选用桥台背墙。但随着桥梁跨径的增大，需要的平衡重急剧增加，而实际上桥台并不需要如此巨大的圬工，转体质量太大也增加了转体难度。例如，某跨径为144m的拱桥曾采用有平衡重转体施工法设计施工，其转体重量达7000多吨。

无平衡重转体施工是把有平衡重转体施工中的拱圈扣索拉力锚固在两岸的岩体中，从而节省了庞大的平衡重。因为锚碇的要求，此施工方法宜在山区地质条件好或跨越深谷急流处建造大跨度拱桥时选用。

1. 构造

拱桥无平衡重转体施工主要包含锚固、转动、位控三大体系。

2. 无平衡重转体施工的设计

（1）锚固体系的设计

①锚碇设计：锚碇处岩体的抗剪强度、抗滑稳定性应分别大于使用值，并有足够的安全储备。锚碇是无平衡重转体施工的关键部位，必须绝对可靠，有条件时可做拔桩试验；当对锚碇的抗拔能力要求不太高时，可通过超张拉尾索来检验锚碇的安全度，虽然这样做会增加尾索和平衡撑的材料用量，但可确保锚碇的安全性和可靠性。

②平衡撑和尾索的设计：在双箱对称同步转体时，一般可只设轴向平衡撑或将其用引桥的桥面板代替；在双箱不对称同步转体时，考虑施工中可能出现拱箱自重误差和转体速度差而引起锚梁上产生横向水平力，还应增设斜向平衡撑和尾索，或上下游斜向尾索，以平衡其横向水平力。

拱箱在转体过程中，随着转出角度的改变，扣索力的方向也会发生变化，轴向平衡撑、斜平衡撑及尾索的内力随之变化，使得整个力系在任意转角处均处于平衡状态。

施工时，尾索一端浇筑于锚碇中，穿过空心箱和锚块之后在锚块外侧受张拉而施加预应力，此时钢筋受拉，混凝土平衡撑受压；当张拉拱箱扣索时，斜向尾索的拉力加大，混凝土平衡撑的压力减小，而轴向混凝土平衡撑的压力加大，尾索的内力减小。当拱箱向外转出时，两个方向的平衡撑及尾索会自动调节内力。

进行转体施工设计时，确定平衡撑和尾索的预应力及锚块位移的大小极为重要。其设计原则是上转轴铰点处的内力应达到平衡，并且平衡撑的变形应满足协调条件。

平衡撑必须有足够的抗压储备，才能防止锚块在转体过程中产生较大的位移。

③立柱的设计：桥台拱座上的立柱在转体阶段用来支承锚块（锚梁）。对于跨径为110～200m的拱桥而言，桥台上立柱的高度可达30～50m，下端要承受拱箱的水平推力。由于立柱构件的长细比大，上下端受力大，经过计算比较，立柱按桅杆体系进行设计更合适。当立柱中部设平衡撑与岩体相连时，立柱顶端的变形可控制在较小的范围内，此时也可按刚架设计计算。

当拱座上无立柱，或立柱的位置不符合施工要求时，一般需在转体所要求的位置处设置临时立柱，柱顶支承锚块和平衡撑。临时立柱在转体完成后拆除。

④锚梁及锚块的设计：锚梁是一个短梁，锚块是一个节点实体，均用以联系立柱与轴向平衡撑和斜平衡撑，并作为扣索与尾索的锚固点。锚梁及锚块可以用钢筋混凝土制作，也能够采用型钢加工而成。

（2）转动体系的设计

①拱箱的设计：在转体施工过程中，拱箱设计的关键在于结构体系的选择。为了使拱箱的受力状态良好和易于操作控制，只在拱箱顶端设一个扣点。调整扣点的高程可以使拱箱在整个转体过程中完全处于受压状态，而不出现拉应力。

②转轴的设计：转轴采用空心钢管制作，顶部轴套采用铸钢制作。设计时，不但要求转轴在设计荷载作用下的弯曲应力与局部应力均处于安全范围内，而且要求转轴外表面和轴套内表面的光洁度等级达到▽5级以上。

③转盘的设计：转盘采用3～4层半环形钢带弯制成马蹄形，内弧与转轴接触处的光洁度等级为▽5，钢带间浇筑混凝土。转盘下设走板，走板上开了许多小孔，用于嵌设蘑菇形聚四氟乙烯滑块，故称作千岛走板。其可以极大降低转体时的摩擦阻力。

④环道的设计：环道置于混凝土下盘基础的顶面并环绕在转轴四周，宽50cm，经机械加工而成。

⑤扣索的设计：扣索通常选用 $\phi 32mm$ 精轧螺纹钢筋制成，使用应力为设计强度的30%～45%。

（3）位控体系的设计

原则上，位控体系的设计就是预先设置上、下转轴中心的偏心值，并要求由此产生的自转力矩大于转轴及转盘在转动过程中受到的摩阻力矩。

一般情况下，当张拉扣索至设计吨位时，拱箱托架开始转体，并且自转力矩将随着拱箱轴向的逐渐转动而发生变化，当拱箱转至顺河方向与桥轴线垂直时自转力矩最大。

在转体启动之前，摩阻力矩是由静摩擦力产生的，此时的摩阻力矩最大；转体过程启动之后便转为动摩擦力，因动摩擦力远小于静摩擦力，因此转体过程中的摩阻力矩明显小于静态摩阻力矩，并且在整个转体过程中基本保持稳定。若在球面铰下盘表面镶嵌四氟滑块并且采用四氟板制作滑道，则静、动摩擦力相差较大，转动过程中的动态摩阻力矩相对于静态摩阻力矩减小得更为明显，因此，设计时应使自转力矩大于静态最大摩阻力矩。

影响静摩擦力的因素比较复杂，有时只靠自转力矩很难顺利启动转体。针对这种情况，应在下盘混凝土反力台座与上盘混凝土顶推块之间预先布置启动千斤顶，利用启动千斤顶的顶推作用辅助转体的启动和转动。

3. 拱桥无平衡重转体施工内容

拱桥无平衡重转体施工的内容主要包含以下各项：

（1）转动体系的施工

①设置下转轴、转盘及环道；②设置拱座，预制拱箱或拱肋，预制前需搭设必要的支架、模板；③设置立柱；④安装锚梁、上转轴、轴套、环套；⑤安装扣索。

这一部分施工应主要保证转轴、转盘、轴套和环套的制作、安装精度及环道平面的平整度，并要做好安装完毕到转体前的防护工作。

（2）锚碇系统的施工

①制作桥轴线上的开口地锚；②设置斜向洞锚；③安装轴向、斜向平衡撑；④张拉尾索；⑤张拉扣索。

其中，锚碇部分的施工应保证绝对可靠，以保证施工过程中的安全。张拉尾索在锚块端进行，张拉扣索在拱顶段拱箱内进行。张拉时，要按设计张拉力分级、对称、均衡地施加张拉力，要密切关注锚碇和拱箱的变形、位移和产生的裂缝，发现异常现象后应仔细分析研究，经处理后再进行下一道工序，直至拱箱张拉脱架。

（3）转体施工

正式转体前应再次对桥体各部分进行系统的全面检查，检查合格后方可实施转体。拱箱的转体是靠上、下转轴预设偏心值形成的转动力矩来实现的，启动时放松外缆风索，拱箱转到与桥轴线间的夹角约为 60° 时开始收紧内缆风索，索力逐渐增大，但应控制在 20kN 以下。当拱箱在索力接近 20kN 仍然转不动时，那么应用千斤顶在桥台上顶推马蹄形下盘。为了使缆风索的受力角度合理，可设置两个转向滑轮。缆风索的行走速度在启动时宜选为 0.5～0.6m/min，在行走时宜选为 0.8～1.0m/min。

（4）合龙卸扣施工

当转体就位时，通过张紧扣索提升拱顶，放松扣索降低拱顶来调整拱顶合龙端的高程，直至达到设计位置。封拱宜选择在低温时进行。先用八对钢楔楔紧拱顶，再焊接主筋和预埋钢件，最后封桥台拱座混凝土、浇封拱顶接头混凝土。当混凝土的强度达到设计强度的 70% 后即可卸扣索，卸扣索应对称、均匀、分级进行。

第二节 连续梁桥施工

一、"先简支后连续"的连续梁

（一）"先简支后连续"施工工艺的发展

最初在高等级公路桥的建设中，为减小多跨简支梁桥因梁缝不连续而造成的行车不平稳，常采用多孔一联的桥面连续形式。

普通连续构造虽然可以减少桥面伸缩缝的数量，使行车更平顺，但跨越梁缝处的现浇桥面板相当于铰接，几乎不具备抗弯能力。所以，仅依靠桥面建立起连续关系的梁体，在车辆荷载作用下的受力与变形特征仍然表现为简支梁，从而使得接缝混凝土随着梁体的变形而长期处于反复拉弯状态；同时，当环境温度变化较大或者当汽车在桥面制动时，强大的水平力将造成接缝处现浇混凝土板发生上拱。上述种种状况将很快造成接缝混凝土的破坏，不得不经常维修。

由以上论述可以看出，只建立起简支梁体系的桥面连续是远远不够的，其存在的弱点很快就会暴露出来，并最终造成初始的连续性被破坏。为了真正实现"先简支后连续"的理念，人们在实践中进行了很多探索，先后采用过多种形式的"先简支后连续"施工工艺。

为了使简支梁之间的连接更接近传统连续梁，避免了早期连续构造中仅梁面一层皮的连续方式。在梁面附近依旧设置了足够数量的黏结性非预应力钢筋，用以承受部分负弯矩。由于在桥面负弯矩区内没有施加预加力，所以在后期荷载作用下该区域的桥面板混凝土容易开裂，造成桥面板长时间处于带病工作状态。伴随裂缝的逐渐发展，该处桥面板内的钢筋逐渐锈蚀，进而影响结构的使用寿命。

为改结构的受力弱点，可在两跨简支梁的梁缝之间布置先张预应力连接钢筋，然后浇筑湿接缝混凝土，利用先张预应力连接钢筋的回缩对梁缝区混凝土产生预压应力。在这种连续方式的受力状态中，梁面负弯矩区内的混凝土被施加了预应力，在后期荷载作用下一般不会出现裂缝，但由于预拉钢筋长度较短，预应力效应区域比较小，因此在后期荷载作用下，"先简支后连续"体系的整体性能仍不理想。

针对该连续方式中存在的问题，可采取更完善的预应力施加工艺。首先，采用弹性更好的钢绞线代替钢筋；其次，将先张法改为体外后张法；再次，预应力施加路径改为向下弯曲的曲线形式；最后，增加钢绞线的长度，扩大预应力施加范围。上述四项改进措施使得跨梁缝体外预应力与预制梁体内部的预应力场之间形成了比较完美的搭接，从而实现了预应力在连续梁体内的贯通。此时，梁体内具有完整的预应力体系，更接近于传统连续梁。在后期外荷载作用下，结构的整体性和协调性更好，跨中及梁端接缝处的弯矩水平趋于均衡，有利于梁体的长久安全运营，所以其在桥梁建设中得到了广泛应用。

（二）体系转换

前面已经讲过，在"先简支后连续"施工过程中，最后一步是进行体系转换。体系转换就是将简支梁架设时的临时支座拆除，使梁体落在永久支座上。为了便于临时支座的拆除，让梁体安全卸落在永久支座上，通常采用砂筒作为临时支座。

砂筒临时支座由无缝钢管制成，分为上、下两部分。其下部为无缝钢管制成的砂筒，砂筒内装有干砂，砂筒下部设有可控漏砂口；临时支座的上部也是由无缝钢管制成的，内部浇筑混凝土，但钢管外径略小于砂筒内径，因此上部可插入下部砂筒中。

进行体系转换时，打开漏砂口。伴随干砂从砂筒内均匀、缓慢流出，临时支座缓缓降低，梁体随之缓缓降低，最后降落在永久支座上，从而完成了体系转换。

（三）"先简支后连续"体系的合理性分析

第一，"先简支后连续"的连续梁充分利用了简支梁在架设方面的优点，可以预制吊装，进而避免了多跨连续梁就地浇筑时在基础处理、支架搭设和模板安装等方面的巨大工作量，节省了大量材料，降低了施工成本，同时还使得连续梁成桥过程变得简单易操作，加快了施工进度，提高了经济效益。

第二，对于中小跨径的简支梁，车辆荷载在跨中产生的弯矩比较大，因此需要通过施加预应力，使其在跨中产生较大的反向弯矩，以抵抗梁体混凝土的重力作用。在完成"先简支后连续"施工之后，支点处的负弯矩将对跨中产生"卸载"作用，使跨中弯矩明显减小，使结构受力更趋合理，从而减小了设计尺寸，也可以减少配束。

第三，"先简支后连续"梁体的成型是建立在预制梁拼装基础上的，因此后期运营过程中受混凝土收缩徐变以及支座不均匀沉降等因素的影响较小。这是因为将预制梁装配为简支结构时，梁体混凝土的龄期已经很长，梁体的收缩与徐变已基本完成。在简支体系转换成连续体系之后，结构的收缩和徐变主要发生在梁缝现浇段这个较小的范围内，因此不会在梁体结构中产生较大的二次力。

二、就地支架浇筑连续梁

（一）多跨连续梁分段支架、分段浇筑

多跨连续梁的施工过程受到诸多因素的制约，如支架体系与墩顶支撑竖向刚度的巨大差异容易产生不均匀沉降并造成受拉区开裂，混凝土本身所具有的收缩与徐变性质使得超长尺度的混凝土容易发生收缩性开裂和徐变下挠，当预应力钢束在梁体内多次弯曲时将造成张拉摩阻过大等。因此，在较多跨数连续梁的施工过程中，只能采用分段支架、分段浇筑的施工方法。由于梁体内的预应力是随着连续梁的逐段浇筑而逐段施加的，因而，预应力的延伸和连续性与梁体混凝土的延伸和连续性保持了高度一致。

1. 施工缝的设置

为了避免上述因素的制约，在连续梁现浇施工中采取了分段支架、分段浇筑的施工工艺，因此必然会在梁体中产生施工缝。施工缝属于混凝土连续梁中相对薄弱的环节。为了提高连续梁在运营过程中的安全性和使用寿命，施工缝应设置在连续梁正、负弯矩的转换部位，也就是弯矩绝对值最小或接近于 0 的位置。这个部位的上、下梁面受拉最小，一般情况下位于距离梁端约 $L/4$（L 为梁长）处。

2. 混凝土的浇筑顺序

在浇筑混凝土时支架会产生不均匀沉降。为避免因支架不均匀沉降而导致混凝土在浇筑过程中出现内伤，要求混凝土的浇筑应从跨中向两侧墩台逐步推进，当整跨梁体浇筑完成后再浇筑跨越梁段。跨越梁段的浇筑应呈斜面逐层推进，浇筑完成时应保持混凝土顶面为斜面，以便与下一梁跨混凝土建立更好的连接。

3. 模板拆除及卸架

当混凝土的强度达到设计强度的 25% 以后可拆除侧模，当混凝土强度大于设计强度的 75% 以后可拆除梁体的各项模板。针对预应力混凝土梁，应在预应力钢束张拉完毕或张拉到一定数量后再拆除模板，以免梁体混凝土受拉。

卸架程序应从梁体挠度最大处的支架节点开始，逐步卸落相邻两侧的节点。落梁要对称、均匀、有序，同时要求各节点的卸落应分级多次进行，以使梁的沉落曲线逐步加大。

（二）多跨连续梁一次性搭建全部支架、分段浇筑

当连续梁跨数不多且纵向预应力钢束的张拉能保证效果时，可以一次性搭建起全部支架进行混凝土浇筑。但考虑支架沉降的不均匀性、混凝土本身收缩与徐变效应的影响，梁体需要采用分段方式来浇筑，这就涉及设置工作缝的问题。这里要注意，工作缝与施工缝的概念是不一样的。工作缝设置在先期浇筑的混凝土结构之间，并且要预留一定的宽度。这是由于当混凝土连续浇筑的尺度太大时，将因为混凝土强大的收缩作用而导致混凝土内部被拉裂。因此，采用预留工作缝的方式可以有效地避免混凝土连续梁的收缩开裂。

考虑连续梁混凝土浇筑过程中支架变形的特点，工作缝宜设置在墩顶或跨中支撑最强的位置。当先浇梁段的混凝土强度和龄期满足规定时，再浇筑工作缝混凝土。这将大大减小工作缝内混凝土所受到的拉力，以免梁体内产生收缩裂缝。

在进行先浇梁段的混凝土浇筑时，应当从跨中中点处开始向两侧以水平分层或斜层的方式逐步推进，留下墩顶处的工作缝。待梁体混凝土的强度和龄期达到规定要求后，再进行工作缝处混凝土的浇筑。

三、大跨度变截面悬臂浇筑连续梁

（一）悬臂施工常用的挂篮形式

悬臂施工中，挂篮是最基本的施工设备。自悬臂施工技术诞生以来，人们曾采用过多种形式的挂篮。目前，技术比较成熟且采用比较多的挂篮形式主要有菱形挂篮、三角形挂篮和组合贝雷梁式挂篮等，施工中可根据实际情况选用。

通常来说，菱形挂篮或三角形挂篮需要到专门厂家进行定制。这两种挂篮的主桁架均由刚性三角体系组合而成，因此抗变形能力较强，刚度较大，承重能力强。而由贝雷梁片组装而成的挂篮为梁式挂篮，与菱形挂篮或三角形挂篮相比刚度较小，所以在前端悬臂荷载作用下的沉降量较大。但此类挂篮采用贝雷梁片组装而成，结构简单，所用材料在拆卸后可重复使用，因此成本较低。

（二）挂篮设计时需要特别考虑的问题

1. 挂篮刚度

挂篮刚度决定了挂篮悬挂端在梁段质量、内外模体系、外模拼装平台等荷载作用下的沉降量。在梁段悬臂施工过程中，为避免因挂篮前端沉降量过大而导致梁的线形难以控制及新旧混凝土结合面产生变形裂隙，要求挂篮必须具备足够的刚度，其悬挂点处的沉降量必须控制在合理范围内。

2. 挂篮防倾覆措施

在悬臂施工过程中，挂篮防倾覆问题主要涉及两个方面：一是梁段施工过程中挂篮体系的防倾覆问题；二是挂篮前移过程中的防倾覆问题。

梁段施工过程中挂篮体系的防倾覆措施主要为挂篮后端的锚固。施工中通常借助梁体腹板内的竖向精轧螺纹钢筋或者在顶板施工时的预留孔内穿精轧螺纹钢筋将挂篮后端锚固在箱形梁顶板上。而在挂篮前移过程中，后端锚固必须解除，此刻挂篮后端开始上翘。使挂篮后端的倒钩走行轮紧紧勾住轨道梁顶板的下缘，以此避免挂篮的前倾坠落。这就要求轨道梁必须被紧紧锚固在梁面上，为挂篮走行过程中的防倾覆提供条件。

3. 挂篮前移方案

在大跨度连续梁悬臂施工过程中，挂篮一直在不断前移，以为下一梁段的施工提供工作平台。全部悬臂施工过程都是在这样的循环过程中完成的。因此，制订科学、合理的挂篮前移方案便显得极为重要。

挂篮承重结构的形式有很多种，挂篮前移方案的总体设计及相关技术措施的制订必然与挂篮的结构形式有关。一般情况下，菱形挂篮和三角形挂篮利用轨道梁向前滑移；而贝雷梁式挂篮通常利用铺设在梁面上的 $\phi 30mm$ 钢筋，在倒链或卷扬机的牵引力作用下向前滑移。但是，无论采取哪种挂篮前移方案，设计都是紧紧围绕如何防倾覆进行的。

在菱形挂篮或三角形挂篮前移时，可以采用轨道梁倒换接长的方式为挂篮前行提供轨道，或者先将挂篮临时顶起并锁定，然后采用顶推或牵拉的方法使轨道梁前移。当轨道梁前移到位并锚定后将挂篮落下,再沿着轨道梁前移到位。

对于贝雷梁式挂篮,经常采用贝雷梁承重桁架与悬挂体系(主要包括下平台、外模等)分离后分别前移的方式。

(三)悬臂施工要点

1. 0#梁块的施工与挂篮的安装

梁块的重要作用主要表现在两个方面:①为挂篮提供安装平台;②作为梁体分段悬臂施工的起点。挂篮的安装需要较大平台,导致0#梁块的尺度比较大,超出了墩顶支撑的尺度,因此必须在墩顶搭建托架才能进行0#梁块的施工。对于低墩来说,0#梁块托架可采用落地支撑;对于不方便采用落地支撑的高墩或有水环境,可以利用墩顶预埋件设置牛腿支撑,然后搭建0#梁块施工托架。但考虑0#梁块质量很大,托架将承受很大的重力作用,因此在0#梁块施工前,必须对托架进行预压试验。

对托架进行预压试验可以达到以下三个目的:

①验证托架的安全性,避免在0#梁块施工过程中发生较大的沉降或者突然性的垮塌。

②通过模拟0#梁块的重力作用,消除托架在搭建过程中存在的各类非弹性间隙或变形。

③由于预压是逐级进行的,并使压力最终达到托架顶面全部荷载的120%,所以在预压过程中可以测得托架的弹性沉降量,以此为0#梁块底模的安装提供准确的预抛高量,从0#梁块开始就为连续梁悬臂施工的线形控制工作奠定坚实的基础。

0#梁块施工完成后便可以借助塔吊进行挂篮的安装,并开始不断循环地进行梁段悬臂施工。

2. 摩阻试验与预应力张拉

为了确保大跨度预应力混凝土连续梁分段悬臂施工过程中的预应力施加能够达到设计要求,必须对预应力的损失量进行可靠的估算。估算主要依据摩阻试验。

摩阻试验是为了获取下列参数:①钢束与孔道壁间的摩擦系数;②喇叭口的摩擦系数;③锚垫板的回弹系数;④钢束夹片的回缩率。为此,需要分别制作具有直线孔道和圆弧孔道的试验块,从而可以通过两个试验块的摩阻试验分别获取上述四个参数,然后为张拉中预应力的损失量估算提供可靠的依据,确保钢束张拉时对梁体施加的预应力达到设计要求。

在进行钢束张拉时,应按照"设计值+预估损失值"对预应力进行控制。张拉过程中要遵循"油表读数为主,伸长量测量为辅"的原则。若发现油表读数已到位,而伸长量与计算值相差超过6%,则应立即停止张拉过程并进行检查。张拉过程中,绝不允许超张拉。

钢绞线进场后,要对钢绞线的弹性模量进行抽检。如果检测所得的平均值与厂家的标注值相差超过10%则不得使用,并根据设计要求、规范要求或钢绞线生产厂家提供的钢绞线材质性能,确定是否需要对其做松弛试验。

3. 混凝土悬臂浇筑顺序和对称性

大跨度连续梁在悬臂施工过程中必须保持对称，特别是在大悬臂状态下，保持对称显得更重要。一般要求不对称量不能超过 $2m^3$，并应尽可能避免不对称荷载对墩身产生较大弯矩。这对控制连续梁的线形很重要。

在进行混凝土悬臂浇筑时，应当从挂篮前端开始逐渐往回浇筑。当开始浇筑新、旧混凝土的结合部位时，挂篮的沉降变形已基本完成，这样就能够避免挂篮沉降对结合面处混凝土产生的张拉作用，以保证混凝土的绕筑质量。

4. 施工监控

由于悬臂施工均在自由端进行，因此每个新梁段的施工都迫使前面已完成的梁体在新梁段重力和预应力的作用下经历一次空中变位过程。这就使得连续梁各处标高在悬臂施工过程中一直处于变化当中，并且越靠近自由端，梁体上下波动幅度越大。特别是当悬臂长度不断增长时，梁体标高波动幅度会进一步增加。因此，在这个不断波动的过程中，必须采用模拟分析的方法计算每个梁段所经历的变位过程，为每段梁体的悬臂施工提供科学的立模标高。但由于模拟分析时所采用的参数与实际有差异，所以必然会产生误差。

为了避免在悬臂施工过程中发生误差的积累，必须实施准确的施工控制。准确的施工控制能及时发现前一次施工留下的误差并找到其产生的原因，然后按照下一个施工节段的全部质量、预应力强度、混凝土弹性模量和节段长度等因素，结合上一次的误差，通过计算给出本节段合理的立模标高，对前一次的误差给予及时修正，避免发生误差积累，确保连续梁的线形始终向着设计给定的最终目标靠近。

一般，施工单位没有进行准确施工控制的能力，因此需要委托一家有能力、有资质的单位尽早介入，尽早完成相关计算。一旦悬臂施工开始，就可以将大跨度连续梁的悬臂施工过程置于监控之中。

5. 临时固结与体系转换

在悬臂施工过程中，为保证梁在大悬臂状态下的稳定性，$0^\#$ 梁块施工时必须在底部建立临时固结。建立临时固结通常有两种方式：一是在墩顶设置临时固结支座；二是在墩顶以外竖立临时钢管支墩，并使之与 $0^\#$ 梁块临时固结。当连续梁全部合龙之后，需解除临时固结对梁体的约束，将梁体落在永久支座上。体系的受力状态发生再分配，使梁体成为在固定支座以外可以沿纵向自由伸缩、在所有支座处可以竖向转动的结构，从而完成体系转换。

6. 边跨直线段施工

一般情况下，大跨度连续梁的边跨 l 与中跨 L 的比值取为 0.6～0.7 比较合适。这意味着边跨较中跨的一半长一些。边跨长出对称施工的部分采取直线等高形式，通常采用搭建支架的方式进行现浇，然后与悬臂对称施工的梁体在空中合龙。这样的桥梁设计和施工方式既能很好地落实悬臂施工对称性的基本理念，又有利于确保边墩支座在大桥建成后运营过程中的安全。

既然靠近边墩的直线段采用搭建支架的方式施工，那么在立模之前必须采用逐级加载的方式对支架体系进行预压。这一方面可以消除支架体系中存在的一些间隙和非弹性变形，另一方面可以掌握支架体系的弹性变形量，为下一步直线段梁体的立模提供预抛高量，确保直线段梁施工结束后的线形符合设计要求。

7. 合龙的顺序和合龙段施工

在大跨度预应力混凝土连续梁的悬臂施工过程中，通常要在两个部位进行合龙施工：一个是跨中两侧挂篮悬臂施工梁体之间的合龙，另一个是边跨现浇直线段与悬臂施工梁体之间的合龙。

合龙段的长度通常取为2m，合龙顺序可以根据桥跨的数量按照如下基本原则确定。

（1）"先边跨后中跨"的原则

当跨数较少时可依据此原则，先合龙两侧的边跨，最后合龙中跨。由于桥跨数量少，依次合龙的历时较短，所以中跨合龙后所形成的固结约束结构中混凝土的收缩应力一般不足以对梁体造成破坏，但应尽快解除临时固结的约束，完成体系转换。

（2）"先T后Π，先边后中"的原则

当连续梁由很多跨构成时，悬臂施工将首先形成很多T形结构。通常因受工期压力和季节变化的影响，可首先合龙相邻的T形结构，形成一些Π形结构，并解除其中一个墩顶的约束，然后按照"先边后中"的原则将Π形结构逐步合龙。在Π形结构合龙过程中，也要及时解除多余的约束，避免温度应力过大而造成结构破坏。最后完成多跨连续梁的合龙，形成完整的连续梁。合龙全部完成后应尽快完成体系转换。

因为桥跨比较多，合龙过程中始终伴随着固结约束结构的存在和发展，所以应当避免合龙过程跨越温差变化较大的季节，或者在合龙过程的适当时候实施局部约束解除，以避免因混凝土收缩或温度变化产生较强的应力作用。总之，应尽快完成梁体的合龙，尽早完成体系转换。

因为合龙段位于最大悬臂的前端，而最大悬臂的前端恰恰是最不稳定的部位，容易受到诸多因素的影响而变动，因此为了保证合龙段施工时的稳定性，提高混凝土浇筑后的质量，必须借助刚性构件将悬臂端临时锁定，使悬臂端之间保持相对固定。

悬臂梁的锁定应对称进行，速度要快，可将刚性构件分别搭在合龙段两侧最大悬臂梁端的顶板和底板表面，与预埋件迅速焊接，形成刚性锁定。之后，借助最大悬臂一端的挂篮体系构建合龙段的施工平台，进而完成合龙段的立模、钢筋绑扎、预应力钢束布设等工作，然后浇筑混凝土。

合龙段混凝土的浇筑应选择在一天当中气温较低且温度变化比较平稳的时段进行。当合龙段混凝土的强度达到规定值时应解除临时锁定，然后尽快完成穿越合龙段预应力钢束的张拉，使合龙段混凝土处于一定深度的受压状态。其受压深度必须确保在成桥以后的任何时刻，无论是经受运营荷载的作用还是混凝土的收缩作用，合龙段混凝土都处于受压状态，从而为连续梁的长期安全运营提供保障。

四、大跨度变截面悬臂拼装连续梁

(一) 基础内容

大跨度连续梁悬臂拼装施工的主要特点包括：①在梁场首先将大跨度连续梁分段预制成若干梁段；②当桥梁下部结构完成后，将预制梁段运至桥下等待悬拼吊装；③用移动吊机将梁段向两边逐段对称起吊、拼装就位并黏结；④通过张拉贯穿梁体的钢束对已安装梁体施加预应力，使其逐段对称延伸并最终合龙为整体。

大跨度连续梁的悬臂拼装施工与悬臂浇筑施工相比有很多相同之处，但是也有很多自身的特点和优势，因而成为大跨度预应力混凝土连续梁的一种重要施工方法。

(二) 悬臂拼装梁段的预制

悬臂拼装梁段的预制通常有两种方法，即长线预制法和短线预制法。

1. 长线预制法

所谓长线预制，是指按桥梁下缘曲线制作固定底座，然后在底座上安装底模进行梁段预制工作。

构造预制梁下缘底座有多种方法：如果在预制场，可以利用预制场的地形堆筑土胎，经加固夯实后铺垫砂石层或铺筑混凝土形成梁段预制底座；如果在山区，可利用石料砌筑成所需的梁下缘形状；若在地质条件较差的预制场地，可采用短桩基础进行地基加固，再搭设由木质排架或型钢排架构成的梁段底模支撑台座。

利用长线预制法进行梁段预制时，为了加快预制进度，同时为了保证各个梁段之间悬臂拼装时的密贴，可采用间隔式梁段混凝土浇筑的方法。待第一批梁段浇筑完成后，在进行第二批梁段间隔浇筑时，以第一批梁段的横向端面作为第二批梁段的端面模板，并在上面涂刷隔离剂，确保相邻梁段混凝土在分界面处既不黏结又能够紧密接触。

除了间隔式梁段混凝土浇筑方法以外，还可以采用分区连续浇筑的方法。无论采用哪种浇筑方法，当预制梁段混凝土强度达到设计强度的70%以上时，可将其吊离预制台座，存放于存储场地。

采取长线预制法进行梁段预制将会使得预制梁段拼装成桥后的梁体线形更接近设计线形，而且长线预制台座可以为梁段的存储创造较大空间；但其缺点是台座占地面积较大，施工过程中混凝土的灌注和养护以及成型梁段的移动等工作较为分散，同时台座对于地基强度的要求很高。

2. 短线预制法

所谓短线预制，是指按箱梁纵剖面的变化形态将连续梁分解成若干梁段，根据梁段划分制作浇筑模板，然后将模板安装于能够纵向移动且能够调整底模标高的设备上进行梁段浇筑。

短线预制法所需场地较小，梁段混凝土模板的移动及底模标高的调整均可借助于模板台车及车载相关设备来实现。因而，该方法可以在较小的场地内完成大跨度变高连续梁的分段预制，但必须严格控制各变高梁段的预制精度。

利用短线预制法进行悬拼梁段的预制时，通常通过调整内部模板台车和外部模板台车的标高以及端模架的位置，以多批次的方式完成全部梁段的预制。在每一批次的梁段预制中，前一梁段混凝土浇筑完成后，紧随其后安装下一悬拼梁段的模板，并利用前一梁段混凝土的后端面作为后续梁段混凝土的前端模板。因而，短线预制法特别适合工厂化梁段的预制，其设备可周转使用，每条生产线平均 5d 可生产 4 个梁段，但是短线预制法中梁段模板的尺寸和相对位置的调整要复杂一些。

3. 梁段吊装设备

一般情况下，除 0# 梁段采用现浇施工以外，其余梁段均采取吊装的方式进行悬拼。目前，梁段悬臂拼装所采用的设备主要有移动悬臂吊机、移动连续桁架吊机、移动起重吊机。

（1）移动悬臂吊机

移动悬臂吊机在悬臂拼装施工当中应用得最为广泛，常用结构形式主要有菱形桁架移动吊机和梁式悬臂移动吊机，如桁架梁悬臂移动吊机和加劲钢板梁悬臂移动吊机。

菱形桁架移动吊机的主体结构与连续梁悬臂浇筑中采用的菱形挂篮的主体结构极为相似，但是与悬臂浇筑施工相比，梁段悬臂吊装的荷载全部作用于菱形桁架的最前端，故对菱形桁架的承载能力要求更高。菱形桁架移动吊机不仅适用于吊装混凝土预制梁段，还适用于吊装钢箱梁节段。

桁架梁悬臂移动吊机的外形类似于悬臂浇筑中采用的桁架梁式挂篮。其主要构成部分为纵向主桁架、横向起重桁架、锚固装置、平衡重、起吊架、走滑系统和工作吊篮等。

纵向主桁架是吊机的主要承重结构；横向起重桁架用以安装起重卷扬机并起吊预制梁段；锚固装置和平衡重用以保证纵向主桁架在起吊预制梁段时的抗倾覆稳定性；起吊架的作用是以合理的受力方式将运至桥下的梁段提升到拼装高度以备拼装，一般由 50kN 的电动卷扬机、吊梁扁担及滑车组等组成；悬挂于纵向主桁架前端的工作吊篮可作为预应力钢束的穿通、张拉及压浆等作业的操作平台。

加劲钢板梁悬臂移动吊机的构造和工作原理与桁架梁悬臂移动吊机类似，主要差异在于承载主体的结构形式不同。

从移动悬臂吊机的结构特点和工作原理中可以看出，移动悬臂吊机具有如下优势：体积小，结构简单，安装方便；容易操作，安全性高，成本低。但其应用范围有限，主要适用于平坦开阔、预制梁段容易运达桥下的水陆环境，而在地形复杂的山谷地形或水深较浅的水域中，梁段难以运抵桥下，这时便难以采用移动悬臂吊机进行梁段的起吊和拼装，而应采用移动连续桁架吊机。

（2）移动连续桁架吊机

移动连续桁架吊机在连续梁悬臂拼装施工中使用较多，可以按照桁架的长度分为两类。

第一类桁架的长度大于最大跨径，桁架支承在已拼装完成的梁段和待悬臂拼装的墩顶上，用吊车在桁架上将梁段移运到位后进行悬臂拼装。

第二类桁架的长度大于两倍的桥梁跨径，桁架的支点均支承在桥墩上从而不增加梁段的施工荷载，前方桥墩的 0# 梁段施工和悬臂拼装可同时进行。

（3）移动起重吊机

用于悬臂拼装的移动起重吊机种类很多，比如缆索吊机、门吊、汽车吊机、履带吊机、浮吊等。施工中可根据桥孔处的环境条件选择适当的起重吊机，但无论选用哪一类移动起重吊机，都应满足如下要求。

①起重能力必须满足起吊最大梁段的需要。

②起重吊机便于纵向移动，移动后又能固定于拼装位置。

③起重吊机在开展拼装作业时应当在吊起梁段后方便地作竖向提升和纵、横向移动，以便调整预制梁段的拼装位置。

4. 剪力齿及预应力束孔道

在梁段吊装拼接过程中，为了使预制梁段能迅速而准确地安装就位，通常需要借助梁段端面剪力齿的咬合。剪力齿分布在梁体端面的顶板、腹板、底板处。在进行预制梁段的拼装时，要求两侧剪力齿完全咬合。

很明显，剪力齿具有双重功能。首先，利用剪力齿的咬合可以确保梁段之间的准确对接；其次，在预应力束张拉后的压迫下，剪力齿之间的压迫性咬合极大增强了结合面的抗剪能力，使得梁段拼装成桥以后可以有效地改善顺桥向梁体剪切变形的均匀性、传递性和连续性，从而可改善桥面车辆荷载的分配效果，增强拼装式桥梁的承载能力。

在进行梁段预制时，不仅应注意剪力齿的精确预留，还应当按照图纸给出的位置准确地预埋预应力束的孔道形成器和吊点装置等。准确预埋预应力束孔道形成器可确保预应力钢束能顺利穿过孔道，并且在很小的孔道摩阻力之下按照设计值实施预应力束的张拉；而吊点装置的正确定位和预埋涉及梁段吊装的安全，切不可出现大的偏差。以上所述都需要在施工过程中精心控制，确保设计意图的实现和施工过程的顺利与安全。

5. 梁段悬臂拼装施工的技术要点

很多时候，人们习惯将连续梁悬臂拼装施工过程与悬臂浇筑施工过程进行比较。连续梁悬臂浇筑是将梁部结构沿纵向划分为多个节段，首先完成 0# 梁段的浇筑，然后在 0# 梁段顶面组装移动式挂篮，以挂篮作为移动式操作平台和承重结构对称地逐段浇筑其他梁段，通过混凝土硬化过程中胶凝物质的黏结和预应力的压迫而成桥并合龙。

连续梁悬臂拼装是将梁部结构划分为若干节段并在桥下分段预制，拼装时首先完成 0# 梁段的浇筑，然后利用移动悬臂吊机等吊装设备对称地起吊梁段并逐段拼装，再利用环氧树脂和预应力钢筋将梁段连接成整体，直至合龙成桥。

（1）0# 梁段的施工

对于连续梁悬臂拼装施工来说，0# 梁段的施工是最基本也是最重要的。通常情况下，0# 梁段施工采用现场浇筑。由于 0# 梁段的纵向尺寸大于墩顶的宽度，所以需要在墩顶顺桥向两侧建造托架，以此作为 0# 梁段的施工平台。当墩身较高或承台四周不具备设置落地支架的条件时，一般在墩顶附近预埋构件并构建牛腿，然后利用牛腿支撑构建托架作为施工平台；当桥墩比较低时，一般宜采用落地式钢管支撑来构建托架作为施工平台。

施工平台构建完成之后，经过预压便可以立模、绑扎钢筋和灌注 0# 梁段混凝土，同时要完成 0# 梁段的临时固结。0# 梁段是悬臂拼装的起点，也是大悬臂梁体的支撑点，这就要求 0# 梁段在整个悬臂施工过程中保持高度的稳定性。所以，必须在悬臂拼装之前将 0# 梁段进行临时固结。

0# 梁段的临时固结通常有两种方式：一种是在墩顶设置临时支座，利用临时支座将 0# 梁段底部与墩顶固结在一起；另一种是在墩顶以外竖立钢管混凝土临时支墩，并将临时支墩与 0# 梁段底部临时固结。这两种方式的临时固结与悬臂浇筑连续梁施工中 0# 梁段的临时固结类似。

（2）1# 梁段的施工

1# 梁段是悬臂吊装的第一段。它的一端与现浇 0# 梁段对接，另一端与预制 2# 梁段对接，这就决定了 1# 梁段的预制与安装具有特殊性。

受墩顶施工条件所限，现浇 0# 梁段的端面成型效果很难满足梁段直接拼装所需要的精确度，因此，1# 梁段与 0# 梁段之间不宜采用定位胶结的方式，而适合采用混凝土湿接缝进行连接。

为施工湿接缝，浇筑 0# 梁段和预制 1# 梁段时，必须在两个梁段的对接面上预留连接钢筋；当把 1# 梁段吊起与 0# 梁段进行拼装时，必须认真调整两个梁段之间的相对位置，使得 1# 梁段的顶面标高和纵、横轴线与 0# 梁段相对应，确保两者的相对位置符合设计要求。

在 1# 梁段准确定位后立刻焊接连接钢筋，调整并制作接缝间的预应力管道接头，完成湿接缝内的钢筋绑扎和立模。随后进行湿接缝混凝土的浇筑，待接缝混凝土强度达到规定值后进行预应力钢束的张拉和锚固，从而完成 0# 梁段与 1# 梁段之间的连接。

湿接缝特别适用于对预制精度要求不高的大体积混凝土预制构件之间的整体性拼装，具备调整范围大，连接强度高，对构件预制精度要求低等优点，因而被广泛应用。在桥梁工程领域，悬臂拼装连续梁中 0# 梁段与 1# 梁段的连接通常就采用湿接缝连接的方法。

由于其他梁段都是预制的，梁段外观的预制精度比较高，所以 1# 梁段与 0# 梁段拼接完成之后，其他梁段便可以采用标准的胶结或干接方式与 1# 梁段按顺序进行悬臂拼装连接。这样一来，1# 梁段便成为其他梁段悬臂拼接的基准块件，有时也可以称作调整块。

依上所述，1# 梁段的位置正好处在混凝土现浇段向混凝土预制梁段的过渡区。在后续其他梁段的拼装过程中，1# 梁段作为基本定位块件起着承上启下的重要作用，所以准确地安装 1# 梁段便显得极为重要。

（3）1# 梁段以后梁段的施工

1# 梁段与 0# 梁段拼接完成后，梁段的另一端具备了与 2# 梁段进行吊装悬拼的条件。这是因为拼装面上的剪力齿和钢束孔道的预留位置都比较准确，两个端面可以凭借剪力齿的阴阳咬合进行精确定位，并利用事先涂抹的黏性材料将梁段黏结在一起，这种方式可称为胶结。

黏性材料通常采用环氧树脂水泥，涂抹厚度通常为1mm左右，并且在预应力钢束张拉所产生的 0.2 ~ 0.25MPa 的压强下进行压拼。冬期施工时无法实施胶结，可以将梁段直接贴合。当剪力齿咬合到位后，张拉预应力钢束来完成梁段的拼接，这种拼接方法称为干接。

显然，1#梁段以后各个梁段的悬臂拼装过程，不论是操作过程，还是拼装技术等方面都非常相似，规律性强，具有鲜明的循环特点。因此，在这个施工阶段里，每个梁段的拼装效率都比较高，并且施工质量稳定，平均1 ~ 2d就可以拼装一个梁段。

（4）湿接缝的合理使用

连续梁预制拼装施工中，0#梁段和1#梁段之间通常采用湿接缝进行连接。其实，湿接缝除了能增加梁体的结构刚度外，还可以用来调整预制梁段在拼装过程中的线形。

因为标准梁段的拼装主要采用1mm左右厚度的环氧树脂水泥进行胶结，拼装过程中一旦某一段上翘或下挠过大，仅仅依靠胶结层厚度的调整难以调整误差。在这种情况下，可以在适当的部位增设一道湿接缝，利用湿接缝较强的调整能力消除积累误差，让连续梁的拼装形态回归到正确线形。但应注意，新增设湿接缝时，必须将梁段端面凿毛。

（5）环氧树脂胶结和干接

在连续梁的拼装施工中，标准梁段之间主要采用黏性环氧树脂水泥进行胶结，必要时也可以采用干接。

环氧树脂水泥与预制梁段混凝土之间具有很好的亲和力，固化后具有很高的强度。因此，采用环氧树脂胶结和张拉预应力钢束之后，可以保证梁段之间的紧密结合，确保黏结面的抗剪能力，同时可使胶结缝的防渗性能满足设计要求，进而使整个拼装梁体的各个断面都具备一定的抗弯、抗剪、抗扭和抗拉强度，使得桥梁建成以后在长时间内能够处于安全运营的状态。

目前，拼装施工中所采用的环氧树脂水泥主要由环氧树脂、固化剂、增塑剂、稀释剂、水泥填料等组成。

环氧树脂一般选用环氧树脂 E-44（6101），它具备工艺性能好，施工方便，可加入大量填料等优点。考虑单纯环氧树脂固化后的弹性模量很小而温度膨胀系数很大，因此需要加入各类添加剂和填料以改善其固化性能，同时降低成本。

其中，固化剂可改变环氧树脂分子之间的结合状态，使之形成网状立体聚合物，把填料包裹在网状体之中，从而更容易成型；增塑剂能改善环氧树脂的可工作性而使其便于施工，固化后还能增加胶体的塑性；稀释剂可降低环氧树脂的黏度，增加流动性，便于施工时的调配。

进行胶结缝施工时，一般先在混凝土对接面上涂抹环氧树脂底层胶（主要由环氧树脂、固化剂、稀释剂按照试验比例调配而成），然后涂抹加入水泥填料的环氧树脂胶。环氧树脂胶应随用随配，否则多余的胶体会因为固化而丧失使用性能。

当拼装施工工期紧张或工期控制不当的时候，有可能需要进行冬期拼装。由于我国很多区域冬季温度过低,因此胶结施工难以实施。此刻可以采取干接,让两个梁段直接贴合,然后依靠预应力钢束的张拉应力和结合面上的剪力齿咬合使两个梁段紧密结合在一起。

(6)预应力钢束的张拉、压浆和封锚

在进行预应力钢束的张拉前应做好准备工作。预应力钢束的张拉顺序与箱形梁的断面形式、可同时工作的千斤顶数量、是否设置临时张拉系统等因素有关。一般情况下,纵向预应力钢束的张拉顺序按以下原则确定:

①对称于箱形梁的中轴线,成对张拉两侧的钢束;

②先张拉腹板钢束,后张拉顶、底板钢束;

③先张拉腹板下部的钢束,后张拉腹板上部的钢束;

④先张拉顶板钢束,后张拉底板钢束;

⑤先张拉顶、底板中部的钢束,后张拉其两侧的钢束。

预应力钢束的张拉应当在箱形梁混凝土强度达到设计强度的90%后进行,张拉阶段可分为:0→初张拉(10%)→终张拉(100%)→封锚。

张拉过程中应采取"张拉应力控制为主,伸长量控制为辅"的双控原则。当张拉应力达到设计值时,预应力钢束实际伸长量与计算伸长量的误差必须控制在±6%的范围内。当误差超出这个范围时,应松张预应力,查明原因后重新张拉。

预应力钢束张拉结束后,孔道应尽早压浆。压浆时采取由下至上的顺序进行单端压浆,待另一端溢出水泥净浆后封闭溢浆口,保持压力5s以上使灰浆充满孔道后封闭进浆口,最后采用强度不低于梁体标号的混凝土进行封锚。

(7)合龙段的施工

在连续梁悬臂拼装施工过程中,合龙段的施工可采用现浇方式或预制安装方式。

①现浇方式。若采用现浇方式施工合龙段,则要求合龙段两侧预制梁段的端面必须预留连接钢筋。施工时,先将合龙口用刚性连接件临时锁定,然后以刚性连接件作为支撑,在合龙段空间内立模、绑扎钢筋、安装预应力钢束管道,最后浇筑混凝土。当混凝土强度达到规定值时,张拉合龙段顶、底板预应力钢束至张拉应力为设计值,然后压浆、封锚。此时,合龙段的施工便全部完成。

合龙段施工过程中应注意,混凝土的浇筑应选择一天当中气温最低且比较稳定的时段。

②预制安装方式。如果采用预制安装方式进行合龙段的施工,则要求合龙段预制时两个端面必须采取不同的处理方式——其中一个端面按照胶结的要求预制,另一个端面必须按照湿接缝的方式预制,只有这样才有可能将预制合龙段吊装到合龙空间内。

进行合龙段施工时,首先将预制合龙段吊装进合龙空间,并用刚性连接件将合龙口锁定,然后按照胶结作业的程序完成胶结面的对接,再按照湿接缝的施工程序完成最后一个界面的浇筑,待湿接缝混凝土强度达到设计规定值时进行张拉、压浆和锚固,最终完成合龙段的施工。

（8）体系转换

体系转换是指在桥梁施工过程中，当某一施工程序完成后桥梁结构最重要的支撑方式发生了变化，从而导致结构受力形式的调整和结构内力再分布的变化过程。

对于悬臂拼装连续梁来说，实现体系转换的关键施工程序是临时固结的拆除。临时固结拆除后，梁体落在永久支座上，以永久支座为中心，两侧梁体可以自由伸缩，同时梁体在各个支座处可以竖向自由转动，处在这种状态下的梁体不会产生任何温度应力。

临时固结的解除应均衡、对称地进行，确保自由度的释放是均匀的，避免体系出现大的波动。临时固结解除前，应测量各梁段的高程，在解除过程中注意各梁段高程的变化。如有异常情况，应立即停止作业，找出原因，以保证施工安全。

体系转换完成后，梁体成为超静定结构，此时必须考虑因钢束张拉、支座变形等因素引起的结构次内力。如有必要，可以适当调整支座的标高和反力，使得结构的内力和变形处于安全范围内。

（9）施工线形监控

悬臂在拼装过程中，前端始终处于自由状态。随着悬臂长度的不断增长，自重荷载不断增加。为了克服重力不断增加所导致的悬臂梁体下沉，每个梁段拼装之后需进行预应力钢束的张拉。这就致使梁体的悬臂线形和梁端标高始终发生起伏性变化，自由端的标高变化更大。如果控制不好，有可能造成合龙口出现较大错位，只有采取强行手段才能合龙，从而使梁体在合龙初期便存在着不利于长久安全运营的内力。为了避免这种情况的发生，要求大跨度悬臂拼装施工中必须实施线形监控。

线形监控是建立在悬臂拼装过程模拟计算基础上的，其目的是掌握已安装各梁段在后续安装梁段影响下的沉浮及转动过程，直至达到最大悬臂为止。这样的模拟计算结果对于指导施工单位开展悬臂施工非常重要。如果在悬臂拼装过程中，每一个梁段的质量和张拉应力都非常接近于模拟计算所采用的值，那么悬臂拼装施工过程就可以按照模拟计算的结果确定每一个梁段的拼装位置。

但是在实际悬臂拼装过程中，梁段自重和预应力张拉值与设计值必然存在差异，胶结缝施工也存在误差，这使得预制梁段拼装线形偏离设计线形。

因此，线形监控的任务主要有以下两点：施工前，首先完成如上所述关于拼装过程的模拟分析，给出每一个梁段拼装时的预抛高，并将其作为悬臂拼装的基础值；实施过程中，随时分析各种误差因素（包括梁段自重、预应力张拉及胶结缝施工的误差）的影响，及时调整施工当中出现的线形误差，尤其是自由端的空中位置和形态（指上翘或下沉），确保悬臂拼装梁体的线形沿着正确轨迹向前发展，直至完成最大悬臂的施工。

五、大跨度变截面转体施工连续梁

（一）转体施工概述

伴随桥梁施工技术及施工工艺的不断进步，桥梁转体施工技术越来越成熟，在很多桥梁建设环境中成为首选或必选施工方案。

所谓桥梁转体施工，是指将桥梁结构在非设计轴线的位置浇筑或拼装成型，然后通过转体作业逐步将其在设计轴线处就位并合龙，进而实现对障碍物的跨越。这种施工方法可以将在障碍物上空的作业转化为在障碍物两侧近地面或岸边的作业，在修建运输繁忙的高速公路和铁路跨线桥时其优势更加明显。

转体施工法根据桥梁结构的转动方向，可分为平面转体施工法（简称平转法）、竖向转体施工法（简称竖转法）以及平－竖综合转体施工法，其中以平转法应用最多。

与传统施工方法相比，桥梁转体施工法具有如下优点：

①施工所需机具设备少，工艺简单，操作安全。

②有利于在高山峡谷上空或水深流急、航运频繁的河道上架设大跨度桥梁，在运输繁忙的高速公路和铁路上空修建跨线桥时优势尤为明显。

③施工速度快，造价低，节约投资成本。在相同的地质条件下，拱桥如采用转体施工法，与传统的悬臂拼装施工法、支架现浇施工法相比，其经济效益和社会效益更显著，有时能降低造价10%以上。

④更有助于对施工质量和施工安全的控制。因为采用转体施工法进行桥梁建造时避开了运输繁忙的交通干线或峡谷河流上空，在更加安全和方便的环境下施工，所以更有利于对施工质量和施工安全的控制。

⑤不干扰被跨越障碍物（如高速公路、铁路、城市立交、水运航道等）的正常运营，同时降低了相关成本。正因为桥梁转体施工法具有如上所述的优势，因此引起了人们的重视和研究的兴趣，并得到了广泛应用，在很多桥梁建设环境中成为首选或必选施工方案。

（二）转体施工法的关键技术

桥梁转体施工与非转体施工之间的最主要差别在于承台基础的施工。

1. 球面铰的构造

如上所述，为了顺利实施桥梁平面转体施工方案，不仅要将承台基础划分为上、下两盘分别施工，更重要的是必须将球面铰安装于承台上、下盘之间。球面铰由钢制上盘、钢制下盘和销轴构成，一般情况下，球面铰钢制上、下盘的平面直径由上部转体桥梁结构的规模所决定，大多为2.5m，对应的球面半径为5m。球面铰钢制上盘通过背后支架与可转动的混凝土承台上盘浇筑在一起，球面铰钢制下盘则通过背后支架与固定的混凝土基础承台下盘浇筑在一起。由于承台上盘转体桥梁的质量基本都在千吨级以上，甚至达到万吨级，所以球面铰不仅要具备良好的磨心转动性能，还必须具有足够强大的承重能力。

2. 承台下盘施工

承台下盘主要由下盘混凝土台座、球面铰钢制下盘和环形钢板滑道组成。承台下盘作为承重平台固定于桩顶，不仅要支撑起上部桥梁结构的全部质量，还是承台上盘带动上部桥梁结构完成磨心压转的基础。因此，承台下盘的施工大体可分为以下步骤：

①在浇筑承台下盘混凝土台座时预留下盘顶层及接茬钢筋，此空间用以安装球面铰钢制下盘和环形钢板滑道等。

②在承台下盘混凝土顶层预留空间内精确安放球面铰钢制下盘的支撑底座。

③将焊有钢板支架的球面铰钢制下盘吊放在支撑底座的顶面，经过粗调和精调定位之后，通过焊接将球面铰钢制下盘的钢板支架与支撑底座焊接牢固。

④围绕球面铰钢制下盘安装环形钢板滑道，精确定位后采取焊接的方法进行固定，同时完成预留接茬钢筋的绑扎及顶面混凝土的凿毛与清理。

⑤当球面铰钢制下盘和环形钢板滑道的精确安装与定位后，浇筑承台下盘的顶层混凝土，从而完成承台下盘转动支撑体系的施工。

⑥承台下盘顶面预留空间的混凝土浇筑完成后，必须对支撑转体桥梁全部荷载的球面铰钢制下盘的表面进行精细处理，用高压风枪将钢制下盘表面每一个聚四氟乙烯滑块安装槽口清理干净，然后在每一个槽口内正确安装聚四氟乙烯滑块。

⑦最后用润滑黄油将整个球面铰钢制下盘的表面进行封闭，并将球面铰销轴安放到球面铰中心定位孔中，以便为下一步承台上盘的施工做好准备。

3. 承台上盘施工

承台上盘是一个可转动的平台，主要由钢筋混凝土上台座、球面铰钢制上盘和钢管支腿构成。承台上盘混凝土台座可为上部转体桥梁（包括墩身和梁体）的施工提供平台，承台上盘的转动主要依靠球面铰钢制上盘相对于承台下盘凹形球面钢盘之间的紧密扣合与磨心压转。因而，承台上盘的主要施工步骤如下：

①首先借助球面铰销轴的定位功能将球面铰钢制上盘准确安装于球面铰凹形钢制下盘的顶面，并且与钢制下盘紧密扣合。

②球面铰钢制上盘定位后，安装承台上盘混凝土浇筑模板。因为承台上盘在转动过程中必须借助钢管支腿维持动态平衡，因此在预制承台底模时应为钢管支腿预留安装孔，并且必须使安装孔的位置与承台下盘环形钢板滑道准确对位。

③钢管支腿在工厂内预制，进场后与承台上盘混凝土底模同时安装。为了发挥钢管支腿在承台上盘转动过程中的动态平衡作用，安装钢管支腿时要在钢管支腿下端封底钢板与环形钢板滑道之间保持10mm左右的间隙，间隙内应铺设辅助滑动的不锈钢板和聚四氟乙烯板。

④钢管支腿安装之前采用C50微膨胀混凝土提前灌注，安装到位后将钢管支腿上段浇筑于承台上盘混凝土中。

⑤在施工上部转体结构过程中，为了避免承台上盘和球面铰发生相对移动或转动，要用钢楔将钢管支腿与环形钢板滑道之间塞死，同时在承台下盘混凝土和承台上盘混凝土之间设置临时支墩。临时支墩内的钢筋由承台下盘伸入承台上盘内，并且要在浇筑承台上盘混凝土时将临时支墩立模一起浇筑。转体施工前应凿除临时支墩，切断连接钢筋。

4. 转体桥梁的施工

综上，大跨度转体桥梁施工与常规大跨度桥梁施工的主要差异在于承台部分。当大跨度转体桥梁承台上盘施工完毕开始施工上部转体桥梁时，采取的施工方法与常规大跨度桥梁的施工方法并无差异，主要有支架施工法和悬臂施工法。

5. 转体前的准备工作

当转体桥梁施工完成以后，实施转体作业之前应做好以下准备工作。

①解除约束：转体前需凿除临时支墩并切断连接钢筋，在凿除临时支墩前必须用钢楔将钢管支腿卡死。

②称重试验：在试转前应进行不平衡称重试验，目的是测试转体作业中可能存在的不平衡力矩和偏心矩等参数，并根据测试结果确定是否需要配重，以确保转体过程的平稳、安全。测试方法是在承台上盘底部的两侧用千斤顶进行顶升，分别用位移计测出球面铰由静摩擦状态到动摩擦状态的临界值。此时，承台上盘底部两侧的顶升力之差即为不平衡重量。

③配重：按照称重试验测出的不平衡重量，在梁面用砂袋或水箱进行配重，确保承台上盘两侧的重量平衡。

④转体前检查：正式转动之前，全面检查牵引动力系统、转体体系、位控体系、防倾覆保险体系的状态是否良好。

6. 平面转动牵引系统

转体桥梁的平面转动依靠平面转动牵引系统完成。平面转动牵引系统主要由牵引动力系统、牵引索、牵引反力座组成，必要时还能够增加启动千斤顶。

其中，牵引动力系统由千斤顶、液压站及主控台三部分组成。通常情况下，牵引动力系统采用2台连续牵引千斤顶同步牵引缠绕于承台上盘的牵引索钢绞线，形成水平转动力偶，驱动承台上盘围绕钢制球面铰转动，从而带动桥墩和梁体一起转动，最终使其达到设计位置。由于转体桥梁从开始施工到开始转动要经历很长的时间，因此初始转动的静摩擦力比较大。为了避免初始静摩擦力给桥梁转动造成的不稳定，可增设2台大功率启动千斤顶直接作用于承台上盘的启动顶块上，为保证桥梁转体的平稳启动提供条件。

第五章 桥梁拆除施工技术

第一节 桥面系、简支梁和连续梁桥上部结构拆除

一、拆除施工准备

(一) 桥梁拆除之前,需做的技术资料准备

①拆除桥梁的设计、施工、竣工等建造阶段原始资料;
②养护管理、维修加固等运营阶段相关资料;
③桥梁结构形式、承载能力、损害情况等技术状况的现状信息;
④拆除前技术评估、论证、审批等拆除前期资料;
⑤桥梁本身或附近相关电力、通信、燃气、自来水、光缆、交通等相关资料。

桥梁拆除前需进行施工检测,掌握桥梁各部位相关的位移、沉降、桥梁结构受力体系状况等。检测内容包含结构几何参数检测、构件材料强度检测、结构构件缺损检测、支座和伸缩缝检测、索力检测、桥梁结构自振频率检测。需要进行桥梁静力荷载试验以及桥梁动力荷载试验等,当前国家标准《市政桥梁检测与评定技术规范》正在编制过程

中，发布后可按照标准执行。桥梁拆除前需编制施工组织设计及专项施工方案，并按有关规定履行审批手续。桥梁拆除前需制定应急救援预案，落实相应的防范措施，配备必要的应急救援器材。桥梁拆除开工前，调查与分析类似桥梁的拆除经验，结合拆除工程的结构形式及环境情况，分析拆除桥梁的各种风险因素，制定安全合理的拆除方案，对关键技术的计算应由有关专业技术人员进行复核。桥梁拆除施工单位必须严格按照施工方案和安全技术规程进行施工，保证桥梁结构安全。特殊结构的桥梁，必须制定有针对性的安全技术措施，通过试验和检验，证明可行后才可实施。

（二）现场准备工作

需调查拆除影响区域的交通、建筑物、居民生活出行以及地上、地下各种管线等状况，制定拆除或切改技术措施。必须对桥梁周围的环境有全面的了解，制定合理的措施，才能将拆桥过程中对周围产生的不良影响降到最低，保证桥梁拆除施工的安全、绿色、环保。桥梁拆除施工前必须进行合理的场地布置，并确保场地满足拆除施工作业要求，以免在拆除、存放过程中发生污染、安全等事故以及一些不必要的浪费。应合理布置施工场地，满足施工需要及安全施工的要求，桥梁拆除前需完成临时供水、供电和临时道路建设，完成机械存放、梁体破碎、固体废弃物堆放等场地建设。

二、桥面系及附属管线拆除

（一）桥面系结构的拆除

①桥上管线拆除前需确定该管线已从桥梁两端切断，并根据管线在桥上架设的方式，采取安全可靠的拆除或保护方法。拆除管线及附属物时，确定拆除物件并逐一核实，不应影响后续结构的拆除。

②拆除影响范围内的管线时需核对附属管线的名称、种类、规格及通过方式；应查找附属管线的所属单位，明确管线的用处、影响及拆除的危险；拆除前需由管线所属单位负责切断附属管线联系，并封闭桥端及施工区域，再进行附属管线的拆除。

③保护影响范围内的管线时需制定管线保护方案，应由管线产权单位进行编制、审批，并负责方案的实施；桥梁拆除施工中，需对被保护管线进行定期检查；对易燃管道、高压电缆、军用光缆等危险性较大管线的保护，需制定应急预案，并按照应急预案认真落实。拆除影响范围内的管线需先与管线管理单位联系，经管线管理单位采取切断、移位措施，或落实其他保护措施后方可进行拆除施工；特殊管道和容器的拆除，需首先查清该管道、容器中介质的化学性质，对影响施工安全的，需先请专业单位采取排空、中和、清洗等措施。拆除施工中，拆除施工企业还应实施全过程动态监护。

④附属管线拆除时需按照附属管线种类相关的安全专业要求进行拆除；需有序开展附属管线的拆除，进行多种附属管线拆除操作时，以免相互影响；还应按照管线架空的高度、支设加固的方法，采取相应的安全技术措施。

(二）附属管线拆除

1. 安排组织与部署

桥面系结构拆除包括混凝土栏杆、地袱、防撞墙、人行道、桥面混凝土铺装层、桥面沥青混凝土层等结构的拆除，适宜采取分段切割、机械破除、人工清整的拆除方法。宜先进行防护设施的拆除，再进行桥面系结构的拆除。桥面系结构层的拆除，宜按横桥向对称进行。设备机械的选择应满足破除的要求，混凝土栏杆和防撞墙分段可依据施工缝或伸缩缝的位置进行划分。项目管理组织形式宜采用框图表示，应根据施工项目的规模、复杂程度、专业特点、人员素质和地域范围确定，绘制的网络图应能体现决策层、管理层、执行层。

2. 桥面系拆除准备

桥面系拆除施工时需制定桥面系结构拆除方案，按照桥面系结构项目内容、设计形式、变化情况制定针对性的拆除措施，施工进度图可使用网络图或横道图表示，并附必要说明，对于规模较大或较复杂的工程宜采用网络图表示。在拆除桥面系结构前，需对已经破损严重的桥面结构表面进行清理，拆除时应先拆除易坠落的附属设施及易倾倒的交通指示标志等杆状附属设施。

3. 桥面系拆除的安全要求

桥面系拆除时的安全技术要求，首先，在防撞墙和护栏的外侧，需搭设临时防护栏网，防止混凝土块迸溅；其次，桥面结构层破除时需采取措施，避免或减少对梁体结构的破坏；再次，结构重心位于梁体外侧的防护设施，拆除时，需在防护设施下方搭设支架或者采取其他措施防止坠落、倾覆；最后，当桥面混凝土铺装层同梁体一起拆除时，需先拆除桥面沥青混凝土层。

三、简支梁桥上部结构拆除

（一）拆除的技术准备

①拆桥时，需要掌握拆除桥梁的建造设计形式，详细绘制结构现状图及周边状况图，描绘出简支梁桥的平立面图，标明桥及桥跨的建造长度和宽度，标明桥梁周围地面、地上、空中状况及进出场的交通条件，提示出机械设备运输的最大允许宽度，吊机吊装移动工况的最大允许操作范围；需要绘制桥梁桥台端部图，标明被拆桥梁引路设计建造形式，寻找作为桥梁两侧端跨拆除的条件；还要绘制预制梁图，标明梁体的基本设计参数，标明原安装方式及吊点形式和位置，确定具体吊点位置；预制梁横、纵桥向连接图需要标明连接方式；预制梁与盖梁、桥台的关系详图，则要标明抗震工艺、横向连接及支座现状；桥面系与预制梁关系详图，则需标明桥面系设计参数及现状说明；在桥梁桥墩图中要标明桥墩的设计及现状尺寸。

简支梁桥拆除需要掌握被拆桥梁的基本设计和现状详图，是简支梁拆除必须掌握的基本技术要求内容，简支梁桥设计建造形式多种多样，现场条件状况往往较差，从拆除的桥梁情况看，难度都很大。有单跨及多跨简支梁桥拆除，单幅和双幅简支梁桥拆除，曲线桥和直线桥简支梁拆除，钢结构梁简支梁桥拆除，现浇简支梁桥拆除，市政公路和跨河流简支梁桥拆除。预制梁结构形式有空心板式、箱式、T形梁式及先张板式等。

②桥梁拆除时，需要掌握拆除简支梁桥的结构数据，详细列表统计简支梁桥预制梁构件设计数据及现状数据。标明预制梁的梁长、梁高等几何尺寸，并应包含外露钢筋的长度，计算出单片梁的重心位置；还要统计预制梁数量，安排拆除工期和时间，确定运输能力及储存破除地点和面积；计算统计出每片梁体的重量，计算出吊点受力，选择钢丝绳、卡扣规格、吊机起重吨位及吊机布设位置；在现场切割拆除的梁段，应当视现场条件和吊机能力确定切割长度。

详细计算统计所拆预制梁的数量和重量，是桥梁拆除必须掌握的基本技术要求，是确定工期时间安排，选择拆除的方法和顺序的依据。

③桥梁拆除时，需要掌握拆除简支梁的检测数据，汇总每跨、每片梁体的检测数据及病害情况，内容需要包括观察梁体开裂、钢筋裸露腐蚀情况，测量梁身变形扭曲下挠情况；检查支座破损情况时，需要监测梁体变化及稳定性；检查预制梁横向连接老化破损情况时，则要判定连接牢固程度；在检查桥梁抗震档或抗震销工作情况时，需要标明其作用状态。

汇总每跨梁体、每片梁体的病害情况，即预制梁的现状调查是一项基本技术工作，需将被拆桥梁的每一片预制梁现状调查清楚，详细编制出桥梁现状病害说明，便于选择制定预制梁拆除的方法。建设单位会请有关桥梁检测或加固单位做调查，出具所拆桥梁健康报告。施工单位也要进行专项的所拆桥梁的施工调查，一方面是印证核实，另一方面是为了采取进一步的措施而完善技术条件。

（二）拆除方法

上部结构可采用直接破除梁体拆除、吊车吊运梁体拆除、搭设支架分段分块梁体拆除、架桥机吊运梁体拆除等方法。

①简支梁直接破除前，需要依据施工环境、单元梁体承载及破除机械性能情况，选择桥上或者桥下的破除方法；多跨简支梁结构，需逐孔进行拆除；每跨梁体拆除，从边梁开始逐片进行；独柱盖梁结构梁体直接破除时，需要横向对称进行，防止破除过程中因不均匀荷载及较大施工冲击力造成盖梁及桥墩断裂；单片梁体破除，破除点需选择跨中。

②简支梁吊车吊运拆除时，需要参照原桥梁设计图纸和竣工图纸，根据现场情况和吊装能力，选择单元梁整体吊运拆除或分段吊运拆除。单元梁吊运前，需要详细设计吊点位置、吊点形式并进行试吊。整体吊装时，需要先将单元梁吊运到指定地点，预应力混凝土单元梁需要先释放预应力，再进行分段破除。预应力放张前，需要制定相关安全保障措施。采用起重机吊装拆除梁时，需要满足起重机相关技术要求。

③简支梁搭设支架拆除时，需对搭设支架进行合理的方案设计，支架结构需要满足拆除过程中每一受力阶段荷载状况和影响；支架搭设需按照相关施工技术规范进行；梁

体破除需按先分段、后分块的顺序进行，并吊运至指定地点；预应力混凝土梁板破除时，需先释放预应力，预应力释放顺序宜按照原施工阶段的逆顺序进行。

④简支梁桥拆除时，对于不具备吊装条件的多跨跨河桥梁或可再利用的简支梁，适合选用架桥机拆除梁体。按照所拆桥梁的结构形式选择合适的架桥机型号，架桥机的安装、运行及工作，需要按照架桥机操作相关规定进行；梁体拆除顺序，最好按纵桥向从高向低方向进行；梁体的横向移动和纵向移动时，需要采取梁体稳固措施。当运梁车将桥梁解体后，需将单元构件运至指定地点再进行破除或回收。

（三）拆除技术要点

①拆除简支梁桥时，需要明确桥梁结构与预制桥面梁板的固有约束及约束力，明确其他结构之间的固有约束及约束力，并需在拆除时先解除约束。拆除简支梁桥，首先应研究预制简支梁的拆除技术，而要拆除桥面梁板，则先解除对桥面梁板的所有约束，先清除桥面系结构，解除桥面连续，形成单跨的预制梁梁体连接。对比，在上部结构拆除时，需首先拆除梁体之间的横向连接、纵向连接以及梁体与桥墩之间的抗震连接，并采取临时支撑措施，使每一片梁体形成独立、稳定的待拆构件，施工时根据需要适时安排约束的解除。

②需要明确每跨和每一片梁体的三维固有约束及约束力，确定需破碎或需拆除的单体结构物约束的影响范围和条件。每跨简支梁梁板间应存在三个方向的约束及约束连接，有纵、横桥向的连接，有竖向的约束如抗震销，设计连接形式依构件不同而不同。天津的普济河道立交桥为20m跨T形简支梁结构形式，三维固有约束为横桥向是梁端隔墙和梁中横隔墙连接，纵桥向是预制梁翼现浇连接，梁端设置有φ50mm的抗震销，只是采取了常规破除方法，人工用普通小型设备工具即可解除约束力。

③根据简支梁桥的建造形式和条件，明确桥面梁板拆除顺序及工艺和拆除方法。解除每跨和每片梁的固有约束的同时，需要建立起临时性约束，并根据情况选择约束方式、计算约束力。还要根据拆除桥梁结构时的相互影响、后续结构约束受力变化，进一步确定桥梁结构上的临时约束、约束方式和约束力。

（四）拆除工艺

①桥面系拆除后需要确认施工现场工况，确认清楚伸缩缝处和桥面连续已经破除和断开，确定桥纵向梁跨端已经成为自由端；确认边梁为无任何外跨物及附着物的裸露梁板体；确认桥面为无任何浮物及松动混凝土块的梁板面。

②简支梁桥上部结构拆除工艺：拆除准备→搭设临时支架→破除梁中横向固有连接→建立梁中横向临时连接→破除梁端横向固有连接→建立梁端横向临时连接→建立梁端处竖向临时支撑→处理梁板翼缘锚固筋→处理吊点→试起吊解除临时约束（或直接破除）→吊装运输到指定场地处理。

（五）安全技术要求

①选择直接破除时，需要完全确定对混凝土单片梁体的固有约束，解除临时约束需

要确保对周边无任何影响。需要强调的安全要点有：一是要严格控制破除的混凝土梁体距地面的高度，确保破除时梁体坠落地面，不产生迸溅和碎块碰撞飞溅现象；二是要严格控制混凝土块破碎程度，保证块体坠落不会对地面产生较大振动，避免砸撞桥墩；控制直接破除对周边环境造成的污染，不应对施工人员和机械操作人员带来伤害。

②选择单机吊装或双机抬吊的吊装方法时，需要详细计算吊点位置、钢丝绳吊索规格和长度，保证吊车在安全起吊角度和距离范围内。选用符合有关标准要求的钢丝绳吊索，严格试起吊吊装程序，仔细观察吊点处和钢丝绳的变化，控制钢丝绳使用次数；需要现场踏勘梁的移动路线及范围，计算确定吊机工作过程和允许工作范围，保证统一协调操作指挥。

③选择搭设支架破除方法时，需要增加分块、分段数量，并且及时清理运走破碎的混凝土。支架搭设处的地基基础承载力需要满足拆除受力技术要求；支架搭设需要有稳定性和承载力验算，支架需要与桥墩牢固绑定。

选择搭设支架破除方法时的支架及基础，其承重支架宜采用脚手架或钢管支架，架体顶端采用可调节装置，使支架与箱梁底部顶紧。承重支架的总体结构和细部结构均需设置成几何不变体系。承重支架体系必须经过强度、刚度和稳定性的验算。承重支架的地基需有足够的承载力。承重支架位于水中时，其基础宜采用桩基。有通行要求的道路或通航要求的水域时，对支架需要采取防撞的安全措施，并设置必要的交通导流标志。

④架桥机拆除安全要点：一是要对架桥机进行安全可靠性验算，需要进行架桥机支点的承载力验算，确保受力要求；二是需逐跨逐片进行梁体拆除，在完成上一跨梁体的拆除后，才能开始解除下一跨梁体的固有约束。每片梁体的临时约束拆除，要在准备吊装时进行。架桥机全部拼装调整完毕，必须进行架桥机试运行，检验架桥机横向、纵向移动等，同时还要以不小于现场实际起重量的载荷进行试吊。

四、连续梁桥上部结构拆除

（一）预应力混凝土连续箱梁桥结构受力特征

1. 混凝土箱梁桥结构整体受力特征

箱形截面是一种闭口薄壁截面，其抗扭刚度大，并具有较T形截面高的截面效率指标，同时它的顶板和底板面积均比较大，能够有效承担正负弯矩，满足配筋的需要。因此在已经建成的大跨度预应力混凝土梁桥中，当跨度超过40m后，其横截面大多为箱形截面。此外，当桥梁承受偏心荷载时，箱形截面抗扭刚度大、内力分布比较均匀；在桥梁处于悬臂状态时，具有良好的静力和动力稳定性，对悬臂施工的大跨径桥梁尤为有利。由于箱形截面的整体性能好，所以在限制车道数通过车辆时，可以超载通行，而装配式梁桥由于整体性能差，超载行驶车辆的能力就有限。

对于箱梁桥而言，其截面形式包括单箱单室、单箱多室、多箱单室、多箱多室等，截面形式的选取主要考虑桥面宽度，另外，与墩台构造形式、施工要求等也有关。

单箱截面整体性好，施工方便，材料用量较为经济，当桥面宽度不大时，以采用单箱截面为好。另外，箱梁截面抗扭刚度大，对于弯桥和城市高架桥、立交桥采用独柱墩尤为适宜。当桥面较宽时，采用多箱截面较单箱截面要经济，且自重要小一些。在悬臂施工时，前者可采用分箱施工，这样可以减小施工荷载降低施工费用。当桥面宽度超过18m时，高速公路桥梁上需设置中央分隔带，此时采用分离式箱形截面更利于分期施工，减小了活载偏心，箱的高度也不至于差距过大，使箱的受力更为有利。

箱形截面的外形可以是矩形、梯形或曲线形的。梯形截面造型美观，且可以减小底板宽度，既减少了梁正弯矩区段混凝土用量，又可以减少墩台尺寸，常用于高墩桥梁。为方便斜腹板中预应力束的布置，除特殊情况外，斜率通常不超过tg30°，对变截面箱梁斜率控制在1：5~1：4，不至于支点处底板宽度过于狭窄。梯形截面也有许多不足之处，对于变截面箱梁，随梁高增大，底板宽度减小，为保证斜腹板是一个平面，要求布置在底板中的预应力束较多，其锚固和弯起比较复杂，同时，因为底板过窄，为满足支点截面受压面积的需要，必须增加底板厚度。此外，截面形心较之矩形截面偏高，减小了顶板预应力筋的力臂，这些情况对承受负弯矩都是不利的。故对于承受负弯矩为主的T形钢构和连续刚构桥很少采用腹板箱形截面。我国修建的悬臂体系预应力混凝土桥，多数是带挂梁的，为预制安装方便，挂梁基本上采用T形截面，为使侧面外观上衔接平顺，悬臂部分都做成矩形箱梁。鉴于上述原因，梯形截面箱梁较多用于等高度连续梁桥，曲线形的箱形截面则用于对桥梁外观、桥墩宽度要求较高的城市高架桥上。

现代工程结构广泛采用箱形结构，尤其是桥梁工程，从特大跨径的悬索桥、大跨径斜拉桥，到中小跨径的连续梁桥，甚至简支梁桥，多采用箱形结构，预应力混凝土箱梁是其中一种主要的结构形式，具有耐久和经济等众多优点，因此具有更广阔的应用空间。

在中等、大跨预应力混凝土桥梁中，采用的箱梁是指薄壁箱形截面的梁。其主要优点是：

①截面抗扭刚度大，结构在施工与使用过程中都具有良好的稳定性；

②顶板和底板都具有较大面积的混凝土，能有效抵抗正负弯矩，并满足配筋的要求，适应具有正负弯矩的结构，如连续梁、刚构桥等，也更适应于主要承受负弯矩的悬臂梁、T形钢构等桥型；

③适应现代化施工方法的要求，比如悬臂施工法、顶推法等，这些施工方法要求截面必须有较厚的底板；

④承重结构与传力结构相结合，使各部件共同受力，达到经济效果，同时截面效率高，适合预应力混凝土结构空间布束；

⑤对于宽桥，由于抗扭刚度大，跨中无须设置横隔板就能获得满意的荷载横向分布；

⑥适合于修建曲线桥，具有较大适应性；

⑦能很好适应布置管线等公共设施。

2. 混凝土箱梁断面结构受力特征

箱形截面由顶板、底板、肋板及梗腋组成。顶、底板承受结构正负弯矩，当箱梁肋板间距较大,或悬臂板长度较大时,可在顶板中设置横向预应力钢筋;肋板承受截面剪应力、主拉应力以及局部荷载产生的横向弯矩,当肋板中的剪应力或主拉应力较大时,可在其中布置竖向预应力钢筋;梗腋的主要作用是提高截面抗扭、提供布置纵向预应力钢束的面积以及避免应力集中。

箱形梁受到的主要作用有恒载、活载和变形。恒载是对称作用的,只在采用顶推工艺时,可能出现所谓"二条腿"现象,它才是非对称。活载分为对称作用和非对称偏心作用。对称荷载作用,使箱形梁产生对称弯曲;偏心荷载作用,使箱形梁既产生对称弯曲又产生扭转、变形作用,如温度、收缩、徐变等作用使箱梁产生纵向和横向挠曲。因此,作用于箱形梁的外力可综合表达为偏心荷载来进行结构分析。箱形梁在偏心荷载作用下,将产生纵向弯曲、扭转、畸变及横向挠曲四种。

纵向弯曲产生竖向变位。因此在横截面上会引起纵向挠曲应力及纵向挠曲剪应力,对于肋距较大的宽箱梁,这种应力高峰可达相当大的比例,必须引起重视。

箱形梁的扭转(这里指刚性扭转,即受扭时箱形的周边不变形)变形主要特征是转角。箱形梁受扭时分自由扭转与约束扭转。所谓自由扭转,即箱形梁受扭时,截面各纤维的纵向变形是自由的,杆件端面虽出现凹凸,但纵向纤维无伸长缩短,自由翘曲,因而不产生纵向正应力,只产生自由扭转剪应力。当受扭时纵向纤维变形不自由,受到拉伸或压缩,截面不能自由翘曲,则为约束扭转。约束扭转在截面上产生翘曲正应力和约束扭转剪应力。产生约束扭转的原因是:支撑条件的约束,如固端支撑约束纵向纤维变形;受扭时截面形状及其沿梁纵向的变化,使截面各点纤维变形不协调也将产生约束扭转,如等厚壁的矩形箱梁、变截面梁等,即便不受支撑约束,也将产生约束扭转。

3. 预应力混凝土箱梁结构受力特征

梁式体系是一种古老的结构体系,梁式上部结构在桥梁结构形式中一直占有举足轻重的作用,虽然近些年来,各种结构体系发展很快,但梁式结构仍然以其施工快捷、造价低廉、适应性强等突出特点得到较广泛的使用。预应力混凝土梁桥的研究、发展已有一百多年的历史,作为一种复合建筑用于桥梁结构也有八十余年的历史。直至20世纪20年代前,大多数的尝试研究都遭到了失败。主要原因是材料强度不高,所施加的预压应力又因混凝土的收缩徐变影响而消失殆尽。在前六十余年的历程中,预应力混凝土处在萌芽阶段,人们在失败的教训中对它有了更深一步的了解,发现了在混凝土中建立可靠预应力的一些关键问题,如:

①必须提高材料强度,确保所施加的预应力在各种客观因素导致的损失后,尚保持一定的永存预应力;

②必须研究高强材料的物理力学特征,特别是混凝土的收缩、徐变特性;

③必须研究可靠的预应力施工工艺,锚固体系。

预应力混凝土桥梁在近30年来具有强大的竞争能力,主要的因素有:

①预应力混凝土充分发挥高强材料的特性,具有可靠的强度、刚度以及抗裂性能。

②预应力混凝土桥梁的施工方法已经达到相当先进的水平,现代化技术的应用使它

的施工周期大大缩短，显示出巨大的经济效益。

③预应力混凝土桥梁适用于各种结构体系，并且还在不断创造出体现预应力技术特点的新型结构体系，因而它的适用范围大，竞争力强。

④预应力混凝土桥梁可充分利用材料可塑性的特点，在建筑上有丰富多彩的表现力，更易达到与周围环境相协调的简洁美观的形式，实现经济性和美观性的统一。连续梁是一种老的结构体系，它具有变形小、结构刚度好、行车平顺舒适、伸缩缝少、养护简易、抗震能力强等优点。预应力混凝土连续梁在40～60m的范围，可以说占绝对优势。顶推法、移动模架法、逐孔架设法等施工方法经济快速，也是其广泛应用的关键因素。

钢筋混凝土与预应力混凝土梁式体系基本可归纳为五种类型，即简支、悬臂、连续、T构与连续刚构。大跨径预应力混凝土梁桥的桥型常见的有连续梁和连续刚构，最常用的截面形式则是箱形截面。连续梁体系与简支梁相比最大的特点是：在恒载作用下，由于支点负弯矩的卸载作用，跨中弯矩显著减小，同时对活载产生的跨中正弯矩仍有卸载作用。虽然连续梁的截面最大弯矩与同跨的悬臂梁相差不大，但其弯矩分布要比悬臂梁合理。预应力混凝土连续梁设计时必须以各个截面的最大正、负弯矩的绝对值之和，也即按弯矩变化幅值布置预应力筋。在公路桥上，因恒载弯矩占总弯矩的比例较大，实际上支点控制设计的是负弯矩，跨中控制设计的是正弯矩。梁内弯矩有正、负变号的区段仅在支点到跨中的某一区段。这样，预应力束筋并不增加太大的用量，就能满足设计要求。连续梁的跨径布置一般采用不等跨的形式。若采用等跨布置，则边跨的内力将控制全桥设计，这样是不经济的。此外，边跨过长，削弱了边跨的刚度，将增大活载在中跨跨中截面的弯矩变化幅值，增加预应力束筋的用量。从结构受力性能看，不等跨连续梁要优于等跨连续梁。但在某些条件下，如当桥梁的总长度很大，设计采用顶推或者先简支后连续的施工方法时，等跨结构受力性能较差所带来的欠缺完全可以从施工经济效益的提高中得到补偿。从预应力混凝土连续梁桥的受力特点分析，连续梁的立面以采用变高度的布置为宜。连续梁在恒载、活载作用下，支点截面将出现较大的负弯矩，从绝对值来看，支点截面负弯矩往往大于跨中截面的正弯矩，因此采用变高度梁能较好地符合梁的内力分布规律。同时，采用悬臂法施工的连续梁，变高度梁可与施工的内力状态相吻合。另外，变高度梁使梁体的外形和谐，节省材料并增大桥下净空。连续梁是超静定结构，基础不均匀沉降将在结构中产生附加内力，因此，对桥梁的基础要求较高，通常适用于地基比较好的场合。另外，箱梁截面局部温差、混凝土收缩、徐变及预加应力均会在结构中产生附加内力，增加了设计计算的复杂性。

在设计上，箱形截面可极大地发挥预应力的效用。可提供很大的混凝土面积用于预应力束的通过，更关键的是可提供较大的截面高度，使预应力束有较大的力臂。所以，桥梁设计师可发挥箱梁和预应力的特点，顶底板纵向钢束采用平弯和竖弯相结合的空间曲线，集中锚固在腹板顶部的承托中（或锚固在腹板中），底板钢束尽可能靠近腹板加厚板并在其上锚固。这样布束有许多优点：

①使预应力束具有较大的力臂，较大限度地发挥力学效应。同时，由于布束接近腹板，预应力以较短的传力路线分布到全截面上；

②顶板束锚固在承托中，既可避免外形复杂的齿板构造，又方便施工，达到进一步减轻箱梁自重、取得较好经济效益的目的；

③全桥可根据需要，不设连续束，而只按施工节段设计锚固钢束，若施工需要可增设临时施工用锚固，在施工完成后撤除；

④钢束可根据截面抗剪的需要，在腹板中呈曲线分布，用于抵抗剪力，甚至可在腹板内设置竖向预应力束；

⑤设计师可根据悬臂的需要设置横向预应力束。基于此，预应力在箱形梁桥的使用中相当广泛，在大跨径预应力混凝土连续箱形梁桥中，通常采用二向预应力，以确保结构安全。

4. 混凝土箱梁桥拆除过程结构分析方法

（1）混凝土箱梁桥拆除过程结构有限元分析方法概述

桥梁修建（拆除）施工过程的结构分析方法一般采用有限元法，有限元法就是将连续体分成有限个单元。单元间相互由节点连接的理想节点系统。分析时先进行单元分析。用节点位移表示单元内力，然后将单元再合成结构，进行整体分析，建立整体平衡关系，从而求出节点位移。

有限元法是随着计算机的发展以及为适应复杂结构分析的需要而发展起来的一种有效的数值分析方法。主要是对各节段施工工况下的相应截面的应力、位移进行分析，作为监测和施工控制的依据。其优点主要有：

①采用有限元计算机程序进行结构分析可极大减轻劳动强度、缩短计算时间、提高工作效率。

②桥梁结构属于空间结构，且结构超复杂，超静定次数越来越高。如采用解析法手算，就必须进行结构简化，这些简化与实际结构之间往往存在较大的差别，从而使计算结果与实际不符。只有采用空间有限元分析法才能得出较精确的结果。

③随着建桥材料性能的提高，桥梁跨径越来越大，如对大跨径桥梁的分析也采用中小桥梁分析所用的弹性结构线性分析法，已不能反映结构的真实受力情况，必须考虑非线性的影响（包括材料、几何非线性），电算有限元程序可解决这一问题。

④大跨径桥梁除必须满足强度、刚度要求外，结构的稳定性、动力特性往往成为控制因素，这也需要借助于有限元分析来完成。

⑤桥梁施工方法多样，一般情况下桥梁结构分析计算必须考虑结构施工与形成（解除）过程，施工过程仿真分析计算量大、复杂，绝非解析法所能完成。

（2）被拆除混凝土箱梁桥结构初始状态识别及拆除过程状态预测

①被拆混凝土箱梁桥结构状态识别。桥梁结构状态识别是一个对已有结构的真实状态的逼近过程，桥梁拆除过程中的状态识别与桥梁新建过程中的状态识别是相似的。

在桥梁的新建（拆除）施工监控中，因为仪器、环境、时效、施工精度等因素的影响，实际测量的结果与理论计算的目标值相比总是存在一定的偏差。造成这种偏差的因素所涉及的范围十分广泛，包括设计参数误差（如材料特性、截面特性、容量等）、施工误差（如制作误差、架设误差等）、测量误差、结构分析模型误差等。

在桥梁施工控制中，对于设计参数误差的调整就是通过测量施工过程中实际结构的行为，分析结构实际状态与理想状态的偏差，用误差分析理论来确定或者识别引起这种偏差的主要设计参数误差，来达到控制桥梁结构的实际状态与理想状态的偏差。

为了在施工中不断修正因涉及参数的误差引起的各个控制项目（如截面应力、变形、标高等）的失真，对设计参数进行识别是必需的。参数识别就是依据施工中的实测值对主要设计参数进行分析，然后将修正过的设计参数反馈到控制计算中去，重新给出施工中的结构应力、变形、稳定安全系数等的理论期望值，以消除理论值与实际值不一致的主要偏差。

对于参数的识别，首先要确定引起桥梁结构偏差的主要设计参数，其次就是运用各种理论和方法（如最小二乘法）来分析，识别这些设计参数误差，最后得到设计参数的正确估计值，通过修正参数误差，使桥梁结构的实际状态与理想状态相一致。

②混凝土箱梁桥拆除过程状态预测。结构状态预测是对结构与理论模型的行为偏差趋势的一种预测过程，在桥梁拆除过程中，对结构进行状态预测是确保施工正常、安全进行的必要手段。

在桥梁拆除过程中，结构状态预测的主要内容是对施工过程中结构误差的发展趋势、结构特定力学行为做出响应判断，科学评价结构施工过程误差，调控措施的合理性。

当前混凝土箱梁桥常用的状态预测方法有卡尔曼滤波法、灰色系统理论法、最小二乘法等。

（二）拆除的技术准备

①连续梁桥梁体拆除需要掌握连续梁设计建造形式，详细绘制桥梁现状图及周边状况图，内容应有绘制连续梁桥的平立面图，需要标明连续梁的长度、宽度、高度、跨度及跨数，标出桥梁周围地面、地下、空中状况及进出场的交通条件，提示机械设备运输的最大允许高度及宽度，吊机吊装移动工况的最大允许操作范围；绘制连续梁端部现状图，需要标明被拆桥梁端结构形式；绘制连续梁结构现状图，需要标示梁的基本技术参数，标明原施工方式、预应力张拉形式及位置；绘制连续梁与桥墩连接图及与盖梁关系图，需要标明抗震工艺及支座现状；绘制桥面系与连续梁关系详图，需要标示桥面系设计参数及现状说明；绘制连续梁桥与地面的净空高度变化图，需要标明连续梁跨越的地面特征。

连续梁桥拆除需要掌握被拆桥梁的基本设计和现状详图，应是连续梁桥拆除必须掌握的基本技术要求内容，因连续梁桥结构复杂多样，受力形式不同，拆除施工方法多式多样，因而要做好充分的技术准备。

②桥梁拆除时，需要掌握被拆除连续梁的结构数据，详细列表统计连续梁原设计施工数据及现状说明，需要详细计算出连续梁的梁长、梁高、梁室、横隔梁等的尺寸及重量，统计核算出单件、单位体积重量，合算整块、整段体积与重量；计算选择拆除连续梁的可能性及方法，根据现场条件和拆解的程度，计算确定可破碎梁体的最小和最大块

件允许搬运条件；连续梁结构预应力的解除，需要参照施加应力工艺和拆除施工条件，确定解除预应力约束的施工顺序。需要根据梁体受力情况、预应力布置情况、吊车性能情况，合理设置切割梁体大小。由于详细计算和统计所拆梁体块件的数量和重量是桥梁拆除必须掌握的基本技术要求，是确定工期时间安排，选择拆除的方法和顺序的依据。

③需要掌握被拆除连续梁桥的现状检测数据，便于详细标明和列出每联连续梁及每跨梁体的病害状况。

（三）拆除方法

①连续梁拆除时，需要针对结构形式及建造工艺确定合理的拆除方法，可采用整片梁体吊运拆除、搭设临时支架拆除梁体等方法。

②整片梁体吊运拆除时，需要解除连续体系，使连续梁结构安全地转化为简支梁形式；需要按照原桥梁设计图和竣工图，计算拆除梁体的重量和体积，根据现场情况和吊装能力选择起重吊装机械，整片梁体吊运前需要设计吊点位置和吊点形式，并进行试吊；将单元梁吊运到指定地点后先释放预应力，再分段破除混凝土，清运混凝土废料，回收可利用物资。

③搭设临时支架拆除梁体时，需要进行支架方案设计，包含对支架基础承载力、支架强度、刚度、稳定性进行验算，支架结构计算需要充分考虑拆除过程中每一受力阶段的荷载状况；计算切割梁体的重量，选择合理的起重及运输设备，确定合理的切割点位及顺序；需要根据梁体受力情况、预应力束布置情况、吊车性能情况，分层分段破除梁体；破除曲线预应力梁时，那么需要按照横桥向对称原则进行预应力的解除及梁体的分块。

（四）拆除技术要点

①连续梁桥拆除需要首先确定应力解除，确定应力解除后的三向受力变化，保证破碎块或吊运单体稳定，保证墩柱、盖梁等结构部位稳定。

②连续梁拆除时需要增加临时约束，明确约束的条件、范围及约束力的大小，确定约束的部位及结构间的相互影响。

③连续梁拆除时一联内各跨相互影响较大，需要采取受力变化较小的方式逐步拆除。

（五）拆除工艺

①连续梁桥上部结构拆除前，施工现场工况需要确认桥面系结构及附属管线拆除满足下一步的施工要求；普通连续箱梁需要确认连续梁支座变化情况，确认箱梁的箱室、隔墙、暗梁的位置，确认施工工艺和设计工艺要求的预留、预埋和孔道位置及走向，准确丈量梁弯矩零位置，计算梁体的各部分的重量；预应力连续箱梁还需要确认预应力钢绞线张拉工艺、张拉次数和张拉阶段，确认预应力钢绞线束布置情况且应准确标记。普通连续箱梁和预应力连续梁拆除，通常采用的是支架破除，需要掌握连续梁的基本几何构造，需要掌握预应力钢绞线的施工设计情况，便于指导支架的搭设和确定破除顺序。

②连续梁桥上部结构拆除工艺（搭设支架法）：拆除准备→搭设临时支架→设置墩

梁临时固结→预应力解除→拆除梁体结构→破除场地吊运清理→拆除支架→完成连续梁上部结构拆除。

（六）安全技术要求

①连续梁拆除需要确保各跨临时支架受力均匀、结构稳定。等跨连续梁拆除，可逐跨进行拆除；不等跨连续梁桥拆除，可先拆除主跨，再拆除边跨，以免出现结构体系的不平衡而引起垮塌。

②采用搭设支架拆除时，需要在墩柱、暗梁、隔墙等区域加密支架布置。支架内搭设门洞通道时，门洞的地基承载能力及门洞结构承载力，需满足安全要求。

③连续梁拆除，临时支座或者临时固结需要进行专项设计，满足拆除过程中临时支撑力或抗拔力的安全要求。临时固结，可使用预应力钢绞线或精轧螺纹钢筋，将梁体与墩柱连接在一起，承受拆除施工过程中的抗拔力。临时固结需在梁体拆除之前进行设置，并施加一定的预应力。

④连续梁体采取分层、分段拆除时，分层、分段的位置与顺序需要进行专项设计；梁体为预应力混凝土时，预应力释放拆除需要进行专项设计。预应力的拆除顺序，需结合预应力施加的施工顺序以及分层、分段拆除的位置与顺序进行专项设计。

第二节　桥梁其他结构拆除、绿色施工要求和安全施工技术

一、钢梁桥拆除

（一）钢梁桥拆除方法

钢梁桥拆除可采用钢梁整体吊运、钢梁分段等方法拆除。钢梁桥拆除附属结构后，形成简单的钢桥主构件断面形式，破除与钢桥连接混凝土，包括叠合梁钢结构上部分混凝土、钢梁梁间的混凝土、钢梁钢混结合段的混凝土等。拆除时需要将钢构件表面的混凝土清除干净，以便钢材回收和实施拆除绿色施工。

（二）钢梁整体吊运拆除技术要求

钢梁整体吊运拆除，需要确定吊运拆除单元，切割拆除单元梁体与其他梁体及下部结构之间的连接；需要计算拆除单元梁体的结构重心、几何中心等相关数据，检验拆除单元梁体的关键受力部位锈蚀及损伤状况；需要按照梁体的结构尺寸及重量，选择合理的起重设备、运输设备、吊点位置、吊具和起重设备坐落位置及运输通道；拆除后的钢

梁体，根据钢材再利用计划，进行钢板切割处理或钢梁加固再利用处理。

（三）钢梁分段拆除的技术要求

需要按照钢梁桥的结构形式、连接形式、桥梁病害情况，确定分段部位，计算出每段钢梁体的结构尺寸和重量，选择合理的吊装设备；在分段切割部位的下方，搭设支撑架，其地基及结构需满足拆除过程的最大承载力及稳定性要求；切割梁体时，切割断面宜处于零应力状态并设置限位装置；栓接连接的钢梁桥需要计算块件大小，选择拆除节点。

（四）钢梁桥拆除安全的技术要求

钢梁桥拆除前，需要先拆除钢梁顶面上的桥面结构；钢混叠合梁拆除时需先剔除混凝土部分并去除预应力等约束，然后拆除钢梁；根据钢材的材质、厚度及作业环境，选择合理的钢板切割设备。钢板切割作业，需按照钢板切割的相关操作规程进行；螺栓拆除时，需先检查螺栓的锈蚀情况，并选取试验螺栓件进行试拆除，螺栓拆除的顺序，宜按照从外侧向中心的顺序进行，分级松动，对称拆除。需充分了解钢桥设计结构，包括断面结构、型钢和板材规格、布置形式，才可计算出钢构件重量；了解钢桥连接形式，包括钢桥构件与下部连接形式，钢桥构件自身连接形式，是栓接、焊接还是铆焊等，才能确定拆除顺序和确定分段点；了解病害情况才能合理分段和设计吊点位置。

二、下部结构拆除

（一）混凝土盖梁拆除

混凝土盖梁拆除，宜采取直接破除、搭设支架破除等施工方法；地面以下的下部结构，如不影响拆除的规划建设，在经过评估后，可采用直接埋置的方式，埋置合适的深度，并做好位置标识及记录。

（二）下部结构拆除要求

下部结构拆除前，需平整施工场地，水上桥梁需要提前建造围堰或搭设水中平台；墩柱整体拆除时，需选择合理的断裂面及拆除方向，设置合理的拉力或推力装置，断裂面位置纵向钢筋需要完全切断，拉力或推力施加应均匀；采用搭设支架法切割拆除盖梁时，需要先拆除盖梁悬挑部分，预应力混凝土盖梁拆除需先进行应力释放。

三、桩基拆除

（一）桩基拆除准备

桩基拆除前需要做好桩基情况的调查工作：包含桩基周边环境情况；桩位、桩径、桩深、配筋等基础资料；调查地质情况，确认桩基自重及计算摩阻力；了解桩基施工原始记录，桩身垂直度等相关信息。针对不同状况的桩体情况、不同的环境要求，需选用适合的施工设备并制定专项施工技术措施。

(二) 拆除方法及技术要求

桩基拆除需针对不同桩基类型和条件采用不同拆除方法，可采用全套管回转拔桩法、振动沉管拔桩法等。如桩基不影响拆除后的规划建设，在经过评估后，可采取直接埋置的方式，埋置合适的深度，并做好标识及记录。全套管回转拔桩法是通过套管钻入有岩层或高强障碍物的土层，利用套管的护壁作用，可在套管内进行切割处理施工，可用于桩身垂直、桩体扩孔严重的情况，不适于桩体倾斜情况。振动沉管拔桩法由于使用振动锤打入钢套管，造成振动大，需对周边环境进行保护，需详细勘察桩基现状，只可用于桩体扩孔不严重的桩基破除。桩基拆除水下切割需要选择合理的水下切割设备及水下作业平台，水中悬空位置切割时，需要有良好的作业平台或吊篮，以保证潜水员作业时身体稳定；需确定合理的起割点，起割点宜从结构部位的边缘开始向中间切割，受环境或结构所限时，也可从中间开始切割；需确定合理的切割顺序，对桩基结构进行横割或立割时，需自上而下逐块切割；切割时需要对切割后易移位的切割构件采取固定措施，可在切割结构留有定位段，以防止切割过程中切割结构件的移位。

(三) 拆除工艺

1. 水中桩基拆除工艺

施工准备→围堰施工→沉入钢套管→桩基拔出→填料填孔→钢套管拔除回填。

2. 全套管回转拔桩工艺

施工准备→全回转反力钢筋混凝土基础施工→设备安装及固定→第一节钢套管压入→第二节钢套管螺栓连接→第二节钢套管压入→依次压入钢套管直至桩底→清桩→桩孔回填→钢套管拔除。

3. 振动沉管拔桩工艺

施工准备→沉入钢套管→高压水幕和空气幕减摩→拔除桩基→桩孔回填→钢套管拔除。

(四) 安全技术要求

桩基拔除前，需要对拔桩设备坐落的地基进行承载力验算，确保拔桩设备在拔桩过程中不出现失稳。钢套筒使用前需做好检查，确保连接节点可靠；下入过程需要做好套筒侧壁的减摩措施，降低桩基拔除阻力。在进行桩体拔除施工时，可采用吊机吊出、冲抓设备破碎、液压抓斗抓取方法进行拔出。桩体拔除后需对套筒进行回填，回填材料要求密实并有一定的强度，可采用砂浆或水泥土材料回填。

四、桥梁拆除绿色施工要求

桥梁拆除工程需通过科学管理和先进技术，最大限度地节约资源，减少对环境的负面影响，实现"四节一环保"。施工"四节一环保"，是指节材与材料资源利用、节地与施工用地保护、节水与水资源利用、节能与能源利用、环境保护。需建立绿色施工管理体系，明确岗位职责，健全绿色施工管理制度。需要编制绿色施工方案，制定切实可行的绿色施工目标，制定科学合理的绿色施工管理、技术及评价措施。绿色施工方案可作为施工组织设计的一个章节进行编制，根据要求，也可单独编制、单独审批。桥梁拆除过程需充分回收、利用拆除结构物及拆除废料，建立可回收再利用物资清单，提高废料利用率。桥梁拆除时需合理规划施工平面布置，减少施工用地的数量和占用时间，合理利用土地，节约土地资源。施工用地选址和布局，需结合地形、地貌等特点进行，做到少占耕地、保护植被和保持原有的地形地貌。

需充分利用水资源，严格控制桥梁拆除施工各阶段的用水量及排水量，积极应用水循环利用技术，积极应用废水处理技术，严格控制污染源。施工废水、污水，需进行沉淀后方可排放，含有有害物质的废水、污水，严禁向水域、自然保护区、风景区、农田、地下管道内等敏感区排放。施工中的船舶，不得随意污染江河、海洋的水体。水中筑岛施工时，应及时清理筑岛，避免影响河道行洪。需采取合理的机械设备，控制施工机械用油、用电的总量，节约能源。选择功率与负载相匹配的施工机械设备，避免大功率施工机械设备低负载长时间运行。合理安排工序、工作面，相邻作业区充分利用共有的机具资源，提高各种机械的使用率和满载率，降低各种设备的单位耗能。

桥梁拆除施工环境保护需要采取可靠的降低噪声的措施，桥梁拆除噪声需符合相关规定；实施有效的防止扬尘措施，扬尘控制需要符合国家及地方相关规定；桥梁拆除施工时需保护周围的文物、古迹；采取适当的措施，减少对周围植被的破坏，减少对周围野生动物的伤害，保护自然生态；用于拆除施工的临时设施、拆除物堆放场地，宜远离居民区且处于下风口，当无法满足时，需采取适当的降尘措施、降噪措施；市区施工时，需要采取必要的措施，降低机械设备破除混凝土产生的噪声污染及粉尘污染；雾霾天气施工，严格控制粉尘污染，必要时停止拆除施工，以保护空气质量。

总而言之，桥梁拆除施工现场需做到文明施工，及时清理各种拆除结构物及废料，保持施工场地整洁，满足绿色施工要求。

五、安全施工技术

①桥梁拆除须贯彻"安全第一、预防为主、综合治理"的原则。建立起安全管理体系，明确岗位职责，制定安全管理制度。拆除前需对各种安全危险源进行辨识和评估，并采取可靠措施；对危险性较大的分部分项拆除工序，预先制定出应急预案。

②桥梁拆除前在施工区域内需设置警戒和警示标志；在居民密集点、交通要道附近施工，需采用全封闭围挡，并搭设安全防护隔离网；在周围区域内需布设安全标语及告示，做好预防和宣传工作；桥梁拆除区域需实施交通管制及导行，明确禁行区、限行区、导行区，设置明显的交通禁行及导行标志，配置交通疏导人员指挥交通。

③参加拆除施工的作业人员需对拆除施工所使用的机械、设备、工具定期检查，保持良好的工作状态；特种设备的使用需符合其安装、维护、使用和检验等管理制度的规

定；拆除前需对施工作业人员进行安全教育和交底，特种作业人员需经过专业培训，持证上岗；拆除施工的作业人员，作业时要严格遵守各项安全操作规定，按照规定佩戴、使用劳动安全防护用品。在拆除施工之前，开展安全状态的检查，主要包括检查相关附属设施的迁移及切断情况，检查安全警戒及交通导行的布设情况，检查桥梁结构的安全状态，检查进场机械、设备、人员的安全防护等，检查合格后还需进行书面确认。

④桥梁拆除时起重吊装施工需符合国家有关规定；起重机械设备的起重能力，需满足吊装最大拆除物件的安全需要；起重使用的机械设备进入拆除施工现场后要进行检查验收，并应按照规定进行试运转和试吊；起重运行的道路及作业区地基承载力需满足施工要求。

⑤高空作业时施工作业人员必须佩戴安全带、安全帽；高空作业使用的机械设备、工具和电气设备，需在施工前进行检查并确认；拆除施工高空作业需设置安全防护设施，发现防护设施有缺陷或隐患时应及时解决，高空作业时设置的通道应及时清扫；雨天或雪天进行高空作业时，需采取可靠的防滑、防冻措施；高空作业所用物料及拆除物应堆放平稳，并采取防倾覆措施，不得向地面抛掷物料；在强风、浓雾、暴雨、暴风雪等恶劣天气条件下，不得进行高空的拆除施工；恶劣天气过后，要对高空作业的安全防护设施进行全面检查，当有松动、变形、损坏时，应及时进行修复；拆除施工高空作业需满足国家高空作业的相关安全规定。

⑥在水上作业施工前，应了解作业区的水深、流速及河床地质等情况，并进行实际的水文地质探测；拆除施工所用的栈桥、平台、支架，应进行专项设计，保证足够的安全系数；水上作业的运输及吊装设备的载重量、起重量、吃水深度等技术指标需进行计算核实，并定期检查；船舶上需配备救生和消防设施，水上作业人员需穿救生衣，不应超载作业；宜选择枯水期进行拆除施工，在富水期施工时，需做好防汛措施；水上的交通警戒标志需满足航道的相关规定。

⑦对水下切割用的电气设备进行绝缘性、水密性检查，并及时更换或维修不符合要求的电气设备；水下切割的潜水员需佩戴水下切割安全防护用品；水下切割需按照水下作业的相关安全规定进行。水下切割大多是带电作业，需对电压、电流、电缆线、电气等用电方面采取可靠的水下防触电措施；防护用具包含绝缘手套、护目镜、潜水服、导气管等。

⑧爆破拆除需编制爆破设计书，爆破设计书需由具备相应资质的设计单位和设计人员参与编制；爆破作业人员需严格按照爆破设计书规定开展爆破器材加工、装药、联网等工作，做好施工记录备查，并由技术负责人或项目经理签字认可；爆破作业人员需参加培训考核，取得相应级别和作业范围的安全作业证，持证上岗；桥梁采用定向爆破拆除时，爆破拆除设计需要控制桥梁倒塌时的触地振动，必要时在倒塌范围铺设缓冲材料或开挖防振沟；爆破拆除施工时要对爆破部位进行覆盖及遮挡，覆盖材料和遮挡设施须牢固可靠；建立起拆除工程的爆破安全技术档案。

⑨结构复杂、规模较大或周边环境复杂的桥梁拆除，要进行拆除过程监控，且编制监控方案；拆除施工前进行监控技术交底，并校验相关检测设备；数据采集需设置专人

负责，及时汇总、处理、分析监测数据，并且将检测结果和评价及时反馈，当监测数据达到监测报警值时需停止拆除施工，分析报警原因，采取可靠措施；设置专人，进行目视监测，发现安全隐患，及时反馈，并采取可靠措施；当桥梁拆除周围有对位移或沉降有特殊要求的构（建）筑物及设施时，需满足相关方的要求。其中，目测监测，主要是对自然条件、支撑结构、施工工况、周边环境、监测设施等外观变化情况进行定期巡视检查，可以直接、便捷地发现安全隐患，是对数据监测的有效补充。

⑩桥梁拆除监控的工作内容主要包含：拆除过程的仿真分析；拆除过程的现场测量；拆除过程的参数识别与预测；实时跟踪分析，拆除过程的线形与内力调整。工作的目的是首先获取拆除过程桥梁的理论数据，然后获取施工过程桥梁的实测数据，在此基础上对桥梁的有关参数进行识别与预测，对桥梁拆除过程实施控制。因为，桥梁拆除监控方案的确定，需根据桥梁结构体系、桥梁拆除前安全状态、拆除施工方法等因素制定。

第六章 市政公路养护机械设备

第一节 市政公路日常养护机械

一、道路养护机械的基本知识

道路养护工程机械的使用，可节省大量人力，降低劳动强度，完成靠人力难以承担的高强度工程施工；可以大幅度地提高工作效率和经济效益，降低成本；为加快工程建设速度，确保工程质量，提供可靠保证。

（一）道路养护工程机械的分类

根据道路养护工程的作业对象，道路养护工程机械可划分为路基养护工程机械、沥青路面养护工程机械和水泥混凝土路面养护工程机械。

路基养护工程机械主要有推土机、铲运机、平地机、挖掘机、装载机、稳定土拌和机、石料破碎筛分机、石料撒布机、洒水车及压路机等。

（二）道路养护工程机械化施工的意义和要求

1. 道路养护工程机械化施工的意义

现代化施工建设是当今世界的发展主流。机械化施工是道路养护工程的重要措施和手段，是道路建设发展的必然趋势。道路养护工程的特点是建设周期短，质量要求高，施工难度日趋复杂。在实行招标投标制的今天，企业更加注重施工的质量与经济效益。

机械化施工是通过合理地选用施工机械、科学地组织施工来完成工程作业的全过程。机械化施工的评价是以施工的机械化程度来衡量的，即：

机械化程度＝机械设备完成的实际工作量（或实物工作量）/全部工程量×100%

机械化程度越高，工程施工中机械完成的实际工作量占总工程施工量的比例就越大。机械化施工程度的高低，在一定程度上反映工程施工周期的快慢、施工质量的高低和施工效益的好坏。

2. 道路养护工程机械化施工的要求

机械化施工是提高工作效率、保证施工质量、加快施工建设速度、减轻施工强度、降低施工成本及提高施工效益的重要手段。机械化施工在技术、组织与管理上都具有更高的要求。

首先，机械化施工要有严密的施工组织与管理，有具有一定业务专长的技术人员与较为熟练的技术工人，拥有良好的维修设备、高素质的维修人员，完善的附属设施，充足的燃料能源和零配件供应，以及相应的运输条件等。

其次，为了在整个施工过程中均衡协调各个作业和各道工序，需要有足够数量、种类和规格的机械施工设备及管理、操作与维修人员。

机械化施工程度在很大程度上决定了工程施工质量的好坏、施工效率的高低、工期的快慢以及施工成本和效益的多少。但是，机械化施工程度高也不完全能说明机械施工的优越性，因为即使机械化程度一定时，由于施工技术、管理水平和施工组织的差异，完成相同的工程量，在施工进度、技术经济效果和节约劳动力等方面也会出现较大的差别。因此，机械化施工不仅仅是代替人的劳动，而是完成人工无法完成的施工作业。机械化施工有着更为广泛的内涵，它不但体现在机械化程度上，而且更注重在机械化施工水平上，体现在机械化设备利用程度与利用率上。机械化施工应该是涉及施工机械、施工技术、施工组织及施工管理等学科的现代施工技术，是施工技术与管理技术的结合，是技术经济在工程施工中的体现。

二、市政公路日常养护所用机械

（一）市政设施巡查车

市政设施巡查车用于市政设施的日常巡查。通常采用小型或微型货车改装，喷涂专用的标志和车身颜色，配置相应的警示标志，以便随时停车检查。

（二）道路检测车

道路检测车集成和应用了现代信息技术，以机动车为平台，将光电、IT和3S技术集成一体，在车辆正常行驶状态下，能自动完成道路路面图像、路面形状、道路设施立体图像、平整度及道路几何参数等数据采集、分析、分类与存储，为高速公路、高等级公路、城市市政公路、机场跑道等路面的破损、平整度、车辙、道路安全隐患的检测，以及道路附属设施的数字化管理提供有效的数据采集手段。

道路检测车可为道路质检部验收检测、日常养护调查等提供权威、公正的基础检测数据，为道路养护部门提供专业的技术方案，为交通资产管理部门提供科学的决策依据。

道路检测车工作时，可以不分昼夜，以最高 100km/h 的速度完成路面状况全自动检测。随着车辆前进，前置的车辙仪和平整度仪、后置的路面破损检测仪，分别将检测到的数据传至车中的 CPU 数据处理工作站，经过分项实时和自动处理，形成道路检测报告。该系统的所有检测数据能与公路信息化管理平台的数据库实现无缝连接，从而可完成决策分析，并生成养护方案。

（三）道路清扫车

道路清扫车是集路面清扫、垃圾回收和运输为一体的新型高效清扫设备。在专用汽车底盘上改装道路清扫功能的扫地车型，车辆除底盘发动机外，另外加装一个副发动机，4 把扫刷由液压马达带动工作，带风机、垃圾箱、水箱等配套设备。这种全新的车型可一次完成地面清扫、马路道牙边清扫、马路道牙清洗及清扫后对地面的洒水等工作，适用于各种气候和不同干燥路面的清扫作业。

道路清扫车可广泛应用于干线公路，市政以及机场地面、城市住宅区、公园等道路清扫。道路清扫车不但可清扫垃圾，而且还可对道路上的空气介质进行除尘净化，既保证了道路的美观，维护了环境的卫生，维持了路面的良好工作状况，又减少和预防了交通事故的发生，进一步延长了路面的使用寿命。当前，在国内利用道路清扫车进行路面养护已成为一种潮流。

1. 清扫车的类型

清扫车的类型如图 6-1 所示。

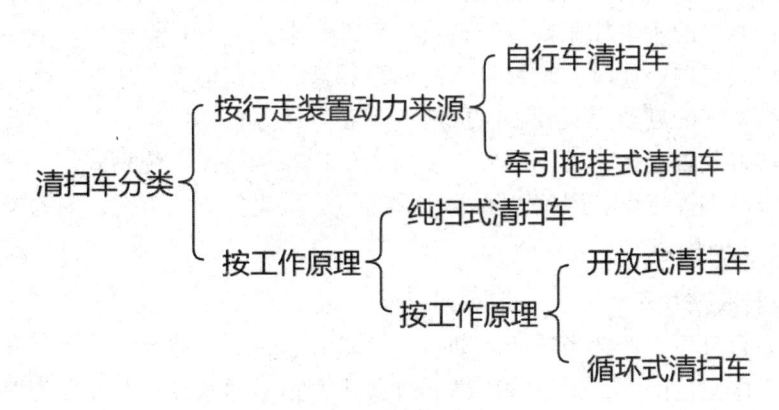

图 6-1　清扫车的类型

2. 清扫车的构造

（1）开放吸扫式清扫车

当下，绝大多数开放吸扫式清扫车是一种自行式清扫车。它由自行底盘、副动力装置、风机、排风口、垃圾箱、水箱、吸口、水平柱刷及侧盘刷等组成。

清扫车上的副动力装置、风机位于底盘驾驶室后方，通常通过液力耦合器或干式摩擦离合器联接。垃圾箱位于底盘中后部，并在后部与车架铰接，前部或者下部有一个液压倾翻油缸，铰接在垃圾箱和车架之间。水箱与垃圾箱做成一体，位于垃圾箱的下部，或作为一个独立部位固定在垃圾箱下方。侧盘刷固定在车架中部两侧。水平柱刷位于车架下方，可向左或向右偏转一定角度，以配合左侧盘刷或右侧盘刷工作。吸口位于侧盘刷与水平柱刷的稍后位置。

开放吸扫式清扫车的工作过程是：选择右侧作业方式或左侧作业方式，将相应的侧盘刷和水平柱按作业方式要求置于工作状态，侧盘刷和水平柱刷在底盘行进的过程中配合作业，将垃圾侧横向抛射至吸口前方，形成一条垃圾带。当吸口经过其前方的垃圾带时，将垃圾尘粒吸入吸管，输送到垃圾箱内。

（2）循环吸扫式清扫车

循环吸扫式清扫车与开放吸扫式清扫车的差别是没有水平柱刷和向上通入大气的出气口。该清扫车的正下方不是水平柱刷，而是一个与底盘宽度尺寸基本相等的宽吸口，它取代了开放吸扫式清扫车下部的一个水平柱刷和两个较窄的吸口。宽的吸口中不仅有向上吸取垃圾尘粒的吸管，还有向下吹气的吹管。空气由吸管吸入，经过除尘分离后重新送回吹管吹出，形成空气的循环流动，空气作为载体将路面上的垃圾尘粒送进垃圾箱，再回到下边继续工作。

（3）纯扫式清扫车

纯扫式清扫车由副动力装置、自行式底盘、侧盘刷、水平柱刷、输送带、底盘部分、垃圾箱及举升机构等组成。

它与吸扫式清扫车相比较，在结构上的主要差别在于没有风机和吸口，而且一些主要部件的布置也完全不同。侧盘刷仍旧位于车辆中部、车架两侧（有的位于底盘前部两侧），而直径很大的水平柱刷则位于整机的后部，输送皮带从柱刷前方倾斜向上前伸至位于中部的垃圾箱内。此时，垃圾箱不能向后倾卸，而是借助于攀升机构向某一侧或前方倾卸。清扫系统的副动力装置和液压装置都布置在整机的后部，全部动作由液压或气压操作，副动力装置直接驱动液压泵，使动力传递非常简便。纯扫式清扫车具有消耗功率小、工作噪声小等特点。因此，该车广泛应用于高速公路城市街道的养护清扫工作。

3. 清扫车的特点

（1）自行式清扫车

该车依靠自身所带的动力装置驱动行走，具有良好的整体性、独立性和机动性，其行驶速度快，作业范围大，工作效率高。自行式清扫车通常以货车底盘为基础，为了提高其性能，要对货车底盘作必要的改造，如加装左右两套行驶转向操纵装置等。清扫车的作业装置与行走装置的动力彼此独立，以便控制和调整。

（2）吸扫式清扫车

该车有伸到基础车体以外的盘刷或柱刷以及吸口。盘刷用于将路缘、边角、护栏下的垃圾输送、集中到吸口前方，利用空气动力通过吸口将垃圾捡拾和输送到垃圾箱中。吸扫式清扫车具有清扫范围宽、适应性好、对微细垃圾尘粒的捡拾及输送效果好等特点。

（3）牵引拖挂式清扫车

该车是利用另外的动力机械或人力推动、牵引行走的。因此，其独立性、整体性及机动性都相对较差，行驶速度较慢，工作范围小，效率低。但其结构简单，通常在简单的机架上安装必需的工作装置即可，制造成本和价格都较低。该车的作业系统所采用的动力源类型较多，有的自带小型汽油机或柴油机，有的从牵引主机上取得动力。这种清扫车只适用于普通公路清扫养护，以及厂、矿、院校、道路的环境清扫作业。

4. 清扫车的安全使用要点

合理地选择和正确地使用道路清扫车，既可确保清扫车的作业性能，减少工作中出现的各种故障，延长使用寿命，还可防止事故发生，避免人身伤亡。因此，操作道路清扫车之前，必须认真、仔细地阅读使用说明书，严格遵守操作规程。通常应注意以下要点：

（1）认真做好使用前的准备工作

①给动力装置添加燃料油及润滑油，添加冷却水；认真检查空气滤清器的堵塞情况及安装是否正确；检查齿轮减速箱中润滑油的液面；冷却风扇驱动皮带的张紧状况；油门控制是否正常，有无漏油、漏水、漏气现象。

②认真查看液压系统的运转情况，响声是否正常，油箱中是否缺油，有无漏油现象。

③检查吸扫系统所有摩擦件（包括扫刷、吸口、耐磨衬板等）的工作状态是否正确，风机工作是否正常及干净。若发现有不正常现象，则经维修后再投入养护工作。

④仔细检查喷水系统中的吸水过滤器是否堵塞和清洁；水阀通断是否正常；驱动水泵的皮带传动装置张紧状态是否正常，若有松动应及时更换新的皮带；检查水阀是否漏水等。

⑤检查举起垃圾箱时，其支承垃圾箱是否稳固可靠。

（2）保持清扫车工作装置的最好状态

路面清扫车的工作装置处于最好的工作状态，是确保清扫车的清扫效果、提高作业效率的关键。要仔细阅读清扫车的使用说明书，掌握各种装置的工作原理、结构组成、要求的最佳状态及具体的调整方法。

①确保吸口的最佳离地位置。通过实验及现场的实践证明，对密度比较大的垃圾尘粒，吸口的离地间隙应小一些；对轻质垃圾，像树叶纸屑等数量较大时离地间隙应大一些。通常开放吸扫式清扫车的吸口后沿距路面的高度间隙尤为重要，应始终保持为6~10mm，吸口前沿距路面的高度间隙为35~40mm。

②确保侧盘刷接地方位正确和水平柱刷两端接地压力相等。路面清扫车侧盘刷的结构设计能保证其具有三自由度的可调性，能调出盘刷的最好方位。水平柱刷两端由两个气缸悬挂，如果两个气缸调压阀的调定压力不相等，柱刷两端的接地压力就会不相等，这会造成两端扫除垃圾的效果不相同、刷毛磨损不平衡等问题。

③保证喷水雾化效果和适当的喷水量。要按照路面清扫车的使用说明书，根据路面

地段的垃圾状况，合理、适当地喷水，并确保有良好的雾化效果。

（四）洒水车

洒水车是用于道路建设、工程建设、道路养护及环境保护等吸洒水的专用汽车，也可用于生产供水、浇灌、城市绿化等。随着道路建设的发展，道路工程及养护作业对洒水车不断提出新的要求，如前喷、后喷、自流浇灌、冲洗路面及绿化等功能，洒水功能的增加，扩大了洒水车的使用范围。

1. 洒水车的类型

洒水车是带有储水容器和进行喷洒作业的罐式汽车，按结构类型可分为车载式和半挂式两种，按洒水功能可分为前喷式、后喷式和侧喷式3种；同时，还有单洒水和多功能（即有洒水功能、应急消防高压喷水功能、喷洒农药功能及绿化管理）之分。

车载式洒水车的结构是将水罐等各专用装置直接安装在汽车的底盘上，通常都是利用汽车的底盘进行改装。半挂式洒水车是利用汽车作牵引动力，将水罐制成半挂式结构，其载重量在相同的条件下可增大1倍左右，但增加了一根半挂轴，相应增加了整车的长度，其机动性和运行条件略低于车载式洒水车，适用于用水量大与道路条件较好的场合。

2. 洒水车的结构

用汽车底盘改装的洒水车除底盘外，其专用装置主要由水罐总成、传动总成、管路总成及操纵系统组成。

（1）水罐总成

洒水车的水罐总成由隔仓装置、人孔、罐支架及罐身等组成。水罐用钢板焊制，罐身断面形状可做成圆形、矩形和椭圆形3种。罐支架可分为分置式底架和整体式底架两种。水罐上必须设置人孔，方便操作人员进入罐内进行维修。人孔根据罐身容积的不同，可设置1~2个孔，其直径应不小于450mm。为了防止洒水车在高速行驶时罐内水冲击晃动，罐内必须设有隔仓结构，并加纵向防波板。

（2）传动总成

洒水车的传动总成主要由水泵、传动轴、减速器或增速器及动力装置等组成。其主要作用是满足水泵在工作中的转速和旋转方向要求。系统的动力可采用附加内燃机或电动机。目前，洒水机的动力装置多从汽车的变速器加装取力器引出动力。传动轴一般选用成熟的汽车产品。洒水车上的水泵多采用离心泵或自吸水泵。如果使用离心式水泵，则在每次使用前，需要加引水后，方能进行洒水作业。

（3）管路总成

洒水车上管路总成的作用是将水吸入罐内或使用罐内的水进行喷洒、养护公路等。吸水管通常由橡胶软管和硬管组成。洒水管由主管、阀门和喷头等组成。主管一般用钢管制成，喷头可以是固定喷头，也可以是可调喷头。固定喷头喷出水的流向和洒水密度是一定的；可调喷头喷水的水流向和洒水密度在较大范围内可任意进行控制与调整。

（4）操纵系统

洒水车的操纵系统是由吸水、洒水操纵系统和取力箱操纵系统组成的。操纵方式有手动和气动两种。手动操纵系统包括挂挡机构、传动机构和操纵杆等。吸水/洒水操纵系统最常用的是气动操纵，气动操纵系统包括执行机构、气管路和控制阀等。由控制阀通过气管控制执行机构的动作，以决定水的流向，进而达到吸水与洒水的目的。

3. 洒水车的工作过程

洒水车的工作过程由两大部分构成，即行车洒水和停车吸水。

（1）行车洒水

当洒水车装满水行驶到洒水位置后，停车挂上取力箱工作挡和行车挡，然后操纵离合器等按设定车速行驶，同时打开洒水开关，将水罐中的水洒向所需要的地方。

（2）停车吸水

当洒水车停靠在水源处后，迅速连接好吸水软管。如水泵是离心式水泵时，则应加足引水，然后将取力箱挂于工作挡，保证水泵处于正常运转状态。同时，打开吸水开关，将水抽入水罐内，直至灌满为止。

4. 洒水车的使用要点

使用洒水车前，应仔细、全面地阅读使用说明书，严格按使用要求操作，这是保证洒水车正常运行的关键。具体的使用要点如下：

①对水源的要求。在城市使用洒水车时，可从城市的供水管网直接接入洒水车内。如果作为公路养护或建设时，洒水车只能在就近的河沟、池塘找水源，应注意其吸水管端全部进入水中，为避免吸入石块或较多的泥沙、漂杂物，吸水管端部一般设有过滤装置。吸水时，严禁将过滤装置拆下。如果水源较浅，需要事先将吸水处挖得深些，以保证不含有杂物及不吸进空气。不同洒水车的水泵对水源的要求是有区别的。清水泵要求水中不能有杂质，污水泵则要求水中不能有石块和过多的泥沙。

②吸水前的操作注意事项。洒水车在吸水前，应注意以下事项：

a. 仔细检查各连接处有无漏气，底阀潜入水中深度是否达到。

b. 认真检查吸水管有无破损、漏水现象，一旦发现应及时更换新的吸水管。

c. 离心式水泵每次吸水前，必须向水泵内加入一定数量（30～40L）的引水，加完后必须迅速关闭加水口。如果是自吸式水泵第一次吸水时，需要加引水，以后则不必再加引水。各种洒水车的性能有所不同，使用前注意参阅使用说明书。

d. 吸水时，进水管系统必须保持一定的真空度，才能将水吸入罐内。进水管路必须密封，否则将产生漏气现象，造成吸不上水。

e. 洒水车无论是在吸水前，还是在洒水前，都必须将取力装置挂挡在停车时进行。正确的做法是：车先停下来，踩下离合器踏板，待主变速箱轴完全静止后，再挂挡。如果取力挂挡是气动操纵阀时，必须观察气压表，压力必须达到规定的压力值后，才能开始挂挡。

③洒水注意事项。若是准备行车洒水，则应在停车后，先将主变速箱挂好，再挂好

取力挡位，后缓慢抬起离合器踏板，车在行走中，打开洒水开关，就可开始洒水。

洒水车前，喷头位置较低，靠近地面，喷洒压力较大，可用于冲洗路面；后喷头位置较高，洒水车后喷头往往左右各安装一个，其位置较高，故洒水面较宽，用于公路施工洒水。使用后喷水时，应将前喷管关闭。使用可调喷头洒水时，洒水宽度可根据实际情况调整，洒水宽度越宽，中间重叠量越少，洒水密度越均匀。

④喷水枪的使用。当洒水车改为绿化浇水时，必须将洒水各球阀关闭，同时关闭消防开关，打开喷水枪球阀，然后按洒水操作规程进行工作。喷水枪射程的远近，随着发动机的油门开度大小而变化。喷水枪不仅可在汽车行驶中进行工作，车辆停靠时也可进行工作，完全能满足城市道路两旁绿化浇水的需要。

⑤消防工作。当洒水车临时投入消防救火时，将洒水管道的各球阀关闭，同时关闭喷水枪开关，将消防帆布带上的快速接头接在车辆消防接头上，按洒水操作规程进行工作。在使用消防水枪时，应将帆布管拉直，因水泵压力大，水枪摇摆振动很厉害。因此，操作时必须由两人扶着水枪。

⑥每当冬季洒水车完成作业后，应及时打开水罐、水泵、水管，将其内的水放尽，避免冻裂，特别是我国北方地区，一般在严冬不再施工，故洒水车的施工结束后，应立即将水泵、水管等内的水全部排空，以防隐患而缩短洒水车的使用性能。

⑦洒水车行驶中，非洒水工作时，取力器应保持空挡位置，禁止拨动取力器操纵杆。气动控制阀的手柄置于中间的位置，以防漏气影响制动性能。

⑧水泵无水空转不得超过3min，以免损坏水泵。洒水完毕，应把取力器操纵杆回到空挡位置。

⑨当自抽失灵时，应检查吸水管两端是否漏气，接头处是否拧紧，吸水管是否灌满了水。

⑩如发现水泵、取力器、增速箱有异常响声，应停止工作，检查修理，以防损坏机件，保证洒水系统正常工作。

（五）排障车

排障车是城市、公路交通工程的重要装备之一。它的主要功能是将城市道路上发生故障而不能行驶的车辆、发生肇事而损坏的车辆以及违章停放的车辆等拖运移离现场，排除路障，疏导交通，保证车辆正常运行。

1. 排障车的构造

排障车由底盘、配重、副车架、附具、传动与控制系统及工作装置等组成。

（1）底盘

底盘是综合型排障车的重要组成部分。其主要功能除了装置各个部件和作业行走外，还为排障作业提供动力源。目前，我国的排障车均采用通用载货汽车二类底盘作为基础底盘部分。

（2）配重

根据综合型排障车的工作特点，除拖挂牵引外，其他各项作业（如托举牵引、起吊、拖曳）的负荷都作用于后轴之后，为使底盘前后轴承载合理分布，保障排障车良好的运行性能，应在前轴的前面设置适当质量的配重。

（3）副车架

由于综合型排障车在作业时，其运动部分的机件（如绞盘、液压缸等）施于底盘集中载荷。因此，为了不使基础底盘部分发生变形而影响排障车的正常作业和正常运行，必须设置一副车架。排障车的副车架一般为箱梁框形结构，与基础底盘部分刚性联接。各种作业的动作部件都安装于副车架上，使作用在基础底盘部分上的载荷均匀分布，以保护和延长轮胎的使用寿命。

（4）附具

附具主要用于排障车对肇事车辆或违章车辆的稳固停放，通常包括支承和托举肇事车或违章停放车的前后桥的支承钢叉，支承和固定肇事车或违章停放车辆的轮胎托架，以及锁紧用棘轮尼龙锁紧带。

（5）传动与控制系统

排障车均采用液压传动，往往由基础底盘部分驱动液压泵提供液压油，从而使绞盘和各液压缸实施有关动作，以完成各种相应的作业。

排障车的控制系统多采用换向阀手柄操作，也可通过电液元件实行远距离控制，以确保车辆安全作业。

（6）工作装置

综合型排障车的工作装置由托举系统、着地系统和卷扬系统等组成。

①托举作业。实施托举作业的托举系统由举升臂、折臂、伸缩臂及举升液压缸等组成。

②着地系统。它由安装在底盘后部的两个支腿组成。两支腿可通过液压缸的伸缩实现着地和离地。支腿主要用于排障车起吊作业时的着地，保持整车稳定性和拖曳作业时着地，提高了整车与地面的附着力。

③卷扬系统。卷扬系统由液压绞盘以及固定在举升臂上的导向轮和安装在伸缩臂上的起吊滑轮组成。该系统主要用于综合型排障车的拖曳和起吊作业。

2. 排障车的工作过程

高速公路上或城市道路上万一出现交通事故，其现场的情况是较复杂的，但最为常见的是肇事车辆前桥损坏或后桥损坏。因此，排障车在现场处理的工作过程是：利用附具将肇事车辆损坏的前桥或后桥稳固在伸缩臂上，然后托举牵引移离肇事现场。这里需要说明的是，伸缩臂的伸缩长度可根据车型确定。

如若肇事车辆翻倒，则需要利用卷扬系统起吊并将其扶正后再托举牵引；如若肇事车辆掉入边沟，则需利用卷扬系统拖曳、起吊将肇事车辆拖到路上，并扶正后再托举牵引拖走。

3. 排障车的使用要点

（1）排障车的操作注意事项

①对装有可燃汽油或易爆化学品的已损坏的车辆，首先不要靠近，应先对这类物品进行处理后，并确认不会发生爆炸、不会发生燃烧的情况下再进行排障作业。

②在使用排障车时，必须了解其托臂在不同伸长位置时的安全排障能力。

③对排障车的排障能力要清楚，对超过设备极限排障能力的肇事车辆，应更换大型的排障车去处理此事；否则，会损害排障车，乃至会发生新的安全事故。

④不应使设备在工作时超载，如遇上特殊情况时需要超载，则必须减慢行车速度。

⑤当排障车在拖曳作业时，其余人员应远离钢丝绳，以防钢丝绳折断后弹抛伤人。

⑥当排障车起吊作业时，不得站在吊起的损坏车辆上工作。

⑦经常对设备的钢丝绳、链条、牵引设备等进行仔细检查。对已发现的损坏设备，应及时更换或修理。

（2）对小客车和轻型越野车的排障操作

对小型客车和轻型越野车排障的处理方法是采用固定车轮法。其操作步骤如下：

①首先将排障车靠近小型客车（或轻型越野车），然后将托臂翻转下来，并将托臂接近路面。

②取下叉头紧固销，将加长梁一端插入横梁，用紧固销固定，另一端插入车轮托架插头，也用紧固销固定。

③将托臂伸长，使车轮托架插头接触到轮胎前部。

④将车轮托架插入托架插头，用弹簧销紧固，并用锁紧带将车轮系好。

⑤将叉头紧固销插入销孔，同时操纵控制阀，将升臂升高，使被托车辆轮胎离开地面一定高度，最后启动基础底盘部分，将损坏的车辆拖移现场。

（3）对载货汽车和大型客车的排障操作

载货汽车和大型客车的前轴荷（后轴荷）很大，为缩短托举的力臂，对上述车辆可采取钢叉支承法。其具体操作步骤如下：

①首先将排障车靠近载货汽车或大型客车，然后将托臂翻转下来，并将托臂接近路面。

②伸长托臂，取下叉头紧固销，将横梁插入叉头，装上横梁紧固锁。

③迅速取下止动销，装上钢叉插头，并将支承钢叉插入钢叉插头，安装好止动销。

④将支承钢叉对中车架的纵梁，同时将叉头紧固销插入销孔。

⑤操纵控制阀，将举升臂升高，使被托车辆前桥（或后桥）离开路面一定高度，最后启动基础底盘部分，将损坏车辆托起拖移现场。

（六）除雪机

除雪机是清除道路积雪和结冰的专用设备。它是寒冷积雪地区公路、城市道路、机场、广场等养护部门必备的冬季养护机械。

1. 除雪机的类型与特性

（1）按主机特性分类

①融雪车。其特点是在货车上装有螺旋集雪装置、燃烧加热装置、融雪槽等，主要应用于城市的道路除雪。

②消融剂撒布车。其主要特点是在卡车底盘上装有料仓、输送器、撒布圆盘等装置。该车应用在降雪前撒布防冻剂和降雪后撒布融雪的药剂或防滑作用的沙子。

③旋转除雪机。该机的工作装置由集雪螺旋和风扇转子等转动件组成，通常采用装载机底盘。该机与犁板式除雪机配合作业，能铲除厚雪。

④除雪推土机。其特点是在推土机前装有各种除雪犁板，行走装置有履带式和轮胎式，能清除公路或城市道路上较厚的积雪。

⑤路面除冰机。该机的工作装置有螺旋刃切削式和转子冲击式，底盘部分一般用装载机，专用于城市道路铲除、破碎冰块等。

（2）按工作装置的特性分类

①螺旋式除雪机。其特点是由螺旋和刮刀为主要除雪方式，侧向推移雪或冰碴。

②转子式除雪机。其特点是以高速风扇转子的抛雪为主要除雪方式，适应范围广。

③犁板式除雪机。该机以雪犁或刀板为主要除雪方式，可推雪、刮雪。同时，该车可装在卡车推土机、平地机、拖拉机、装载机等基础底盘上，适应各种条件下的除雪作业。

④清扫式除雪机。该机是以旋转扫路刷为主要除雪方式，广泛适用于高等级道路、机场进行无残雪式的除雪。

⑤吹风式除雪机。该机以鼓风机高速气流为主要除雪方式，将新降下来的雪吹出路面。

⑥化学消融剂式撒布机。该机主要以化学溶剂消化雪，防止雪落地后结冰。一般情况下是降雪前撒于路面，降雪后还可将灰渣撒布在雪面上，加速雪的融化。

2. 除雪机的安全使用要点

使用除雪机进行作业时，除严格执行操作说明外，还应当注意以下要求：

（1）作业前的准备

①内燃机部分，严格按通用操作规程的有关规定执行。

②基础车的行驶，按照卡车出车前的各项准备工作执行。

③检查限位滑块、铲刀是否磨损超限。

④检查并旋转螺旋切削装置内各部件是否牢固，有无破损和松动的现象。

⑤除雪机启动前，先将变速杆处于"空挡"位置，各操纵杆置于"停车"位置。

⑥检查液压管路及连接部位是否有松动、渗漏现象，液压油温是否过低。如果不符合要求，则要及时进行热处理后才可作业。

⑦调整工作装置雪橇及支承轮，使工作装置底部与路面之间的间隙满足路面不平的需求，一般间隙为 10～20mm。

⑧对顶推拖挂式除雪机，要考虑牵引车的抗滑性能及雪雾对驾驶视野的影响。必要

时，安装防滑链。对犁式除雪车，尽量选用平头牵引车。

⑨如果发动机启动后 15min 内机油压力不见升高，则应停止启动，并且进行必要的检修。

⑩在水温未达到 66℃ 以前，发动机应低速、小负荷运转。发动机预热期间检查所有仪表。

（2）作业与行驶的要求

①行驶中，在不妨碍通过性能的情况下，旋切装置应尽可能降低高度。

②除驾驶室外，除雪机的其他地方严禁载人。

③除雪机在上坡、下坡和通过弯道时，不允许高速行驶，避免紧急制动。

④除雪机在进行除雪作业中，要定时清除除雪装置内的积雪，以防止堵塞。

⑤除雪机在清雪作业时，要随时注意观察前后左右车辆，在确保安全的情况下进行操作。

⑥除雪机的除雪角度要随着工作环境的变化随时调整。

⑦除雪机在整个工作过程中，应注意观察操作盘上的各种仪表是否正常。若发现有异常情况，则应及时停机检查维修。

（3）作业后的要求

①除雪机停用后，要将整机清洗干净，尤其是轴承转子叶片与壳体接触面更应及时清理，以避免结冰损坏风扇叶片。

②加注满除雪机的燃油，以防燃油中聚积水汽。

③将除雪机水箱内的水全部放干净，以免停车后结冰。

④注意检查整机各部位，应无渗漏现象；进行局部调整，拧紧松动的螺栓等。

⑤选择液压油时，要考虑其黏度等级，通常黏度指数高的工作油所适应的温度范围大。

⑥除雪机在车库停放时，使液压油温保持在一定范围内，从而保证液压系统随时可进行工作。

⑦按规定进行例行保养。

⑧除雪机在闲置不用时，为避免液压油在低温时黏度增高及各部件锈蚀，需将机器晾干并停放在机库内。

第二节　路面与路基养护机械

一、路面压实和破碎机械

（一）压实机械

为了使筑路材料（沥青混凝土、水泥混凝土、稳定土等）颗粒处于较紧密的状态和增加它们之间的内聚力，可采用静力和动力作用的方法使其变得更为密实。这种密实过程对提高各种筑路材料和整体构筑物的使用强度有着实质性的影响。对塑性水泥混凝土，材料的密实过程主要是依靠振动液化作用使材料颗粒之间的内摩擦力和内聚力降低，从而在自重的作用下下沉而变得更密实。针对包括碾压混凝土在内的大多数筑路材料来说，它们都可通过压实作用来完成这种密实过程。

压实机械按工作机构的作用原理，可分为以下3种主要类型：

①静作用碾压机械。碾压滚轮沿被压材料表面反复滚动，依靠自重产生的静力作用，使被压层产生永久变形而达到压实目的。这类压实机械包括各种型号的光轮压路机、轮胎压路机、羊脚压路机，以及各种拖式压路滚等。

②振动碾压机械。碾轮沿被压实表面既作往复滚动，又利用偏心质量 m 旋转产生的激振力，以一定的频率、振幅振动使被压层同时受到碾轮的静压力和振动力的综合作用，给材料短时间的连续脉动冲击。这类机械包括各种拖式和自行式振动压路机。

③夯实机械。夯实机械划分为夯实和振动夯实两类。前者是利用重物的重力 m_T 自一定高度落下，冲击被压层，使之被压实。这类机械包括各种内燃式和电动式夯土机等。振动夯实机械除具有冲击夯实力外，还有一个附加的振动力同时作用于被压实层。这类机械包括平板振动夯和快速冲击夯等。

1. 静力式压路机

（1）用途

静力式压路机与振动压路机相比，压实功能有一定的局限性，压实厚度也受到一定限制，一般不超过50cm，且光面静力式压路机在压实作业中容易产生"虚"压实现象。静力式压路机因其结构简单，使用与维护简便，而且国产静力式压路机的系列化程度较高，可供选择的机型较多，能适应某些特定条件下的压实工作。因而，国内在机械化施工程度不高的施工条件下仍普遍使用静力式压路机。静力式压路机可用来压实公路路基和路面、铁路路基、建筑物基础，以及土石坝、河堤、广场和其他各类工程的地基。其工作过程就是沿工作面前进与后退反复地滚动。

（2）构造

各种静力式压路机的基本结构大致相同，通常包括动力装置、传动装置、制动系统、碾压轮、转向系统、电气系统及附属装置等组成部分。

（3）安全使用常识

①碾压沥青路面时，应启用压路机的自动洒水装置。严禁人工倒退拖刷润湿压路滚，以免发生人身伤亡事故。

②压路机碾压时，应距路基边缘有一个安全距离，以防止倾翻；碾压的厚度应按规定进行，不得超厚，否则不能得到足够的密实度，并容易损坏机件。夜间工作，应装置照明设施。

③两台以上压路机同时碾压时，间距应在3m以上。禁止在坡道上纵横行驶。

④压路机增加配重时，应加干砂和水；冬季不得加水，以免因热胀冷缩而损坏压路滚。

⑤禁止用牵引法强行发动内燃机，不允许用压路机拖拉机械和物件。

⑥压路机高速行驶时，不得急转弯。在坡道上行驶，应事先改换低速挡。禁止在坡道上踩下离合器，如必须在坡道上变速，应使压路机制动后才能进行。上下坡时，禁止滑行。

⑦压路机转移工地，如果距离较近，路况良好，坡度不大，则可自行驶往；否则，必须用平板拖车装运。装运时，需要有专人指挥，注意安全。

⑧压路机在运行中发生故障，应及时停机熄火进行检修。在坡道上停机时，应用楔块对称楔紧滚轮。压路机应停放在平坦的地方，并用制动器制动，不准停放在土路边缘及斜坡上。

2. 振动压路机

（1）用途

各种振动压路机的质量一般为静力式压路机的1～4倍，平均为2.5倍。振动压路机最适宜压实各种非黏性土、碎石、碎石混合料，以及各种沥青混凝土等，是公路、机场、海港、堤坝、铁路等建筑和筑路工程中不可缺少的压实设备。

（2）安全使用常识

振动压路机除参照静力式压路机的安全使用常识外，还应做到：

①注意察看施工环境，调查地上地下的建筑物，防止振动压路机的振动引起边坡倒塌、管道碎裂和建筑物毁坏等事故。

②不得在坚硬的路面上开启振动压路机的振动装置，避免损坏机械。

③经常检查避振装置，发现损坏应及时更换，以免影响操作人员的健康。

（二）破碎机械

1. 液压破碎机

（1）用途

液压破碎机是一种利用液压推动活塞在缸内往复运动、冲击钎子、进行破碎作业的机械。液压破碎机有手提式和机械夹持式两种。手提式液压破碎机属小型机械，配有液压动力机，具备耗能少、效率高、噪声小、不污染环境及使用方便等优点。

（2）安全使用常识

①液压破碎机与液压动力机的连接要可靠。拆装接头时，应避免灰尘、泥浆等物进入管路和机件内。连接后，应检查油压是否在允许范围内，若超出允许范围，应重新调定工作压力，调定后应关闭压力表开关。

②当破碎效率降低时，应先检查液压动力机，如没有问题再检查蓄能器的隔膜和充气压力。检查蓄能器压力和添加气体，要使用专用的充气阀和氨气瓶，并按压力容器有关安全技术操作规程进行。

③更换钎子时，应先关闭通入破碎机的液压油路。

2. 路面铣刨机

（1）用途

路面铣刨机是沥青路面养护施工机械的主要机种之一。它主要用于公路、城市道路等沥青混凝土面层清除网裂、拥包、车辙等。用路面铣刨机铣削损坏的旧铺层，再铺设新面层是一种最经济的现代化养护方法。因为它工作效率高、施工工艺简单、铣削深度易于控制、操作方便灵活、机动性能好以及铣削的旧料能直接回收利用等，因此广泛用于城镇公路养护工程中。

路面铣刨机是一种用装满小块铣刀的滚筒（简称铣刨鼓）旋转对路面进行铣刨的高效率路面修复机械。它适用于沥青路面和水泥路面，铣刨后形成整齐、平坦的铣刨面和齐直的铣刨边界，为重新铺设沥青混合料或混凝土创造条件。修复后，新老铺层衔接良好，接缝平齐。路面铣削机械主要有热铣刨和冷铣刨两种。

热铣刨机是在铣刨前先用液化气或丙烷气或红外线燃烧器将路面加热，再进行铣刨的。这种铣刨方式切削阻力小，但消耗能量较大。热铣刨机多用于沥青路面养护及再生作业中。

冷铣刨机是直接在旧路上或需要养护的路段上开展铣刨的。该机切削的料粒较均匀，适应性广，但切削刀齿磨损较快。冷铣刨机多用于铣削沥青路面隆起的油包及车辙等。

（2）安全使用常识

①施工前，操作人员和施工人员应了解现场情况和施工要求，确定最佳施工方案。由于铣刨机是在不封闭交通的情况下作业的，因此必须设置安全标志，并有专人指挥。

②根据路面结构及破坏的情况，合理选择铣刨鼓的转速、刀具的材料与形状。

③铣刨机作业时，要掌握好切削深度。开始下切时，速度不要过快，而且要均匀。

④铣刨路面时，应开启洒水装置洒水，以减少灰尘飞扬和冷却刀具。但洒水量不宜过多，以免导致道路泥泞。

⑤有输送带的铣刨机都要与自卸汽车联合作业，此时应有专人指挥，操作人员要密切配合，以防撞车和撒料。

⑥履带式铣刨机转移工地上下拖车时，要事先检查操纵机构和制动装置是否灵敏可靠，并有专人指挥，还要考虑不得超长、超宽和超高，否则应采取措施。

⑦铣刨机夜间作业，其上方应有警示灯，施工现场要有足够的亮度。

（3）道路铣刨机的应用特点

①使用铣刨机铣削路面，可快速、有效地处理路面病害，使路面保持平整。

②道路的翻修工程采用铣削工艺，可维持原路面的水平高程。铣削工艺可将损坏路面切除掉，由新材料填补原有空间，经压实后与原路面等高，保持路面的原有水平高程，这使穿行于高架桥或立交桥涵的路面载荷对桥体不致产生冲击载荷，并且桥涵通过高程不变。

③有利于旧路面材料的再生利用。由于可掌握切削深度，铣削下来的材料不仅干净且呈规则的小颗粒，可不用再破碎加工即可再生利用。这样，极大降低了施工成本，同时也是一种环境保护措施。

④保证新旧路面材料的良好结合，提高其使用寿命。采用铣削工艺，可使填料坑边侧及底部整齐、深度均匀，形成新旧料易于结合的齿状几何表面，从而使翻修后新路面的使用寿命大大提高。

3. 风镐

（1）用途

风镐是利用压缩空气作动力进行开凿和破碎的一种风动机械。它主要用于施工现场破碎坚固的或冻结的地层、水泥混凝土结构物和板块、沥青混凝土的路基和面层，是道路养护工程中常用的破碎机械。

（2）安全使用常识

①使用风镐时，每隔2～3h要加注一次润滑油。

②风镐和空气压缩机联合使用，应遵守安全技术操作规程。

③不能空击，禁止镐钎全部插入破碎层。

④禁止行人进入现场，防止飞溅的碎石伤人。

⑤检修或更换钢钎时，必须先关闭风镐的气源，防止伤人。

二、路基养护工程机械

（一）推土机

1. 用途

推土机是路基施工中的主要机械之一。因为推土机具有构造简单、操纵灵活、移动方便、行驶速度快、所需作业面小以及既可挖土又可用作短距离运土等优点，因此广泛用于土方工程的施工中。

在道路路基养护工程中，推土机主要用于路基修筑基坑开挖、填筑堤坝、平整场地、清除树根、填平壕堑、堆积石渣及其他辅助作业，并可为铲运机与挖装机械送土和助铲及牵引各种拖式工作装置作业。

2. 安全使用常识

①陡坡上（地面坡度在25°以上）不能横向行驶，严禁在坡上纵向行驶也不能原地转向，否则会引起履带脱轨，乃至可能造成侧向翻车。

②下陡坡时，应将推土板着地并倒车下行，使推土板协助制动。

③推土机在超过30°的坡上横向推土时，应先设法挖填，使推土机能保持平稳后，方可进行作业。

④在坡地上发生故障或发动机熄火时，首先应将推土板放置在地面上，踏下并锁住制动踏板，然后进行检修工作。必要时，在履带（或轮胎）的前后方垫三角木，以防止机械下滑。

⑤在下陡坡转向时，可利用推土机自重惯性加速的作用实现转向，并使用反方向的转向离合器操纵杆。如右转弯时，拉起左面的转向操纵杆，但不能使用制动踏板。

⑥下坡时，不准切断主离合器滑行，否则将造成机件损坏或发生翻车事故。

⑦在高低不平或坚硬的路面上以及障碍物较多的区域行驶时，必须采用低速，以免发生机件损坏和事故。

⑧在高速行驶时，切勿急转弯，特别在石子路上和黏土路上，更不能高速急转弯，否则将严重损坏行走装置，甚至引起履带脱轨事故。

⑨向深沟悬崖的地缘推土时，事先应了解道下有无人或物；推土板不得推出边缘，并在换好倒挡后，先起步后提刀，以免压垮边缘的土壤产生翻车事故。

⑩推土机纵向成队行驶时，应始终保持适当的机间距离。在狭窄的道路上行驶，未得前车同意，不得超越。

⑪推土机开动时，驾驶室内不准堆放任何物体，避免影响操作或因无意碰撞操纵杆而造成事故。

（二）平地机

1. 用途

平地机是铲土、移土和卸土同时进行的连续作业式机械。刮刀是其主要工作装置。通过对刮刀的水平回转、左右升降、左右侧伸及机外倾斜4种基本动作的调整，采用合理的施工方法，可完成开挖沟槽、平整场地、回填沟渠、清除积雪、铺散或路拌路面材料及修筑路基路堑的边坡作业。放下平地机的齿耙，还可进行松土作业。

2. 安全使用常识

①作业前，必须清除施工现场有损轮胎的污物和钢钉等坚硬锋利的杂物。作业中，

操作人员应严格按规程的要求进行操作。

②平地机在平整凹凸较大的地面或自卸车倾倒的土堆时，应先用推土机推平或刮刀粗平，方可进行平整，以免因超过前后桥结构允许的摆动角度而失稳，发生倾翻、陷落或损坏机件。

③遇到坚硬的土质，需要松土器翻松时应用 I 挡行驶，并缓慢下齿，以免折断齿尖，不准用松土器来翻松碎石路面和高级路面，避免损坏机件。

④平地机刮刀大角度回转、向机侧倾斜及铲土角大范围调整都必须停机进行。起步前，应先将刮刀下降到接近地面，起步后方可逐渐切土。禁止刮刀先切土后起步。作业中，随铲土阻力的大小变化调整刮刀的切土深度，不得一次调整过多而影响平整度。

⑤禁止使用平地机拖拉其他机械。

⑥驾驶室乘坐人数必须符合规定的要求。行驶时，必须将刮刀、松土器升到最高位置，并将刮刀斜放，刮刀两端不得超出后轮胎外侧宽度。下坡时，严禁发动机熄火和超速滑行。

（三）挖掘机

1. 用途

挖掘机是用铲斗挖掘土，并把土卸到运输车上，由运输车运到卸料处或将挖出的土直接卸在附近弃土场的土方工程机械。

挖掘机有单斗式和多斗式。前者为循环作业式，后者为连续作业式。在道路养护工程中，通常使用单斗液压挖掘机，每一个工作循环包括挖掘、回转、卸载及返回 4 个过程。单斗液压挖掘机具有多种工作装置，可根据作业的对象安装相应的工作装置。

2. 单斗液压挖掘机安全使用常识

①开工前，挖掘机操作人员和现场施工人员要查看地形，了解工程情况，确定工作面与开挖顺序。

②初开工作面时，可自行或用其他机械整理出至少可容纳一台挖掘机作全回转的场地，特别要选择平整、坚实的场地作为停机面。如系挖装作业，还应考虑运土车辆的调头和停车位置。

③配合反铲挖掘机清理沟底、平整修刮边坡时，必须在最大挖掘半径以外作业，否则需待挖掘机停机熄火、铲斗落地后方可进行作业。挖掘机继续挖掘作业时，需待沟槽内工作人员撤离完毕，并且在指挥人员发出指令后开始。

④当挖掘机挖掘基坑或沟槽，深度在 5m 以内，两边不加支承时，应根据地质情况确定安全的边坡度。

⑤挖掘悬崖时，要采取防护措施，作业面不得有摆动的大石块。如发现有塌方的危险，应立即处理或将挖掘机撤离到安全地带。

⑥挖掘机不得靠近架空输电线路作业或行走。若限于现场条件，必须在线路近旁作业时，应采取安全保护措施。

⑦履带式挖掘机只能在现场转移工作面时作短距离行驶。通过铁道、跨越电缆和管道时，应采取一定的安全措施。用车、船等运输工具作长途转运时，应充分考虑挖掘机的长度、高度和质量，选择合适的车、船，如有不符合装运条件的部件，应在装运前拆卸。挖掘机上下车船前，应检查制动器和其他操纵机构是否灵活可靠，并有专人指挥上下车船，以确保人身和机械的安全。

（四）装载机

1. 用途

装载机是用来对运输车辆装卸松散的物料或自行完成短途转运作业的一种机械。

装载机按行走装置，可划分为轮胎式和履带式两类；按工作装置，可分为单斗式、挖掘装载式和斗轮式3种；按本身结构，可分为刚接式和铰接式两种。

装载机的作业过程为铲、装、运、卸。装载机具有结构紧凑、操纵轻便灵活、工作平稳、使用安全可靠、生产效率高等优点。

2. 安全使用常识

①装载机进入施工现场前，操作人员和施工人员要对现场进行观察分析，了解施工要求和施工条件，制订最佳的安全施工方案和作业路线。对影响装载的障碍物，或用装载机自行清除，或用推土机协助清除。对地下管道、电缆、基础桩等隐蔽的障碍物，要事先探测清楚，妥善处理，以防装载机正常作业时发生事故。

②在拆迁和清理废墟的工作中，推倒半墙要挑选有利地形，选择有裂缝的地方，提高铲斗后推动。必须推半墙的上部，或从一端沿纵向与墙成一定倾斜角斜推，以免发生砸坏机械事故。

③装载机通过乱石和不平整道路时，必须慢速行驶，下坡时禁止空挡滑行；在坡道上横向行驶要倍加小心，防止发生翻车事故；在水中作业时，水深应低于轮胎直径的1/2。作业后，应进行清洗及防腐蚀保养。

④装载机配合自卸汽车装载时，应与汽车保持一定安全距离，防止发生撞车事故。铲土作业时，铲斗不能斜插，要求对推物料正面接近，避免急剧冲撞，以免轮胎超载打滑。向汽车卸装物料时，应将铲斗提升到一定高度，使铲斗前翻不致碰到车厢。对准车厢倾翻时，动作要缓和，以减轻物料对汽车的冲击。

⑤装载机作业时，严禁人员在铲斗及斗臂下走动，以免物料落下、斗臂及铲斗突然下落而伤人。严禁铲斗内站人进行举升作业，防止铲斗突然下降而伤人。

⑥履带式装载机装车转移前，应先检查行车机构和制动器等操纵机构是否灵敏可靠，并用方木或跳板搭成10°～15°的坡道，各种准备工作就绪后，方可装车。装车时，要由经验丰富的人员现场指挥，机械不得超载、超高和超宽。

（五）稳定土拌和机

1. 用途

稳定土拌和机是改良软地基或道路基层的一种机械。它的工作过程分为粉碎、拌和和摊铺。移动式稳定土拌和机施工时，首先将素土按一定的厚度均铺在路床上，然后将添加剂（白灰或水泥）按一定的比例均铺在素土层上，最后稳定土拌和机在行进中将其进行粉碎、拌和、摊铺，经压实后，可得到灰土层路基。如果再按一定比例均铺石料，则经过稳定土拌和机搅拌摊铺后又可得到灰土石层路基。由于使用稳定土拌和机施工能获得质量优良的路基。因而，稳定土拌和机是修筑道路和机场路基不可缺少的机械，也是道路养护工程中较大面积路基养护维修不可缺少的机械。

2. 安全使用常识

①稳定土拌和机在行驶时，必须将拌和装置提升到行驶状态，各种操纵机构和装置要齐全完好，驾驶室按规定乘坐人员。下坡时，严禁发动机熄火滑行，并且随时注意仪表及周围的动向，避免发生交通安全事故。

②稳定土拌和机在施工作业中，垫铺的土层和外加剂厚度不能超过规定的最大拌和深度，材料中不能有超过规定粒径的石块、矿渣等坚硬的块状物或钢筋等条状物，以免损坏搅拌刀具或卡住拌和转子或刺破轮胎。

③当清理搅拌转子上的黏土、嵌石或置换刀具时，必须停机熄火，并将工作装置置于一定高度，支垫结实，或使用保险装置销紧，以防下落伤人。若要转动转子，人员及工具材料等要预先撤离，机上机下呼应，并由专人指挥方可操纵转子转动，否则禁止操纵起落和转动，以免发生恶性事故。

④稳定土拌和机在新填的土堤上作业时，离坡沿要有一定的安全距离，以免发生滑坡倾翻事故。

⑤严禁使用倒挡进行拌和作业，避免发生恶性事故。

第三节　水泥混凝土与沥青路面养护工程机械

一、水泥混凝土路面养护工程机械

（一）混凝土搅拌运输车

1. 用途

混凝土搅拌运输车是把搅拌站生产的混凝土运送到距离较远的施工工地的专用车辆。它是在汽车的底盘上安装一个可自行转动的搅拌筒，车辆在行驶过程中可继续缓慢地旋转搅拌筒进行搅拌，以防止混凝土产生离析现象，进而保证混凝土的质量。

2. 安全使用常识

①搅拌运输车装料时，应先空转搅拌筒 10min 左右。在空转过程中，应进一步检

查操纵系统的灵活性和可靠性。搅拌筒在旋转过程中装料量不得超过额定容量。搅拌筒旋转速度稳定后,再开动汽车行驶。

②搅拌筒在满载时不可停止转动,否则再次启动搅拌筒时易使传动系统因扭矩过大而损坏。

③混凝土从装入搅拌筒到卸出,时间不宜过长,否则会影响混凝土的质量。

④行驶中,应将卸料槽卸下,安置在工具箱下面并扣牢,避免行驶途中发生摆动,造成其他事故。

(二)混凝土搅拌机

1. 用途

混凝土搅拌机是将水泥、砂、石和水按一定的配合比例进行均匀拌和的机械。其种类很多。按搅拌原理,可分为自落式和强制式;按作业方式,可分为周期式和连续式;按搅拌筒的结构,可分为鼓筒形、双锥形、梨形、圆盘立轴式及圆槽卧轴式;按出料方式,可分为倾翻式和不倾翻式;按搅拌容量,可分为大型(出料容量 1~3m3)、中型(出料容量 0.3~0.5m3)、小型(出料容量 0.05~0.25m3)。

2. 安全使用常识

①使用前,应做好清洁、润滑、紧固、调整及防腐等工作。检查结合件是否松动,离合器和制动器是否灵活可靠,以及钢丝绳有无损坏等。

②混凝土搅拌机应安装在坚实平整的地面上,撑脚应调整到轮胎不受力、支承受力均匀,以防止机架在长期负载的情况下变形。

③钢丝绳的表面要保持层油膜,绳头卡结必须牢固。钢丝绳断丝过多或者绳股松散时,应更换。

④使用过程中,进料斗升起后,斗下不能站人;保养检修上料系统时,上料斗升高后应锁紧,以免料斗突然下滑伤人。

⑤机械运行过程中,不得拆卸机件、检修、润滑和调整,进料坑和导轨上不得站人和摆放工具。

⑥停机后,要及时做好机械和环境的清洁工作,以防水泥凝固损坏机件。

⑦机械不能超载运行,否则容易损坏机件。

(三)小型混凝土路面施工机械

1. 振动设备

混凝土振动设备是对浇灌以后的混凝土进行振实和捣固的机械。常用的振动设备有插入式振捣器、平板振动器与振动梁。

(1)插入式振捣器

插入式振捣器的振动部分插入浇灌后的混凝土内部,直接把振动传给混凝土。因此,它生产效率较高,是混凝土路面翻修不可缺少的设备。

安全使用常识如下:

①操作人员应穿绝缘鞋，戴绝缘手套，以免发生触电事故。

②使用前，应检查电动机的绝缘是否良好，振动棒、软轴和导线的外表及连接部分有无损坏痕迹，棒壳和电动机上的螺栓是否紧固，以及动力导线的外皮有无破损和潮湿等。

③振捣时，要使振动棒垂直并自然地沉入混凝土中，不能用力硬插或斜插，避免振动棒碰撞钢筋或模板，更不能用棒体撬拨钢筋。振动器的振动频率很高，如果在操作中和钢筋等硬物发生碰撞，则容易振坏棒壳。

④在使用振动器时，要注意棒壳、软管和接头的密封性，避免水侵入。冬期施工，如因润滑脂凝结而不易启动时，可用炭火烘烤振动棒，但不得用烈火猛烤或沸水冲烫。

⑤振动器在使用中如果温度过高，须停机降温。往往连续工作30min左右，应停歇一段时间，使其冷却后再使用。

⑥工作中，最好将动力软线悬吊空中，以免受潮或拖伤表皮，发生触电事故。如果手提动力软线，则须穿绝缘鞋和戴绝缘手套。

（2）平板振动器

平板振动器是在混凝土的表面施加振动而使混凝土被捣实的机械。它的作业深度通常为18~25cm，工作部分是一钢质或木质平板。

安全使用常识如下：

①操作人员和手提电缆的辅助人员必须穿绝缘鞋，戴绝缘手套，以免发生触电事故。

②平板振动器在试振时，不可在干硬的地面上作长时间的空运转，以免损坏振动器。

③操作中进行移动时，电机的导线要保持有足够的长度，勿使其张拉过紧，防止拉断线头。

④工作完后，应及时清洗底板，注意做好维护和保养工作。定期测试电机的绝缘电阻，并拆检电机和激振子，绝缘电阻不得低于规定值。

（3）振动梁

振动梁是在平板振动器全面地覆盖性振捣之后，进一步对振捣密实的混凝土整平、抹光的机械。它主要由振动器和横梁组成。

安全使用常识如下：

①操作人员应穿绝缘鞋，戴绝缘手套，以免发生触电事故。

②振动梁应（行夯）作全幅拖拉振实2~3遍，使表面泛浆并赶出气泡。

③振动梁移动速度要缓慢均匀，前进速度为1.2~1.5m/min。振实过程中发现有不平之处，应及时进行人工挖填找平。补料时，宜使用较细混合料，严禁使用砂浆找补。振动梁行走时，不允许中途停留。

2. 抹光机

（1）用途

抹光机的作用是平整混凝土表面。抹光机可分为叶片式和浮动圆盘式两种。叶片式抹光机适用于路面较干时的粗抹；浮动圆盘式抹光机适用于路面较干时的光抹和道面较湿时的粗抹、光抹。

（2）安全使用常识

①操作人员和手提电缆的辅助人员必须穿绝缘鞋，戴绝缘手套，以免发生触电事故。

②使用前，应检查电机、电器开关、电缆线和接线是否符合规定，检查和清理抹盘上的杂物。

③接通电源后要进行试运转，叶片必须按顺时针方向旋转，不允许反转。

④抹光机发生故障时，必须停机切断电源后才能检修。

⑤使用完毕，应及时清洗干净，并存放在干燥、清洁和没有腐蚀性气体的环境中，手柄应放在规定的位置。转移时，不得野蛮装卸。

3. 切割机

（1）用途

切割机是切割混凝土伸缩缝的机械。混凝土经过真空吸水、抹光等工序，并经一定时间的凝结，便可使用切割机切缝。由于切割机能连续进行施工，因此能加快施工进度，提高伸缩缝的质量，保证接缝的平整度。

（2）安全使用常识

①操作电动式切割机的人员应穿绝缘鞋，戴绝缘手套，以防触电事故发生。

②使用前，应检查电机、电器、开关、电缆线及接线是否正常，是否符合规定。检查刀盘的转向，新刀盘的转向应与箭头所示的方向一致，旧刀盘的转向可由金刚石颗粒的磨削痕迹确定。严禁刀盘正向、反向轮流作用，注意每次启动切割机前，都应检查刀盘转向和紧度，并放下防护罩。

③切割过程中，进刀、退刀要缓慢，切割推进要均匀，不能用刀盘单边切割，以防刀盘变形和损坏。同时，应注意水箱水位。当水位降至水箱高度的 1/2 以下时，要及时补充水。禁止无冷却水切制。冷却水应对准刀口和切缝，喷射要均匀。

二、沥青路面养护工程机械

（一）乳化沥青生产设备

1. 用途及组成

乳化沥青生产设备是在乳化剂的作用下将沥青破碎成为小的颗粒，并均匀分散在水中形成稳定的乳液，即乳化沥青。

2. 安全使用常识

①严格控制沥青和乳化剂水溶液的温度：石油沥青的温度控制为 120～140℃；软煤沥青的温度不超过 100℃；乳化剂水溶液的温度为 50～80℃；沥青和乳化剂水溶液混合后温度应不超过 100℃。这样，以免乳化时产生过多泡沫，影响乳化沥青的质量，造成外溢而污染环境和烫伤人员。

②根据沥青的规格和性质，选用相应的乳化剂，确定合适的浓度，以确保乳化沥青

的质量，避免配比不当发生外溢而造成环境污染和发生烫伤事故。

③操作人员应戴好安全帽和手套，穿好工作衣和工作鞋，以防热沥青飞溅伤人。

④应用电热管加热装置，接线柱部分应有安全防护罩，罐体要接地，操作人员要具备安全用电知识，以防发生触电事故。

⑤生产结束后，应及时关闭阀门，清洗管道，以防堵塞，损坏设备。

（二）沥青稀浆封层机

1. 用途

乳化沥青稀浆封层是用适当级配的集料、填料、乳化沥青及水4种材料，按一定比例掺配、拌和，制成均匀的稀浆混合料，并按要求厚度摊铺在路面上，形成密实、坚固、耐磨的表面处治薄层。乳化沥青稀浆封层机是完成稀浆封层施工的专用设备。它适用于公路和城市道路部门对路面进行周期性预防保养，以保证路面的技术性能和延长使用寿命。

沥青稀浆封层机按行走装置的形式，可分为拖式和自行式两种。

2. 安全使用常识

①施工前，应对全路面进行全面摸底，并进行技术处理。对所施工的路段设置安全标志，全面封闭交通，禁止行人、车辆进入，以免发生事故和影响施工质量。

②施工时，要有专人指挥，操作人员不准站在摊铺槽上，以免发生意外事故；作业速度通常为10～20m/min。作业速度选定后，应保持相对稳定，以免影响封层质量。

③用装载机上料时，应停机进行，并掌握好上料距离和铲斗倾翻的角度，防止矿料撒落。

④每班作业结束后，应对设备的乳化沥青供给系统、拌和筒、摊铺槽进行彻底清洗，以防沥青稀浆凝结。

（三）沥青混合料搅拌设备

1. 用途

沥青混合料搅拌设备是一种将不同粒径的集料和填料按规定比例掺配在一起，用沥青作结合料，在规定的温度下拌和成均匀混合料的专用机械。沥青混合料搅拌设备是沥青路面施工的关键设备之一，其性能直接影响沥青路面的质量。

沥青混合料搅拌设备可按生产能力、搬运方式、工艺流程等进行分类。按生产能力，可分为小型（生产率为40t/h以下）、中型（生产率为40～400t/h）和大型（生产率为400t/h以上）；按搬运方式，可划分为移动式、半固定式和固定式，城市道路施工一般使用固定式沥青混合料搅拌设备；按工艺流程，可分为间歇强制式和连续滚筒式，高等级公路建设应使用间歇强制式，而连续滚筒式多用于普通公路和场地建设。

2. 安全使用常识

①现场管理人员和操作员应戴安全帽，穿工作衣和工作鞋；转动件附近严禁穿肥大

的衣服，以免卷入而发生意外事故。

②严禁在运转的设备上堆放工具及物件，以防发生事故。

③调整和检修设备工作应在停机后进行，不允许设备运转时进行调整和检修。

④严禁在溢流管道周围逗留、通过，以免伤人。

⑤当冷料斗下料不畅且需要人工辅助作业时，必须两人以上作业，不准单独作业，也不准跳入料坑作业，避免发生人被埋入料中的恶性事故。

⑥在冷配料周围工作的人员必须戴上安全头盔，以防石料飞出砸伤头部或头部碰到机件。

⑦接料时，要注意安全，放料口与车厢（或接料口）对好以后才能放料。放料的数量要控制好，不要溢出。

⑧根据沥青罐容量，严格控制沥青的加入量，防止发生沥青因含水受热外溢，烫伤人员或污染环境的事故。

⑨导热油加热系统初次使用或更换导热油之后，必须按规定进行"汽化"处理，以免系统内空气、水和蒸汽因受热急剧膨胀而发生爆炸。

⑩成品料仓提升小车的制动器间隙调整要合适，制动要灵敏可靠；牵引钢丝绳应定期检查，发现严重磨损或钢丝有折断情况应及时停机更换。提升小车时，轨道下方严禁人员穿行，以防料漏出或小车冲出伤人。

（四）沥青混合料摊铺机

1. 用途

沥青混合料摊铺机是将沥青混合料按技术规范迅速并均匀地摊铺在筑成的路基上，以保证摊铺层厚度、宽度、路面拱度、平整度和密实度等要求。它广泛用于公路、城市道路、大型货场、停车场、机场和码头等工程中的沥青混合料摊铺作业。

2. 分类

①按摊铺宽度，沥青混合料摊铺机可分为小型、中型、大型及超大型4类。摊铺宽度一般为3600～9000mm。小型摊铺机主要用于低等级公路的路面养护和城市狭窄道路的修筑工程；中型摊铺机主要用于通常公路路面的修筑工程，也可用于路面的养护作业；大型摊铺机主要用于高等级公路路面施工；超大型摊铺机常用的摊铺宽度为1200mm，主要用于高速公路、机场、码头及广场等大面积沥青混合料路面施工。

②按行走方式，沥青混合料摊铺机可分为拖式和自行式两类。其中，自行式又分为履带式和轮胎式两种。

3. 安全使用常识

①摊铺机作业前，应在施工现场设置安全标志，行人和车辆不得进入施工区，以免影响施工作业和发生安全事故。

②摊铺机的离地间隙较小，故起步前一定要及时清理周围障碍物。

③运输沥青混合料的自卸汽车倒车驶向摊铺机时要对准，并有专人指挥。汽车和摊

铺机要密切配合，避免发生冲撞和撒料等现象。

④工作过程中，摊铺机不得倒退。若需倒退，必须提起熨平板停止工作后进行，否则容易损坏机件和影响摊铺层的质量。

⑤工作或运输过程中，人员严禁在料斗内坐立或作业，熨平板上不准随意站人，非操作人员不得攀登摊铺机，以免发生人身安全事故。

⑥运输摊铺机时，应提起熨平板，并用锁紧装置锁住。履带式摊铺机转移工地时，自行上拖车或起重机吊装上拖车都要有专人指挥，注意安全。

⑦摊铺机停机后，要认真做好保养工作，及时清洗料斗、刮板、螺旋输送器及熨平板等部件。清洗时，必须将发动机熄火后进行。一次清洗不完，可以再次启动发动机，转过一定距离或者一个角度后，再停机熄火进行清洗。

第七章 市政公路路基与路面的养护

第一节 市政公路路基的养护

一、路基养护的内容

路基是道路的重要组成部分，是路面的基础。它与路面共同承担车辆荷载，并且把车辆荷载通过其本身传递到地基。路基的强度和稳定性直接影响路面的平整度，是保证路面稳定的基本条件。为了保证路基的坚实和稳定，排水性能良好，使各部分尺寸和坡度符合规定，应加强路基养护，并采取有效措施进行修复和加固。

市政公路路基养护包括路基结构、路肩、边坡、挡土墙、边沟、排水明沟与截水沟等。

（一）路基养护的工作内容与基本要求

1. 路基养护的工作内容

路基养护应通过对公路各部分的日常巡视和定期检查，发现病害及时查明原因，采取有效措施进行修复或加固，以消除病害根源。其作业范围应包含下列内容：

①维修、加固路肩和边坡。
②疏通、改善排水设施。
③维护、修理各种防护构造物。

④清除坍方、积雪，处理塌陷，检查险情，防治水毁。

⑤观察、预防和处理翻浆、滑坡、泥石流等病害。

⑥为适应运输发展的需要，应对养护的路线逐步进行改善和加固，比如改善路线的急弯和陡坡，以及添加挡土墙、护坡等结构物。

⑦有计划、有针对性地对局部路基进行加宽、加高，改善急弯、陡坡等视距不良地段，使之逐步达到所要求的技术标准。

2. 路基养护的基本要求

为了保证路基各部分完整，满足上述对路基的各基本要求，使路基发挥正常有效的作用，路基养护工作必须符合下列基本要求：

①土质边坡应平整、坚实、稳定，坡度应符合设计规定。

②路肩应无坑槽、沉陷、积水、堆积物，边缘应直顺平整。

③挡土墙及护坡应完好，泄水孔应畅通。

④对翻浆路段应及时养护处理。

⑤边沟、明沟、截水沟等排水设施坡度应顺适，无杂草，排水应当畅通。

（二）市政公路路基的常见病害

因自重、行车荷载、温度等各种自然因素的作用，路基的各部分会产生可恢复的变形和不可恢复的变形，那些不可恢复的变形，将引起路基标高和边坡坡度、形状的改变，甚至造成土体位移和路基横断面几何形状的改变，危及路基及其各部分的完整和稳定，形成路基的病害。

路基常见的病害主要包括以下 4 种：

1. 路基沉陷

路基沉陷是指路基在垂直方向产生较大的沉落，路基的不均与下陷，将造成局部路段破坏，影响交通。

路基沉陷有以下两种情况：

（1）路基沉落

由于填料选择不当，填筑方法不合理，压实不足，在荷载和水温综合作用下，堤身可能向下沉陷。

（2）地基沉陷

原地面为软弱土层，如泥沼、流沙或垃圾堆积等。填筑前，未经换土或压实，造成承载力不足，发生侧面剪裂凸起，地基发生下沉，引起路堤堤身下陷。

路基沉陷的防治方法如下：

①注意选用良好的填料，严禁用腐殖土或有草根的土块，应分层填筑、分层夯实，并及时排除流向路基的地面水或处理好地下水。

②填石路堤从上而下，应用由大到小的石块认真填筑，并用石渣或石屑填空隙。

③原地面为软弱土层：路堤高度较低的，且可中断行车时，首先应挖除换上良好的

填料，然后按原高度填平夯实；路堤高度较高的，且又不能中断行车时，可采用打砂桩、混凝土桩或松木桩。

2. 路基边坡坍方

路基边坡坍方是最常见的路基病害，同样是水毁的普遍现象。路基边坡坍方按其破坏规模与原因的不同，可分为剥落、碎落、滑坍及崩坍等。

剥落是指边坡表土层或风化岩层表面在大气干湿或冷热的循环作用下，表面发生胀缩现象，使表层土成片状从坡面上剥落下来，而且老的脱落后新的又不断产生。在土体不均匀和易溶盐含量大的土层（如黄土）及泥灰岩、泥质岩、绿泥岩等松软岩层，较易发生此种破坏现象。路堑边坡剥落的碎屑堆积在坡脚，堵塞边沟，妨碍交通并影响路基的稳定。

碎落是岩石碎块的一种剥落现象。其规模与危害程度比剥落严重。产生的主要原因是路堑边坡较陡（大于45°），岩石破碎和风化严重，在胀缩、振动及水的侵蚀与冲刷作用下，块状碎屑沿坡面向下滚落。若落下的岩块较大（直径在40cm以上），以单个或多块落下，此种碎落现象称为落石或坠落。落石的石块较大，降落速度极快，所产生的冲击力可使路基结构物遭到破坏，威胁行车和行人的安全，有时还会引起其他病害。

滑坍是指路基边坡土体或岩石，沿着一定的滑动面整体向下滑动。其规模与危害程度较碎落更为严重，有时滑体可达数百立方米以上，造成严重阻车。产生滑坍的主要原因是边坡较高（大于10～20m；坡度较陡，陡于50°），填方不密实，缺少应有的支承与加固。此外，挖方的岩层倾向公路路基，岩层倾角为25°～70°，夹有较弱和透水的薄层或岩石严重风化等，在水的侵蚀和冲刷作用下，形成滑动面致使土石失去平衡产生滑坍。

崩坍的规模与产生原因同滑坍有相同之处，也是较常见且危害较大的路基病害之一。它同滑坍的主要区别，就在于崩坍无固定滑动面，也无下挫现象，即坡脚线以下地基无移动。崩坍体的各部分相对位置，在移动过程中完全打乱，其中较大石块翻滚较远，边坡下部形成乱石堆或岩堆。崩坍所产生的冲击力，常使建筑物受到严重破坏，经常阻断交通，并给行车安全带来很大威胁。

坍塌亦称堆塌，主要是由于土体（或土石混杂的堆积物）遇水软化，在45°～60°的较陡边坡无支承情况下，自身重力所产生的剪切力，超过了黏结力和摩擦力所构成的抗剪力。所以，土体沿松动面坠落散开，其运动速度比崩坍慢，很少有翻滚现象。

3. 路基沿山坡滑动

在较陡的山坡填筑路基，如果原地面较光滑，未经凿毛或人工挖筑台阶，或丛草未清除，坡脚又未进行必要的支承，特别是在受到水的浸润后，填方路基与原地面之间摩阻力减小，在荷载及自重作用下，有可能使路基整体或局部沿地面向下移动，使路基失去整体稳定性。

4. 不良地质水文条件造成的路基破坏

道路通过不良地质水文地区，或遭遇较大的自然灾害作用，如巨型滑坡、坍落、泥石流、雪崩、溶洞陷落、地震及特大暴雨等，均能导致路基的大规模毁坏。因此，要求在路线勘测设计过程中，力求避开这些地区或采取相应的技术措施，以保证公路的正常使用。

路基破坏的原因是多方面的，各种病害既有各自特点，又常具有共同的原因。具体可归纳为以下4个方面：

①不良的工程地质与水文条件，如地质构造复杂、岩层走向及倾角不利、岩性松散、风化严重、土质较差、地下水位较高以及其他特殊不良地质灾害等。

②不利的水文与气候因素，如降雨量大、洪水、干旱、冰冻、积雪或温差过大等。

③设计不合理，如断面尺寸不合要求，其中包括边坡值不当、边坡过高、挖填布置不符合要求、路基处于潮湿或过湿状态、排水不良、防护与加固不妥等。

④施工不符合有关规定，比如填筑顺序不当、土基压实不足、盲目采用大型爆破，以及不按设计要求和操作规程进行施工，工程质量没有达到应有的标准。

上述原因中，地质条件是影响路基工程质量和产生病害的基本前提，水是造成路基病害的主要原因。

（三）市政公路路基养护维修注意事项

在路基养护维修的过程中，应注意以下事项：

①在修复路基过程中，不论是何种损坏现象，均应及时查明原因。采取相应的措施。及时排除，防患于未然。

②要尽早找出道路的缺陷及损坏部分，按照需要采用应急处理，同时还需要及时地采取修复措施。

③养护及维修作业时，要注意不要对交通造成障碍及沿线生活环境造成影响。

二、边坡的养护与加固

（一）边坡养护的作用

边坡养护的好坏直接影响路基稳定性，在各种自然和人为因素的作用和影响下，边坡会出现缺口、冲沟、沉陷、塌落、岩石风化、崩落等病害。所以，必须加强养护管理，保持原有的稳定状态。

（二）边坡养护的要求

边坡养护的要求如下：

①边坡的坡面养护应保持设计的坡度，表面平顺、坚实。应经常观察路堑边坡的稳定情况，及时处理危石，清除浮石。

②边坡出现冲沟、缺口、沉陷及塌落时应进行整修。

③路堑边坡出现冲沟、裂缝时，应及时填塞捣实；如出现潜流涌水，应隔断水源，

或采取其他措施将水引向路基以外。

(三) 边坡防护与加固

边坡防护应根据路基土质条件选用不同治理方法,可划分为植被防护和坡面治理两类,也可混合使用。对设置了防护与加固设施的边坡,应经常检查这些防护加固设施,针对不同状况,采用不同的养护维修措施。

边坡防护与加固应符合下列规定:

①边坡因雨水冲刷易形成冲沟和缺口等病害,应及时整修。对较大的冲沟和缺口,修理时应将原坡挖成台阶形,然后分层填筑压实,并注意与原坡面衔接平顺。

②植被护坡。植被护坡有种草及铺草皮。应经常检查植被的发育状态,地下水及地表水流出状况,草皮护坡有无局部的根部冲空现象;坡面及坡顶有无裂缝、隆起等异常现象;坡面及坡顶的尘埃、土沙等堆积状况,针对不同情况,采取措施

③砌石护坡。养护时,应检查护坡有无松动现象;有无局部脱落及陷没现象;护坡工程有无滑动、下沉、隆起、裂缝等现象;检查是否有涌水及渗水状况,泄水孔是否起作用,基础是否受到冲刷。针对上述现象找出原因,应及时填补,进行维修,保证边坡稳定。

④对陡边坡和风化严重的岩石边坡,可采取抹面、喷浆、勾缝、灌浆、石砌边坡等坡面处理方法。

⑤采用片(块)石、卵石及混凝土预制块等材料铺砌护坡,在坡面径流流速小于1.5m/s地段,可采用干砌,其厚度宜大于250mm;坡面径流流速大于1.5m/s或有风浪地段,应采用浆砌,其厚度宜大于350mm。

⑥对路堑或路堤边坡高差大,并且受条件限制,坡度达不到土壤稳定要求的边坡,应修筑挡土墙。

⑦边坡岩土因被浸湿或下部支承力量受到削弱,在重力作用下沿一定的软弱面整体向下滑动的现象,称为滑坡。对滑坡地段,应加强观测,作好观测记录,分析可能出现的异常情况,并应及时采取下列措施:

a.滑坡体上方设置截水沟,滑塌范围内修建竖向(主沟)及斜向(支沟)排水沟。

b.当滑坡体位于地下水位充沛的地段时,应设置盲沟或截断水源。

c.修建抗衡坡体滑塌的挡土墙等构筑物。

⑧对岩石开裂并有坍塌危险的边坡,应采取混凝土或钢筋混凝土修筑;对岩石挖方受雨水侵蚀出现剥落或崩塌不稳定的地方,可采用锚喷法加固。在加固范围应设置泄水孔,涌水地段应挖水平泄水沟。

三、路肩的养护与加固

(一) 路基养护的作用

路肩是保证路基、路面有整体稳定性和排除路面水的重要结构,也是为保持临时停

车所需两侧余宽的重要组成部分。路肩的养护情况直接关系路基路面的强度、稳定性和行车的畅通。因此，必须重视路肩的养护、维修和加固。另外，路肩和边坡应与环境协调，并尽可能使之美观。

（二）路基养护的基本要求

路基养护的基本要求如下：
①城镇道路的路肩宜改建成硬路肩。
②路肩应平整、坚实。
③路肩出现车辙、坑槽、路肩边缘积土，应及时处理。
④路肩应有横坡，硬路肩横坡应大于路面横坡，土路肩横坡应大于路面横坡2%。

（三）路肩车辙、坑槽的养护与维修

1. 现象

路肩低洼不平，低洼处易积水。

2. 原因分析

①行驶车辆车轮碾压。
②土路肩表面不密实或土质黏性不足，经暴雨冲刷形成纵横沟槽。
③路面排水不畅，在路缘石外侧渗水形成沟槽。
④路肩培土不均匀，压实度不够，经自然沉降后造成坑槽。

3. 预防措施

①路肩土宜用黏性土培筑，土路肩宜种植草皮，并经常修剪。
②设置截水明槽，自纵坡坡顶起，每隔20m左右两边交错设置宽30～50cm的斜向截水明槽，并用砾（碎）石填平；同时，在路肩边缘处，设置高8～12cm、顶宽8～12cm、下宽20cm的拦水土埂。在每条截水明槽处，留一跌水缺口，其下面的边坡用草皮或者砌石加固，使雨水集中在截水明槽内排除。

（四）路肩与路面错台的养护与维修

1. 现象

路肩低于或高于路面，造成路面侧向外露或排水不畅、路面积水等。

2. 原因分析

①由于路肩培土压实度没有达到标准，边坡外向倾斜，路肩下沉会使路肩低于路面，造成错台。
②施工过程中，路肩培土没有到位或过于偏高。

3. 预防措施

①施工时，严格控制路肩培土压实度；大型压实机具不能用时，应用小型压实机具压实，且辅以人工修平。

②路肩培土到位，横坡修整到位。

4. 治理方法
①路肩低于路面时，用同类型的土填平压实，保持适当横坡。
②路肩高于路面时，产出多余的土，并整平拍实。

（五）土质松散路肩的稳定措施
土质松散路肩的稳定措施如下：
①城镇道路的路肩宜改建成硬路肩。
②采用石灰土或砾料石灰土稳定硬化路肩。
③撒铺石屑或其他粒料进行养护。
④沿路面边缘安砌路缘石，其顶高与路边相同。

四、路基挡土墙的养护与加固

（一）挡土墙养护的基本要求
挡土墙养护的基本要求如下：
①挡土墙应坚固、耐用、整齐和美观。
②土墙应经常性检查，发现问题及时处理是挡土墙养护工作的主要内容。同时，每年的春秋两季应进行一次定期检查。冰冻严重地区，主要检查在冰冻融化后挡土墙的墙身及基础的变化情况，以及冰冻前采取防护措施的效果。此外，若遇反常的气候、地震或重型车辆通过等异常情况，应随时进行检查。
③墙体及坡面出现裂缝或断缝，应先做稳定处理，再进行补缝。
④挡土墙出现风化剥落时，应处置。
⑤挡土墙的泄水孔，应保持畅通。挡土墙出现严重渗水，应增设泄水孔或墙后排水设施。
⑥挡土墙出现倾斜、凹凸、滑动及下沉时，应先消除侧压因素，再选择锚固法、套墙加固法或增建支撑墙等加固措施。
⑦严重损坏的挡土墙，应将损坏部分拆除重建。

（二）挡土墙的养护措施
挡土墙的养护措施如下：
①当出现挡土墙病害时，应先查明原因，并观察其发展情况，再按照结构种类，针对损坏情况，采取合理的修理加固措施。对检查和维修加固情况，应作好记录，归入技术档案备查。
②挡土墙的泄水孔如无法疏通，应另行选择适当位置增设泄水孔，或在墙背后沿挡墙增做墙后排水设施，一般可增设盲沟将水引出路基以外，以防止墙后积水，引起土压力增加或冻胀。

③挡土墙若发生失稳或显示失稳征兆时，应调查其地形、地质和水文条件，结合现状确定合理的加固方案。

a. 锚固法。采用高强钢筋作锚杆，穿入预先钻好的孔内，用水泥砂浆灌满锚杆插入岩体部位，固定锚杆，等待砂浆达到一定强度后，对锚杆进行张拉，然后用锚头固紧。

b. 套墙加固法。在原墙外侧加宽基础，加厚墙身。施工时，应先挖除一部分墙后填土，减小土压力，同时应注意新旧基础和墙身的结合。其方法是凿毛旧基础和旧墙身，必要时设置钢筋锚栓或石榫，以增强连接。墙后填土必须分层填筑并夯实。原挡土墙损坏严重，需拆除损坏部分重建时，为防止不均匀沉降，新旧墙之间应设置沉降缝。

c. 增建支撑墙加固法。在挡墙外侧，每隔一定的间距，增建支撑墙。支撑墙的基础埋置深度、尺寸和间距应通过计算确定。

五、路基翻浆的治理

潮湿地段的路基在冰冻过程中，土中的水分不断地向上移动聚集，造成路基冻胀。春融时，路基湿软，强度急剧降低，加上行车的作用，路面发生弹簧、鼓包、冒浆、车辙等现象，称为翻浆。

路基翻浆主要发生在季节性冰冻地区的春融季节，以及盐渍、沼泽、水网等地区。因地下水位高、排水不畅、路基土质不良、含水过多，经行车反复作用，路基会出现弹簧（弹软）、裂缝、冒泥浆等翻浆现象。

（一）造成土基冻胀与翻浆的条件

1. 土质

使用粉性土制作路基，便构成了冻胀与翻浆的内因，粉性土毛细上升速度快，作用强，为水分向上聚集创造了条件。

2. 水文

地面排水困难，路基填土高度不足，边沟积水或者利用边沟作农田灌溉，路基靠近坑塘或地下水位较高的路段，为水分积聚提供了充足的水源。

3. 气候

多雨的秋天，暖和的冬天，骤热的晚春，以及春融期降雨等都是加剧湿度积聚和翻浆现象的不利气候。

4. 行车

通行过大的交通量或过重的汽车，能加速翻浆发生。

5. 养护

不及时排除积水，弥补裂缝，会促成或加剧翻浆的出现。

（二）路基翻浆的预防

对易发生翻浆的路段应加强预防性养护工作。雨季前，应检查整修路肩、边沟，补修路面碎裂和坑槽；雨季后，应疏掏排水设施，修理边沟水毁。冬季应及时清除路面积雪，填灌修补裂缝。

在日常养护中，应保持路基表面平整坚实，无坑槽、辙、沟，路拱及路肩横坡度符合规定标准，路肩上无坑洼、无堆积物及边沟通畅不存水。及时扫除积雪，使路基顶面不存雪，防止雪水渗入路基。

路面出现潮湿斑点，发生龟裂、鼓包、车辙等现象，表明路基已发软，翻浆已开始。此时，应对其长度、起讫时间及气温变化、表面特征等进行详细的调查与分析，并进行记录，确定其治理方案。通常采用以下养护措施防止翻浆加重：

①在路肩上开挖横沟，及时排除表面积水。横沟间距通常为3~5m，沟宽30~40cm，沟深至路面基层以下，高于边沟沟底。横沟底面要作向外倾斜的坡，其坡度为4%~5%。两边路肩的横沟要错开挖。

当开始出现翻浆的路段不太长时，也可在路面的边缘挖出两道纵沟，宽25cm，深度随路面厚度而定。然后再每隔300~400m挖一道横沟。

②及时修补路面坑槽和路肩坑洼，保持路面和路肩平整，以利尽快排除表面积水。

③如条件许可，应控制重型车辆通过或令车辆绕道行驶。

④在交通量较小、重车通过不多的公路上，可用木料、树枝等做成柴排，铺于翻浆路段，再铺上碎石、沙土，保持通车。当翻浆停止且路基渐趋稳定时，应及时拆除临时设施，恢复路基原状。

（三）路基翻浆的处治

翻浆路段必须查明原因，对病害的范围一般发生时间、气候变化、病害表面特征、路面结构、平时的养护情况等进行详细调查分析，作出记录。对路基翻浆的处理，应根据导致翻浆的水类来源和翻浆高峰时期路面变形破坏程度，确定处理措施。主要可采取下列措施：

①交通量小的路段或支路，可采取换土回填的措施。

②钻孔灌注生石灰桩，或干拌碎石等。石灰桩即将生石灰块填充到路基中，产生吸水膨胀、发热及离子交换作用，使桩体硬化，从而形成复合路基，达到加固路基的效果。

③设置砂桩，桩距和根数可根据翻浆的严重程度确定。当路基出现翻浆迹象时，可在行车部位开挖渗水井，及时将渗入井内的水掏出，边掏水、边加深，直至冰冻层以下；当渗水基本停止，即可填入粗砂或碎（砾）石，形成砂桩。砂桩可做成圆形或矩形，一般直径（或边长）为300~500mm。

④有翻浆迹象的路段，应采取以下措施：

a. 在路肩上开挖横沟，及时排除表面积水，横沟间距宜为3~5m，沟宽宜为300~400mm，沟深应至路面基层以下，且应高于边沟沟底。

b. 路面坑洼严重路段，应设横纵向相连的盲沟，并与边沟相通。当受边沟高程等条件所限而不能利用边沟排水时，可设置渗水井。

c. 挖补翻浆土基，可换填水稳定性良好的材料，压实后重铺路面。

第二节 沥青路面的养护与维修

沥青路面是在路基上用柔性基层、半刚性基层、刚性基层及沥青面层铺成要求厚度的结构层。它直接承受交通荷载的作用和自然因素的影响，路面性能随着时间的推移而逐渐降低，损坏不可避免。如果不及时养护维修，可能加重路面的破损程度，降低道路的使用性能和寿命，严重时还会影响行车安全。

沥青路面是以道路石油沥青、煤沥青、液体石油沥青、乳化石油沥青以及各种改性沥青等为结合料，黏结各种矿料修筑的路面结构。因为其面层使用沥青结合料，因此增加了矿料间的黏结力，提高了混合料的强度和稳定性，使路面的使用质量和耐久性都得到提高。与水泥混凝土路面相比，沥青路面具有表面平整、无接缝、行车舒适、耐磨、振动小、噪声小、施工期短及养护维修简便等优点，因而在目前高等级道路中占据相当大的比重。

由于沥青路面的强度和稳定性受气温、水分、路面材料性质等客观因素影响较大。因此，在养护工作中，必须随时掌握路面的使用状况，强化日常保养及时修补各种破损，保持路面经常处于清洁、完好状态。

一、沥青路面的保养小修

沥青路面的保养小修是指为保持道路功能和设施完好所进行的日常保养。对路面轻微损坏的零星修补，其工程数量宜不大于400m2。

沥青路面应加强经常性、预防性小修保养，对局部、轻微的初始破损必须及时进行修理。通常把清扫保洁，处理泛油、壅包、裂缝、松散等作为保养作业；修补坑槽、沉陷，处理波浪、啃边等病害作为小修作业。保养、小修是保持路面使用质量，延长路面使用周期的重要技术措施，分初期养护和日常养护。

（一）沥青路面初期养护要点

1. 热拌沥青混合料路面的初期养护施工流程梳理

①摊铺、压实后的热拌沥青混合料路面，待摊铺层自然冷却，混合料表面温度低于50℃后，方可开放交通。

②纵横向的施工接缝是沥青路面的薄弱环节，应当加强初期养护，随时用3m直尺查找暴露出来的轻微不平，铲高补低，经拉毛后，用混合料垫平、压实。

2. 沥青贯入式路面的初期养护

①路面竣工后，开放交通时，行驶车辆限速在15km/h以下，根据表面成型情况，逐步提高到20km/h。

②设专人指挥交通或设置临时路标，按先两边后中间控制车辆易辙行驶，达到全面压实。

③应随时将行车驱散的嵌缝料回扫、扫匀、压实，以形成平整密实的上封层。当路面泛油后，要及时补撒与施工最后一层矿料相同的嵌缝料，并且控制行车碾压。

3. 乳化沥青路面的初期养护

乳化沥青路面的初期稳定性差，压实后的路面应做好初期养护，设专人管理，按实际破乳情况，封闭交通2~6h。在未破乳的路段上，严禁一切车辆、人、畜通过。开放交通初期，应控制车速不超过20km/h，并不得制动和调头。若有损坏时，应及时修补。

（二）沥青路面日常养护要求

①保持路面平整、横坡适度、线形顺直、路容整洁、排水良好。

②加强巡路检查，掌握路面情况，随时排除有损路面的各种因素，及时发现路面初期病害，研究分析病害产生的原因，并有针对性地及时对病害进行维修处理。

③禁止各种履带车的其他铁轮车直接在路上行驶。

④掌握技术资料，建立养护档案。

⑤根据各地不同季节的气候特点、水和温度变化规律，根据"预防为主、防治结合"的原则，结合地区成功经验，针对不同季节病害根源，因地制宜，采取有效的技术措施，做好预防性季节性养护工作。

二、沥青路面常见病害产生原因及维修措施

（一）纵向裂缝

1. 现象

裂缝走向基本与行车方向平行，裂缝长度和宽度不一。

2. 原因分析

①前后摊铺幅相接处的冷接缝未按有关规范要求认真处理，结合不紧密而脱开。

②纵向沟槽回填土压实质量差而发生沉陷。

③拓宽路段的新老路面交界处沉降不一。

3. 预防措施

①采用全路幅一次摊铺，如分幅摊铺时，前后幅应紧跟，避免前摊铺幅混合料冷却后才摊铺后半幅，确保热接缝。

②若无条件全路幅摊铺时，上下层的施工纵缝应错开15cm以上。前后幅相接处为冷接缝时，应先将已施工压实完的边缘坍斜部分切除，切线须顺直，侧壁要垂直，清

除碎料后，宜用热混合料敷贴接缝处，使之预热软化，然后铲除敷贴料，并对侧壁涂刷 0.3～0.6kg/m² 黏层沥青，再摊铺相邻路幅。摊铺时控制好松铺系数，使压实后的接缝结合紧密、平整。

③沟槽回填土应分层填筑、压实，压实度必须达到要求。如符合质量要求的回填土来源或压实有困难时，须作特殊处理，如采用黄沙、砾石砂或有自硬性的高钙粉煤灰或热闷钢渣等回填。

④拓宽路段的基层厚度和材料须与老路面一致，或稍厚。土路基应密实、稳定。铺筑沥青面层前，老路面侧壁应涂刷 0.3～0.6kg/m2 黏层沥青。沥青面层应充分压实。新老路面接缝宜用热烙铁烫密。

4. 治理方法

2～5mm 的裂缝，可以用改性乳化沥青灌缝；大于 5m 的裂缝，可用改性沥青（如 SBS 改性沥青）灌缝。灌缝前，须先清除缝内和缝边碎粒料、垃圾，并保持缝内干燥。灌缝后，表面撒上粗砂或 3～5mm 石屑。

（二）横向裂缝

1. 现象

裂缝和路中心线基本垂直，缝宽不一，缝长有贯穿整个路幅的，也有穿过部分路幅的。

2. 原因分析

①施工缝未处理好，接缝不紧密，结合不良。

②沥青未达到适合于本地区气候条件和使用要求的质量标准，致使沥青面层温度收缩或者温度疲劳应力（应变）大于沥青混合料的抗拉强度（应变）。

③桥梁、涵洞或通道两侧的填土产生固结或地基沉降。

④半刚性基层收缩裂缝的反射缝。

3. 预防措施

①合理组织施工，摊铺作业连续进行，减少冷接缝。冷接缝的处理，应先将已摊铺压实的摊铺带边缘切割整齐、清除碎料，然后用热混合料敷贴接缝处，使其预热软化；铲除敷料，对缝壁涂刷 0.3～0.6kg/m2 黏层沥青，再铺筑新混合料。

②充分压实横向接缝。碾压时，压路机在已压实的横幅上，钢轮伸入新铺层 15cm，每压一遍向新铺层移动 15～20cm，直到压路机全部在新铺层为止，再改为纵向碾压。

③桥涵两侧填土充分压实或进行加固处理。工后沉降严重地段事前，应进行软土地基处理和合理的路基施工组织。

④反射裂缝预防见后面关于反射裂缝预防措施的具体内容。

4. 治理方法

为防雨水由裂缝渗透至路面结构，对于细裂缝（2~5mm）可用改性乳化沥青灌缝。对大于5mm的粗裂缝，可用改性沥青（比如SBS改性沥青）灌缝。灌缝前，须清除缝内、缝边碎粒料、垃圾，并使缝内干燥。灌缝后，表面撒上粗砂或3~5mm石屑。

（三）网状裂缝

1. 现象

裂缝纵横交错，缝宽1mm以上，缝距40m以下，1m² 以上。

2. 原因分析

①路面结构中夹有软弱层或泥灰层，粒料层松动，水稳性差。
②沥青与沥青混合料质量差，延度低，抗裂性差。
③沥青层厚度不足，层间黏结差，水分渗入，加速裂缝的形成。

3. 预防措施

①沥青面层摊铺前，对下卧层应认真检查，及时清除泥灰，处理好软弱层，保证下卧层稳定，并宜喷洒0.3~0.6kg/m2黏层沥青。
②沥青面层各层应满足最小施工厚度的要求，确保上下层的良好连接；并从设计施工养护上采取有效措施排除雨后结构层内积水。
③路面结构设计应做好交通量调查和预测工作，使路面结构组合与总体强度满足设计使用期限内交通荷载要求。上基层必须选用水稳定性良好的有粗粒料的石灰、水泥稳定类材料。

4. 治理方法

①如夹有软弱层或不稳定结构层时，应将其铲除；如因结构层积水引起网裂时，铲除面层后，需加设将路面渗透水排除至路外的排水设施，然后再铺筑新混合料。
②如强度满足要求，网状裂缝是因为沥青面层厚度不足引起时，可采用铣削网裂的面层后加铺新料来处理，加铺厚度按现行设计规范计算确定。如在路面上加罩，为减轻反射裂缝，可采取各种"防反"措施进行处理。
③由于路基不稳定导致路面网裂时，可采用石灰或水泥处理路基，或注浆加固处理，深度可根据具体情况确定，通常为20~40cm。消石灰用量5%~10%，或水泥用量4%~6%，待土路基处理稳定后，再重做基层、面层。
④由于基层软弱或厚度不足引起路面网裂时，可根据情况，分别采取加厚、调换或综合稳定的措施进行加强。水稳定性好、收缩性小的半刚性材料是首选基层。基层加强后，再铺筑沥青面层。

（四）翻浆

1. 现象

基层的粉、细料浆水从面层裂缝或从多空隙率面层的空隙处析出，雨后路表面呈淡灰色。

2. 原因分析

①基层用料不当，或拌和不匀，细料过多。由于水稳性差，遇水后软化，故在行车作用下浆水上冒。

②低温季节施工的半刚性基层，强度增长缓慢，而路面开放交通过早，在行车与雨水作用下使基层表面粉化，形成浆水。

③冰冻地区的基层，冬季水分积聚成冰，春天解冻时翻浆。

④沥青面层厚度较薄，空隙率较大，未设置下封层和没有采取结构层内排水措施，促使雨水下渗，加速翻浆的形成。

⑤表面处治和贯入式面层竣工初期，因行车作用次数不多，结构层尚未达到应有密实度就遇到雨季，故使渗水增多，基层翻浆。

3. 预防措施

①采用含粗粒料的水泥、石灰粉煤灰稳定类材料作为高等级道路的上基层。粒料级配应符合要求，细料含量要适当。

②在低温季节施工时，石灰稳定类材料可掺入早强剂，以提高其早期强度。

③根据道路等级和交通量要求，选择合适的面层类型和适当厚度。沥青混凝土面层宜采用两层式或三层式，其中一层必须采用密级配。当各层均为沥青碎石时，基层表面必须做下封层。

④设计时，对空隙率较大、易渗水的路面，应考虑设置排除结构层内积水的结构措施。

⑤表面处治和贯入式面层经施工压实后，空隙率仍然较大，需要有较长时间借助行车进一步压密成形。因此，这两种类型面层宜在热天或少雨季节施工。

4. 治理方法

①采取切实措施，使路面排水顺畅，立刻清除雨水进水孔垃圾，避免路面积水和减少雨水下渗。

②对轻微翻浆路段，将面层挖除后，清除基层表面软弱层，施设下封层后铺筑沥青面层。

③对严重翻浆路段，将面层、基层挖除，如涉及路基，还要对路基处理之后，铺筑水稳性好、含有粗骨料的半刚性材料作基层，用适宜的沥青结构层进行修复，并要有排除路面结构层内积水的技术措施。

（五）壅包

1. 现象

沿行车方向或横向出现局部隆起。壅包较易发生在车辆经常启动、制动的地方，比如停车站、交叉口等。

2. 原因分析

①沥青混合料的沥青用量偏高或细料偏多，热稳定性不好。在夏季气温较高时，不

足以抵抗行车引起的水平力。

②面层摊铺时，底层未清扫或未喷洒（涂刷）黏层沥青，导致路面上下层黏结不好；沥青混合料摊铺不匀，局部细料集中。

③基层或下面层未经充分压实，强度不足，发生变形位移。

④在路面日常养护时，局部路段沥青用量过多，集料偏细或摊铺不均匀。

⑤陡坡或平整度较差路段，面层沥青混合料容易在行车作用下向低处积聚而形成壅包。

3. 预防措施

①在混合料配合比设计时，要控制细集料的用量，细集料不可偏多。选用针入度较低的沥青，并严格控制沥青的用量。

②在摊铺沥青混合料面层前，下层表面应清扫干净，均匀洒布黏层沥青，确保上下层黏结。

③人工摊铺时，由于料车卸料容易离析，应做到粗细料均匀分布，避免细料集中。

4. 治理方法

①凡由于沥青混合料本身级配偏细，沥青用量偏高，或者上下层黏结不好而形成的壅包，应将其完全铣削掉，并低于原路表，然后待开挖表面干燥后喷洒 0.3~0.6kg/m2 黏层沥青，再铺筑热稳定性符合要求的沥青混合料至与路面平齐。若壅包周边伴有路面下陷时，应将其一并处理。

②如果基层已被推挤，应将损坏部分挖除，重新铺筑。

③修补时应采用与原路面结构相同或强度较高的材料。如受条件限制，则对面积较小的修补，可采用现场冷拌的乳化沥青混合料，但应严格控制矿料的级配和沥青用量。

三、路面封层

封层主要适用于提高原有路面的防水性能、平整度和抗滑性能的修复工作。

①遇有下列情况时，应在沥青路面上铺筑上封层：

a. 沥青面层的空隙较大，透水严重。

b. 路面轻微裂缝，但路面强度能满足要求。

c. 需加铺磨耗层改善抗滑性能的旧沥青路面。

d. 按周期需进行预防性养护的沥青路面。

②上封层可采取下列类型：

a. 单层或多层式沥青表面处治。

b. 乳化沥青稀浆封层。

c. 微表处聚合物改性乳化沥青稀浆封层。

③单层或多层式沥青表面处治应满足以下要求：

a. 用于路面裂缝病害的单层沥青表面处治厚度应不超过 15mm。

b. 用于网裂病害的多层式表面处治厚度应不超过 30mm。

c. 沥青表面处治宜在郊区道路上使用。
④乳化沥青稀浆时层宜用于城镇次干路、支路工程，并应当满足以下要求：
a. 稀浆封层不得作为路面补强层使用。
b. 稀浆封层施工时，其施工、养生期内的气温应高于10℃，并不得在雨天施工。
⑤微表处（聚合物改性乳化沥青稀浆封层）宜用于城镇快速路、主干路的上封层，并应满足以下要求：
a. 对原路面应进行整平处理。
b. 改性乳化沥青中的沥青应符合道路石油沥青标准。

四、沥青路面再生技术

再生沥青混合料应用技术是将需要翻修改造的旧沥青路面，经过翻挖、回收、破碎、筛分后，再与再生剂、新集料、新沥青适当配合，重新拌和成满足道路建设需要，符合国家和行业标准的再生沥青混合料，并且应用于道路建设，铺筑路面面层或基层的整套生产技术。

沥青再生技术通过重复利用沥青混合料（主要为砂石料和沥青材料）达到节约资源和保护生态环境的目的。国外的应用实践证明，沥青再生技术是公路建设可持续发展战略的重要组成部分，在我国现阶段也具有重要的实际意义。

再生沥青混合料施工技术主要分4大类：现场热再生技术、现场冷再生技术、场拌热再生技术及场拌冷再生技术。

（一）现场热再生技术

1. 定义

沥青路面的现场热再生是采用特殊的加热装置在短时间内将沥青路面加热至施工温度，利用一定的工具将路面面层刨削25~50mm，根据混合料性能要求掺加新集料、再生剂等，搅拌摊铺，然后压实完成的一整套工艺。

2. 特点

采用现场热再生具有以下10个显著的优点：
①可对旧路面上已剥落的集料重新进行混合，确保沥青的裹覆。
②通过对旧沥青路面的重新加工，可使已老化变脆的沥青路面重新恢复其柔性。
③增加了路面的抗滑性，从而提高路面行车安全性。
④与传统常温修补工艺相比，采用现场热再生方法可使施工工艺大大简化，只需要进行热软化、补充新料、拌和、整平及碾压成型5道工序。
⑤施工配套设备大大减少，可减少传统常温修补工艺所需要的空气压缩机、挖切机具、装运新混合料和废旧料的车辆等配套设备，因此不仅减少了设备投资，而且减少了施工人员和路面施工时的封闭区域，保证车辆畅通。
⑥废料可以就地再生使用，通过对旧料进行加热后与一定量的新料掺配后再生利

用，从而保护了环境，节约了成本。

⑦与其他修复方法相比，可大大减少对交通的影响。

⑧由于现场热再生工艺使得新旧料互相融合，没有明显的接缝。所以，结合强度高，平整度好，可完全避免车道接缝所产生的纵向开裂。

⑨大大减少了材料的运输量，减少了对载货汽车的使用以及燃油的消耗。

⑩与传统路面维修方法相比，其维修成本可节约20%~50%。

3. 适用性

现场热再生适用于表面产生波浪、推移、纵向开裂和表面车辙等病害。由于施工工序简化，缩短施工时间，节省运输费用，因此，适用于交通繁忙、不能中断交通太久的公路以及市政公路的维修。这种方法虽然将旧沥青层全部利用，但加上新集料搅拌重铺后会改变原路面的高程，不符合原高速公路的纵断面标准。此外，旧沥青混合料的再生质量往往难以达到高速公路沥青面层的要求。因而，现场热再生路面主要用于路基完好路面破损深度小于6cm的沥青混凝土路面的维修，并且要求原有沥青材料经再生处理后，能恢复其原有的性能和寿命。

4. 施工技术

（1）现场热再生施工机械配备

现场再生施工使用加热刨削机、加热耙松机、冷刨机等将路面面层的表面刨削25mm左右，然后按照再生沥青混合料的配合比设计结果添加新集料、新沥青和再生剂进行再生处理。

该方法采用连续施工、一次完成，对机械的成套要求比较高。现场热再生所用的再生机一般要求包括以下装置：

①一个配备多组加热装置的预加热机，它能在将热能辐射到路面层理想深度的同时，也不会燃焦沥青，也不会破坏集料。

②一个耙松装置，其旋转式耙松器可以将旧沥青层均匀耙松到规定深度，并可进行一定程度的破碎，然后通过传输带传输到拌和锅内。

③一个整平装置，可在整个工作宽度上使耙松后的路面层具有所要求的横坡度和平整度。

④一个拌和装置，可将旧料和新料以及新沥青和再生剂充分均匀拌和成满足质量要求的再生沥青混合料。

（2）现场热再生施工工艺流程

现场热再生施工将再生混合料的生产、拌和和摊铺压实等集中在路面现场进行，减少了工序，提高了效率，是较有发展前景的一种再生路面施工方法。

（3）现场热再生施工工艺分类

现场热再生施工一般有3种具体的处理方法，针对不同的路面损坏状况和表面处理要求选联不同的方法。

①表面整形法。通常的翻松深度为20~25mm，尽管在某些情况下也可达到50mm

的深度，但很少见，因旧路面的强度不同，路面通常不很平顺和均匀。这种方法适于修复破损不严重的路面，修复后可消除车辙、龟裂等变形，恢复路面的平整度，改善路面性能。

②重铺法。重铺法是用复拌机在整形法的基础上，把旧路材料翻松、搅拌均匀后作为中层，同时在上面再铺设一层新的沥青混合料作为磨耗层，形成全新材料的路面，最后用压路机压实。这种方法适用于破损较严重的路面维修翻新和旧路面升级改造施工，修复后形成与新建路面道路性能相同的全新路面。

③复拌法。若加入一些矿物料或新的热沥青混合料与翻松过的材料一起搅拌，可提高现有路面的厚度，或通过改变集料的级配或调整黏合剂的性质，提高旧的沥青混合料的等级。这种过程有时与重铺法过程有点相似，但一般是比重铺法更彻底地加热和搅拌。这种方法适用于修中等程度破损的路面，修复后可恢复沥青路面的原有性能。

（4）施工注意事项

①施工前，应先对路面进行清扫，以保证基层表面平整干净。

②应控制旧沥青路面的过度加热，防止旧沥青被烧焦。

③应严格按照再生沥青混合料设计的用量添加再生剂、新集料和新沥青。

④再生材料摊铺后应立即进行压实，保证碾压温度。

⑤应采取必要措施保证附近环境免受加热的影响。

（二）现场冷再生技术

1. 定义

沥青路面的现场冷再生是指利用旧沥青路面材料以及部分基层材料进行现场破碎加工，并根据级配需要加入一定量的新集料或细集料，并且加入一定剂量的添加剂和适量的水，根据基层材料的试验方法确定出最佳的添加剂用量和含水率，从而得到混合料现场配合比，在自然的环境温度下连续完成材料的铣刨、破碎、添加、拌和、摊铺及压实成型的作业过程，重新形成结构层的一种工艺方法。

2. 特点

现场冷再生法具有以下优点：

①简化施工工序，不存在旧路材料的运输和弃置问题。

②可修补各种类型的路面损坏。

③可改善原有路面的几何形状以及横断面坡度。

④可通过提高基层承载力，提高路面等级。

⑤铣刨、破碎、添加、拌和、摊铺、压实可一次完成，极大提高了生产率，简化了施工工序，使工期缩短。

⑥可延长施工季节，不受特殊气候条件的影响。

⑦现场无须加热沥青等，减少了环境污染，满足了环保要求。

⑧可同时对面层和基层进行破碎，保证结构的整体性，对旧路路基的影响和破坏

很小。

⑨利用旧路面和基层材料，极大减少了新材料的用量，节约了资源。

⑩再生后只需要在上面加铺薄的罩面，就可以恢复路面强度。

3. 现场冷再生机理

铣刨、破碎的沥青混凝土路面材料作为基层中的集料重新利用，与添加影响水泥稳定土剂和水充分拌和后，会发生一系列化学反应和物理反应，如水泥与水发生水强度的因素化反应，同时与破碎的旧路材料发生各种反应，而石灰加入旧路材料中后，则出现离子交换反应和 $Ca(OH)_2$ 的结晶反应等絮凝现象。这些反应致使新的基层材料刚度不断增大，强度和稳定性也不断提高。经过进一步的碾压成型及养生后形成与水泥土、水泥稳定级配粒料及二灰稳定级配粒料等半刚性基层性质类似的基层材料。

4. 适用性

现场冷再生可用来修复原有路面的车辙、养护时的补丁以及荷载导致的路面块状开裂等。由于不需要对沥青混凝土进行加热，所以，不会对环境造成大的影响，适用于对环境要求比较高的地方。由于工序比较简单，缩短了施工时间，完成以后只需要在其上进行薄的罩面就可恢复原有路面等级，因此，尤其适用于交通较繁忙的路段，可尽量缩短交通中断时间。但是，现场冷再生质量不能达到沥青面层的质量标准，只能用于基层，在国外多用于乡村道路的翻修。对于高速公路来讲，原先的优质旧沥青混合料如果仅仅用来作为基层的集料，其利用效率是比较低的。只有对原有的等级较低的沥青路面进行升级时，采用这种方法才能带来比较好的效益。

5. 施工技术

（1）现场冷再生设备

现场冷再生设备由沥青铣刨装置、乳化沥青喷洒装置及行走系统和控制系统等组成。

（2）现场冷再生施工工艺流程

现场冷再生技术的工作过程为：随着设备的行走，铣刨装置将旧路面铣刨并破碎，喷洒装置按照配比的要求喷入乳化沥青，同时铣刨装置将各种材料搅拌均匀并整平，最后用压路机压实路面成型。

（3）现场冷再生施工工艺技术分类

现场冷再生技术主要有两种方式：一种方式是用专用再生机械在现场铣刨、破碎、加入新料（包括乳化沥青或其他再生剂、稳定剂和集料）、拌和、摊铺和预压，再由压路机进一步压实；另一种方式是在旧路面上洒布再生剂封层，再生剂能渗入路面 5~6mm，恢复表层被氧化沥青的活性，并形成抵抗燃油泄漏的封层，延长路面的使用寿命 2~3 年。

（4）施工注意事项

①路面施工中，应严格控制原材料的质量，外购材料应注意存放时间，混合料摊铺应严格中照相关施工技术规范执行，严格控制施工温度和时间，保障工程质量。

②施工前，应对路面各结构层材料的质量、级配、配合比及强度等进行试验。对罩面路段，在罩面施工前，应先对旧路面进行拉毛处理，深度不小于5cm，以保证罩面质量。

③修补面层时，应采用刷黏层等措施，保证修补部分与原路面连接紧密。

④冷再生路段在施工前，对原路面的所有病害均应处治。

（三）场拌热再生技术

1. 定义

旧路面就地翻松后，就地打碎然后运到再生处理厂或运至厂内打碎，利用一种可添加旧沥青混合料的沥青混凝土搅拌设备，根据高速公路路面不同层次的质量要求，进行配合比设计，确定旧沥青混合料的添加比例，并添加新集料稳定处理材料或再生剂等，从而得到满足路面性能要求的新的沥青混合料。

2. 特点

场拌热再生技术具有以下优点：

①由于是将原有旧沥青路面直接回收处理后重新铺筑，因而，对所有的路面损害，这种方法均适用。

②将新旧沥青混合料采用集中场拌法生产，沥青混合料的质量可得到较好保证。

③由于是重新摊铺路面，因此，可保证路面的各项性能，如平整性、抗滑性等，与传统的热拌沥青混凝土路面的使用性能类似。

采用场拌热再生法增加了对旧料的加热拌和工艺，进而需要对原有的沥青混合料拌和等生产工艺进行一定的调整，这也增加了一定的成本，同时也可能带来一定的环境污染。

3. 适用性

场拌热再生技术可修复所有的路面损坏情况，并且可充分保证路面的使用性能。但由于对旧沥青混合料的掺加比例有一定限制，通常在15%~30%，不超过50%。因此，不能充分利用回收的旧料。该方法适合于要求完全达到原有高等级沥青路面使用性能的修复。

4. 施工技术

（1）场拌热再生设备

场拌热再生设备是指回收料的加热在专门的干燥筒内完成。该设备也与强制间歇式沥青混合料搅拌设备配套使用。它主要由回收料供给系统、提供系统、干燥系统、热回收料储存仓、热回收料称量斗、有害气体吸收管道及控制系统等组成。

（2）场拌热再生施工工艺流程

场拌热再生技术的施工工艺流程为：沥青混合料搅拌设备开始工作时，回收料供给系统开始供料，提升系统开始提料，干燥系统加热回收料，加热后的回收料进入热回收料储存仓储存；当需要添加回收料时，热回收料储存仓的放料门打开热回收料进入称料斗称量；当达到所需要的数量时，热回收料储存仓的放料门关闭，热回收料称量斗的放料门打开，向搅拌器内放料，一个搅拌周期完成。气体吸收管安装在热回收料储存仓的顶部，以吸收在热回收料储存仓中加热后的热回收料所排出的有害气体。

（3）场拌热再生施工工艺分类

场拌热再生施工主要有两种施工方法，即间歇式施工和连续式施工。

①场拌热再生间歇式施工。"枫木法"是现在应用最广的场拌热再生间歇式施工方法，即首先将回收料筛分好，然后经由回收料仓与预热的外加集料一起加入计量仓中。在进料过程中，回收料应在第一热料斗和第二热料斗之间加入，这样有助于回收料充分混在热集料当中进行热交换。这些混合料进入拌和仓时，可能会产生少量的水蒸气喷发，因此，可在计量仓中配备功率强大的排气装置或在拌和楼后面建一个大蒸汽室。

②场拌热再生连续式施工。"中间加料法"是广泛应用于场拌热再生连续式施工的施工方法。该方法要求回收料在新加集料的下游进入拌和筒新集料将热量传递到回收料中，前面加入拌和筒的新石料形成了一层幕布，使回收料不会直接接触燃烧的火焰，从而可避免回收料直接接触火焰产生大量浓烟。有时，还可使用特殊提升叶片、金属漏斗形叶片或环形钢制火焰网来防止火焰接触回收料以消除浓烟。

第三节　水泥、其他路面的养护与维修

一、水泥路面的养护与维修

近些年，随着国民经济的迅速发展，交通荷载的日益重型化，不仅交通量大幅度增长，而且超轴载增加得很快。超载现象日益严重，加速了水泥混凝土路面的损坏。所以，对水泥混凝土路面的养护和维修，延长水泥混凝土路面的使用寿命，是交通养护部门面临的刻不容缓的任务和非常重要的内容，水泥混凝土路面养护工作的任务越来越繁重。

（一）路面的日常养护

水泥混凝土路面日常养护应做好预防性、经常性养护，通过经常的巡视检查，及早发现缺陷，查清原因，采取适当措施，清除障碍物，保持路面状况良好。

水泥混凝土路面必须经常清扫，保持路容整洁，清除路面泥土污物。如有小石块，应随时扫除，避免车辆碾压而破坏路面表面。冬季应及时清除冰雪。路肩与路面衔接应保持平顺，以利排水。有条件时，宜将其加固改善成硬路肩。

①水泥混凝土路面必须经常清除泥土、石块、沙砾等杂物，严禁在面上拌和砂浆或混凝土等作业。

②对有化学制剂或油污污染的水泥混凝土路面应及时清洗。

③水泥混凝土路面缘石缺失应及时补齐。

④接缝的养护应符合下列要求：

a. 填缝料凸出板面时，应及时处理。对城镇快速路、主干路不得超出板面，对次干路和支路超过 3mm 时应铲平。

b. 杂物嵌入接缝时，应予清除。

c. 填缝料外溢流淌到面板应予清除。

d. 填缝料的更换周期宜为 2 ~ 3 年。

e. 填缝料局部脱落时，应进行灌缝填补；脱落缺失大于 1/3 缝长，应立即进行整条接缝的更换。

f. 清缝、灌缝宜使用专用机具，更换后的填缝料应与面板黏结牢固。

g. 填缝料技术要求应符合规范的规定。

h. 填缝料的更换宜选在春秋两季，或者在当地年气温居中且较干燥的季节进行。

（二）水泥混凝土混合料常见问题

1. 抗折强度低

（1）现象

不同期间抽样测得的混凝土抗折强度波动大，合格判断强度不符合要求。合格判断强度应大于或等于设计强度与均方差同合格判断系数之积的和。强度离散越大，均匀性越差，要求的合格强度越高。

（2）原因分析

①混凝土原材料不符合要求。水泥过期或者受潮结块；砂、石集料，级配不好，孔隙率大，含泥量、杂质多；外加剂种类选择不当或外加剂质量差，或掺量不当。

②混凝土配合比不准确，或没有按抗折强度指标确定配合比。在混合料制备过程中，可没有认真计量，没有严格控制配比、用水量与搅拌时间，影响了混合料的强度与均匀性。

③混凝土试件没有按规定取样与养护。如随意取样或多加水泥；试件没有振捣密实；试件养护温度与湿度不标准，随意堆置等，均会影响试块强度的均匀性与代表性。

（3）预防措施

①确保混凝土原材料质量：

a. 水泥进场必须有质量证明文件，并且按规定取样检验，合格后方可使用。

b. 加强对水泥的储存保管。水泥堆放时，下面要垫高 30cm，四周离墙 30cm 以上，以防受潮。不同品种、版号、标号、出厂日期的水泥分别堆放，分别使用，先到先用，存放期应不超过 3 个月。散装水泥应置于水泥筒仓内。

c. 砂、石堆放场地要进行清理，防止杂物混入，各种粒径的砂石，不得混放，应隔离堆放。

批量达规定量时，应及时交试验室检验。

d. 外加剂的保管工作也应与水泥一样，尤其是干粉状外加剂，应避免受潮。

②严格控制混凝土配合比：

a. 现场来料应及时交于试验室，通过试验来确定或调整现场施工配合比，确保其正确、可靠。

b.严格按配合比计量施工,当集料含水率变化时,应当根据实际情况,及时调整配合比,并在规定计量偏差内称量。

③拌制混凝土时,要严格遵守操作规程,加强质量监督与日常抽检,保证混合料强度的稳定性和均匀性。

④比如混凝土强度不符合要求,应进行调查研究,查明原因,采取必要措施进行处理。

2. 混凝土和易性不好

（1）现象

①混合料胶凝材料过少,松散,黏结性差,结构物表面粗糙。

②混合料胶凝材料过多,黏聚力大、容易成团,流动性差,浇筑较困难。

③混合料中水泥砂浆量过少,石子间空隙充填不良混凝土不密实。

④混合料在运输、浇筑过程中,产生离析分层,表面泌水严重。

（2）原因分析

①水泥用量选用不当。当水泥用量过少时,水泥浆量不足,混合料松散；当水泥用量过多时,水泥浆量富裕太多,易成团,难浇筑。

②砂率选择不当。砂率过大,混合料黏聚性不够,过小则不易振捣密实。

③水灰比选择不当。混合料在运输过程中出现离析,均匀度难以保证,出现分层离析。

④水泥品种选择不当。选择玻璃体含量大的水泥,如矿渣水泥,粉煤灰水泥,较易造成泌水、离析。

⑤混合料配合比不准；计量不精确,搅拌时间不足,管理不严格都会对混合料的均匀性和易性产生直接的影响。

（3）预防措施

①水泥用量应不小于300kg/m^3,在确保设计强度要求前提下,单位水泥用量不宜过大。

②混凝土的水灰比及坍落度应根据道路的性质使用要求及施工条件来合理选用。

③混合料砂率对保证路面混凝土的和易性十分重要,应合理地选用。

④为改善混凝土和易性必要时可掺减水剂,为延长作业时间可掺缓凝剂。但在使用之前,必须经过试验,符合要求后方可使用。

⑤严格计量装置的标定与使用,强化原材料和混合料的质量检测与控制,保证混合料配比准,和易性良好。

⑥混凝土和易性不好会影响路面工程质量及耐久性,不能应用于原等级路面工程,但可降级使用。

3. 混合料色差大

（1）现象

①硬化后混凝土路面颜色深浅不一。

②每盘出料的混合料颜色呈"花样"。

（2）原因分析

①采用了不同品牌的水泥，而水泥的颜色有差异，造成混合料色差。

②搅拌时间不足，没有达到规定的最短拌料时间，造成混合料颜色不均匀。

（3）防治措施

①按照配合比与阶段工程量，确定阶段进料量，挑选水泥品质稳定、产量较大的供货单位。

②应根据拌和机的种类、容量以及混合料的情况，保证适当的搅拌时间，使混凝土混合料质量均匀稳定，色泽均一。

4. 外加剂使用不当

（1）现象

①混凝土浇筑后较长时间内不能凝结硬化。

②混凝土浇筑后表面鼓包或在夏季较早出现收缩裂缝。

③混凝土坍落度损失快，商品混凝土运至工地出现倾料不畅；普通混合料浇筑时，难以振捣密实。

（2）原因分析

①缓凝型减水剂掺量过多。

②外加剂以干粉状掺入，其中未碾成粉的粒状颗粒遇水膨胀，使混凝土表面起鼓包。

③夏季缓凝减水剂选择不当，缓凝时间不够，过快结硬，或由于缩缝锯缝不及时，导致过早出现收缩裂缝。

④外加剂选择不当或混合料运输时间过长，造成坍落度严重损失。

（3）预防措施

①应熟悉各类外加剂的品种与使用性能。在使用前，必须结合工程的特点与施工工艺进行试验，确定合适的配比，符合要求后方可使用。目前，市场上外加剂品种繁多，有普通减水剂及高效减水剂，缓凝剂及缓凝减水剂，早强剂及早强减水剂等，其性能各有区别，使用场合也不同，应严格按产品说明书要求使用。

②不同品种不同用途的外加剂应分别堆放，专职保管。

③粉状外加剂要保持干燥状态，以防受潮结块。已结块的粉状外加剂，应烘干、碾碎，过0.6mm筛后使用。

④选择离施工现场较近的搅拌站，以缩短运输时间减少坍落度损失。

（4）治理方法

①缓凝减水剂掺量过多，导致混凝土长时间不凝结，则可延长养护时间。视后期强度达到设计要求时，方可使用。

②因缓凝时间不够，致使混凝土过快而产生收缩裂缝时，应采用适当的措施予以修补；"鼓包"部分应在凿除后再修补。

③坍落度损失已超过标准的，则应退货。

（三）水泥混凝土路面常见病害分析

1. 纵向裂缝

（1）现象

顺道路中心方向出现的裂缝。这种裂缝若出现，经过一段营运时间后，往往会变成贯穿裂缝。

（2）原因分析

①路基发生不均匀沉陷，如纵向沟槽下沉，路基拓宽部分沉陷、河浜回填沉陷、路堤一侧降水、排管等导致路面基础下沉，板块脱空而产生裂缝。

②由于基础不稳定，在行车荷载与水温的作用下，产生塑性变形或者由于基层材料安定性不好（如钢渣结构层），产生膨胀，导致各种形式的开裂。纵缝也是一种可能的形式。

③混凝土板厚度与基础强度不足产生荷载型裂缝。

（3）预防措施

①对于填方路基，应分层填筑、碾压，保证均匀、密实。

②在新旧路基界面处应设置台阶或格栅，以防相对滑移。

③河渡地段，淤泥务必彻底清除；沟槽地段，应采取措施保证回填材料有良好的水稳性和压实度，以减少沉降。

④在上述地段应采用半刚性基层，并适当增加基层厚度（≥50cm）。在拓宽路段应加强土基，使其具有略高于旧路的结构强度，并尽可能保证有一定厚度的基层能全幅铺筑。在容易发生沉陷地段混凝土路面板应铺设钢筋网或改用沥青路面。

⑤混凝土板厚度与基层结构应按现行规范设计，以保证应有的强度和使用寿命。基层必须稳定，宜优先采用水泥、石灰稳定类基层。

（4）处理方法

①出现裂缝后，必须查明原因，实施对策。

②如属于土基沉陷等原因引起的，则宜先从稳定土基着手或者等待自然稳定后，再着手修复。在过渡期可采取一些临时措施，如封缝防水；严重影响交通的板块，挖除后可用沥青混合料修复等。

③裂缝的修复，采用一般性的扩缝嵌填或浇注专用修补剂有一定效果，但耐久性不易保证。采用扩缝加筋的办法进行修补，具有较好的增强效果。

④翻挖重铺是一个常用的有效措施，但基层必须稳定可靠，否则必须从加强、稳定基层着手。

2. 横向裂缝

（1）现象

沿着与道路中线大致相垂直的方向产生裂缝，这类裂缝，常常在行车与温度的作用下，逐渐扩展，最终贯穿板厚。

（2）原因分析

①混凝土路面锯缝不及时，因温缩和干缩发生断裂。混凝土连续浇筑长度越长，浇筑时气温越高，基层表面越粗糙越易断裂。

②切缝深度过浅，由于横断面没有明显削弱，应力没有释放。因此，在临近缩缝处产生新的收缩缝。

③混凝土路面基础发生不均匀沉陷（比如穿越河浜、沟槽、拓宽路段处），导致板底脱空而断裂。

④混凝土路面板厚度与强度不足，在荷载和温度应力作用下产生强度裂缝。

（3）预防措施

①严格掌握混凝土路面的切割时间，通常在抗压强度达到 10mPa 左右即可切割，以边口切割整齐、无碎裂为度，尽可能及早进行，尤其是夏天，昼夜温差大，更需注意。

②当连续浇捣长度很长，锯缝设备不足时，可在 1/2 长度处先锯，之后再分段锯；在条件比较困难时，可间隔几十米设条压缝，以减少收缩应力的积聚。

③保证基础稳定、无沉陷。在沟槽、河浜回填处，必须按规范要求，做到密实、均匀。

④混凝土路面的结构组合与厚度设计应满足交通需要，特别是重车、超重车的路段。

（4）治理方法

①当板块裂缝较大，咬合能力严重削弱时，则应局部反挖修补。首先沿裂缝两侧一定范围画出标线，最小宽度宜不小于 1m，标线应和中线垂直，然后沿缝锯齐，凿去标线间的混凝土，浇捣新混凝土。

②整个板块翻挖后重新铺筑新的混凝土板块。

③用聚合物灌浆法封缝或沿裂缝开槽嵌入弹性或刚性黏合修补材料，起封缝防水的作用，有一定的效果。

3. 龟裂

（1）现象

混凝土路面表面产生网状、浅而细的发丝裂缝，呈小的六角形花纹，深度 5~10mm。

（2）原因分析

①混凝土浇筑后，表面没有及时覆盖，在炎热或大风天气，表面游离水分蒸发过快，体积急剧收缩，导致开裂。

②混凝土在拌制时，水灰比过大；模板与垫层过于干燥，吸水大。

③混凝土配合比不合理，水泥用量砂率过大。

④混凝土表面过度振荡或抹平，使水泥和细骨料过多上浮至表面，导致缩裂。

（3）预防措施

①混凝土路面浇筑后，及时用潮湿材料覆盖，认真浇水养护，防止强风和暴晒。在炎热季节，必要时应搭棚施工。

②配制混凝土时，应严格控制水灰比和水泥用量，选择合适的粗集料级配和砂率。

③在浇筑混凝土路面时，将基层和模板浇水湿透，以免吸收混凝土中的水分。

④干硬性混凝土采用平板振捣器时，防止过度振荡，使砂浆集聚表面。砂浆层厚度应控制为 2～5mm。抹平时，不必过度抹平。

（4）治理方法

①如混凝土在初凝前出现龟裂，可使用馒刀反复压抹或重新振捣的方法来消除，再加强湿润覆盖养护。

②一般对结构强度无甚影响，可不予处理。

③必要时应用注浆进行表面涂层处理，封闭裂缝。

4. 角隅断裂

（1）现象

混凝土路面板角处，沿与角隅等分线大致相垂直方向产生断裂，在胀缝处尤其容易发生。

块角到裂缝两端距离小于横边长的 1/2。

（2）原因分析

①角隅处于纵横缝交叉处容易产生唧泥，形成脱空，导致角隅应力增大，产生断裂。

②基础在行车荷载与水的综合作用下，逐步产生塑性变形累积，使角隅应力逐渐递增，导致断裂。

③胀缝往往是位于端模板处，拆模时容易损伤；而在下一相邻板浇捣时，因已浇板块强度有限，极易受伤，造成隐患，因此此处角隅较易断裂。

（3）预防措施

①选用合适的填料，减少或防止接缝渗水。重视经常性的接缝养护，使接缝处于良好防水状态。

②采用抗冲刷、水稳性好的材料，如水泥稳定料作基层，以减少冲刷与塑性变形。

③混凝土路面拆模与浇捣时要防止角隅损伤并注意充分捣实。

④胀缝处角隅应采用角隅钢筋补强。

（4）治理方法

若裂缝较小，可采用灌浆法封闭裂缝，继续使用；若板角松动，则可沿裂缝锯齐凿去板块后，采用具有良好黏结性能的混凝土进行修补。

5. 检查井周围裂缝

（1）现象

在检查井或收水井周边转角处呈现放射线裂缝，或者在检查井周边呈现纵向、横向裂缝。

（2）原因分析

①水泥混凝土路面板中，设置检查井或收水井，使混凝土板纵横截面积减小。同时，板中孔穴的存在，造成应力集中，大大增加了井周边特别是转角处的温度和荷载应力。

②井体在使用过程中，由基础和回填土的沉降使板体产生附加应力。

③在井周边的混凝土板所受的综合疲劳应力大于混凝土路面设计抗折强度而产生

裂纹。

（3）预防措施

①合理布置检查井的位置，如将其骑在横缝上；当检查井离板纵、横小于1m时，将窨井上的板块放大至板边，这样布置有助于缓解裂缝的形成。

②井基础和结构要加固，回填土要密实稳定，使井及周边不易沉降，减小附加应力。

③井周围的混凝土板块用钢筋加固或用抗裂性优良的钢纤维混凝土替代，以抑制混凝土裂缝发生或控制裂缝的宽度。

（4）治理方法

①如裂缝缝宽小，仍旧能传递荷载，可不维修。

②如裂缝较宽，咬合力削弱较大，则可采用黏结法，即沿裂缝全深度扩缝，选择适用灌浆材料进行填充缝修补，使板体恢复整体功能。

③如属于严重裂缝，则可采用翻修法，即将部分或整块检查井周围混凝土板全部凿除，必要时对基层进行处理后，重新浇筑新的混凝土。

6. 露石

（1）现象

露石又称露骨，是指混凝土路面在行车作用下水泥砂浆磨损或剥落后石子裸露的现象。

（2）原因分析

①因为施工时混合料坍落度小，夏季施工时失水快，或掺入早强剂不当。因此，在平板震荡后，混凝土就开始凝结，以至待辊筒滚压和收水时，石子已压不下去，抹平后，石子外露表面。

②水泥混凝土的水灰比过大或水泥的耐磨性差，用量不足使混凝土表面砂浆层的强度和磨耗性差，在行车作用下很快磨损或剥落，形成露石。

（3）防治措施

①严格控制混凝土的水灰比和施工坍落度；合理使用外加剂，使用前应进行试验；组织好混合料的供应和施工，防止坍落度损失过快。夏季施工时，现场要设遮阳棚。

②按规范要求，选择好水泥、砂等原材料，根据使用要求及施工工艺，确定合理配比，掌握好用水量。

③应用黏结性良好的结合料，比如聚合物水泥砂浆或新加坡RP道路修补剂对水泥混凝土路面露骨部分进行罩面修补。

7. 蜂窝

（1）现象

混凝土板体侧面存在明显的孔穴，大小不一，状如蜂窝。

（2）原因分析

①施工振捣不足，甚至漏振，使混凝土颗粒间的空隙未能被砂浆填满，特别是在模板处，颗粒移动阻力大，更易出现蜂窝。

②模板漏浆造成侧面蜂窝。
（3）防治措施
①严格控制混合料坍落度，并配以相应的捣实设备，保证有效的捣实。
②沿模板边的混凝土灌实，首先用插入式振捣器仔细振捣，不允许漏振，然后再用平板式振捣器（路用商品混凝土可不用）振实。
③模板要有足够的刚度和稳定性，不得有空隙。如发现模板有空时，应予堵塞，防止漏浆。
④模板拆除后，及时修补。为使色泽统一，可用道路混凝土除去石子后的砂浆进行修补。

8. 胀缝不贯通
（1）现象
混凝土路面胀缝在厚度与水平方向不贯通。
（2）原因分析
①浇捣前仓混凝土时，胀缝处封头板底部漏浆；拆除填充头板时，又没有将漏浆清除，造成前后仓混凝土连接。
②接缝板尺寸不足，两侧不能紧靠边模板；胀缝处上下接缝板，在施工过程中发生相对移位，致使在浇捣后一仓混凝土时大量砂浆挤进，使得前后仓混凝土连接。
③当胀缝采用切缝时，切缝深度不足，没有切到接缝板顶面，造成混凝土连接。
（3）防治措施
①封头板要与侧面模板、底面基层接触紧密，要有足够的刚度和稳定性。在浇捣混凝土时，不得有走动和漏浆现象。
②在浇捣后仓混凝土前，应将胀缝处清理干净，确保基层平整。接缝板摆放时，要贴紧模板和基层，不得有空隙，以免漏浆。
③锯缝后，应检查是否露出嵌缝板，否则继续锯直至露出嵌缝板为止。
④接缝板质量应符合设计规范要求。
⑤发现胀缝不贯通，由人工整理顺通，并且做好回填与封缝。

9. 摩擦系数不足
（1）现象
水泥混凝土路面光滑，摩擦系数低于设计标准或养护要求。
（2）原因分析
①水泥混凝土路面水泥砂浆层较厚，而砂浆中的砂偏细，质地偏软易磨，致使光滑。
②混凝土坍落度及水泥用量大，经震荡后，路表汇集砂浆过多，经行车碾磨后，形成光滑面。
③路面施工时，抹面过光，又未采取拉毛措施。
④路面使用时间较长，由自然磨损而磨光。

（3）预防措施

①严格按规范要求控制现拌或路用商品混凝土的水灰比与坍落度及水泥、黄沙等原材料质量。

②在混凝路面施工过程中，应当采取拉毛、刻槽等防滑措施。

（4）治理方法

①用表面刻槽来提高路面的摩擦系数。刻槽可为 3mm 宽、4mm 深的窄缝、间距 30～55mm，效果比较显著。

②在磨光的表面用各种类型道路修补剂的罩面，同时采取相应防滑措施。重要的是保证上下面良好黏结。

③铺设沥青罩面层是一项比较可行、有效的措施，但需要有一定厚度，以确保层间良好黏结。沥青面层上的反射裂缝是尚待解决的问题。

10. 传力杆失效

（1）现象

胀缝或缩缝处传力杆不能正常传递荷载而在接缝一侧板上产生裂缝或碎裂。胀缝处传力杆失效最为普遍，较为严重。

（2）原因分析

①混凝土路面施工过程中，传力杆垂直于水平向位置不准，或振捣时发生移动；传力杆滑动端与混凝土黏结，不能自由伸缩；对胀缝传力杆端都未加套子留足空隙。这些病害都使混凝土板的伸缩受阻，致使接缝一侧板被挤碎、拉裂，传力杆不能正常传递荷载。

②胀缝被砂浆或其他嵌入物堵塞，引起胀缝胀裂，使传力杆失效。

（3）防治措施

①胀缝处滑动传力杆应采用支架固定。传力杆穿过封头板上预设的孔洞，两端用支架固定。先浇传力杆下部混凝土，放上传力杆，正确固定后，再浇上部混凝土。传力杆水平，垂直方向误差应不大于 3mm。浇捣时要检查传力杆是否移动，发现问题及时纠正。拆除封头板后，如传力杆有偏差，应采用人工整理顺直。

②传力杆必须涂刷沥青，防止黏结；胀缝传力杆在滑动端必须设 10cm 长的小套管，留足 3cm 空隙。严防套管破损，砂浆流入，堵塞空隙。

③防止施工及使用过程中，胀缝被砂浆石子堵塞。

④如接缝处混凝土已破碎，应首先凿除破碎混凝土，然后重新设置或校正传力杆，再浇筑混凝土。

（四）裂缝维修

裂缝维修方法如下：

①对宽度小于 3mm 的轻微裂缝，可采取扩缝泄浆，即顺着裂缝扩宽成 1.5～2.0cm 的沟槽、扩缝补块的最小宽度不得小于 100mm；槽深可根据裂缝深度确定，最大深度不得超过 2/3 板厚。将灌缝材料灌入扩缝内，灌缝材料固化后，达到通车强度，即可开

放交通。

②对贯穿全厚的大于 3mm、小于 15mm 的中等裂缝,可采用条带罩面进行补缝。

③对宽度大于 15mm 的严重裂缝,可采用全深度补块。全深度补块分集料嵌锁法、刨挖法、设置传力杆法。

二、其他路面的养护与维修

(一) 块石铺砌路面的养护

块石铺砌路面一般设置基层、垫层（整平层），并且强度满足交通荷载要求，石块之间采用填缝料嵌填密实。

①块石铺砌路面的养护应符合下列规定：

a. 应保持路面整洁。

b. 填缝应保证饱满。

c. 填缝料破碎时，应重新勾缝。

d. 春季和雨季应增加巡检次数，排水系统应通畅。

②块石铺砌路面的维修应符合下列规定：

a. 当发现路面边缘损坏、低洼沉陷、路面隆起、坑洞、错台时，应及时维修。

b. 当基层强度不足而导致路面损坏，应清除软弱基层，换填新的基层材料再恢复面层。

c. 更新的块石材质、规格应与原路面一致。

d. 施工时，整平层砂浆应饱满，严禁在块石下垫碎砖、石屑找平。

e. 铺砌后的块石应夯平实，并应采用小于 5mm 沙砾填缝。

③当块石路面粗糙条纹深度小于 2mm 时，应凿毛处理，条纹应垂直于路面，间距宜为 10～30mm，深度宜为 3～5mm。

④在广场、步行街的块石路面（花岗石、大理石），不适宜采用抛光、机刨的石材。

(二) 水泥混凝土预制砌块路面

①砌块路面的小修应包括下列内容：

a. 局部砌块的松动、缺损、错台。

b. 局部沉陷、压碎，检查井四周烂边。

c. 砌块路面上的局部掘路修复工作。

②当砌块路面出现下列情况时，应及时安排中修或大修工程：

a. 纵横坡度不满足设计要求，出现大面积积水。

b. 砌块路面状况指数 PCI 小于 50。

c. 彩色砌块颜色大面积脱落。

③大中修工程必须进行施工维修设计或施工方案设计。

④局部更换的砌块，其颜色、图案、材质、规格宜与原路面一致，路面砖强度和最

小厚度应符合规定。

⑤当选用砌块的长边与厚度之比大于或等于5时，除应满足上述规定外，其抗折强度不得低于4.0mPa。

⑥砌块的防滑指标（BPN）不得小于60，砌块的渗透指标应大于或者等于50mL/min。寒冷地区应增加冻融试验。

⑦砌块路面的外观质量应符合下列规定：

a. 铺砌必须平整、稳定，灌缝应饱满，不得有翘动现象。

b. 面层与其他构筑物应接顺，不得有积水现象。

（三）碎（砾）石路面的养护

碎（砾）石路面是一种中级路面。常见的有水结、泥结、泥灰结碎（砾）石路面。级配碎（砾）石路面、粒料路面为低级路面，主要是粒料加固土类，如天然沙砾、粗砂、碎（砾）石、煤渣、矿渣、碎砖瓦砾等加固土。

其保养、修理与改善的基本要求是：

①经常保持路面平整坚实，防止和修复路面的破损和变形，确保排水良好，加铺磨耗层和保护层，以及对路面做必要的加宽、加厚等，以改善路面技术状况。

②经常保持路面磨耗层和保护层完好。发现表面有少量和轻微的破损应及时修理，防止损坏范围扩大。

③路面与路肩连接处，应保持平整坚实，高差不得大于2cm。路面与桥涵衔接应平顺，防止跳车。

④如路面磨耗严重，强度不足或者宽度不够，不能满足交通量增长的需要时，应采取加宽和加厚路面的办法，以提高其通行能力。

⑤在保养修理时，所采用的材料应符合技术要求：路面加宽、加厚时，所用结构与材料，应力求与原有路面相同；对从旧路面挖出来的材料，应筛分后与新材料掺配使用。

⑥级配碎（砾）石路面在翻修、加宽、加厚时，所用材料的规格应符合规范规定；天然碎（砾）石材料不能满足规范规定时，需进行人工配合，添加不足的颗粒，使之成为最佳混合料。

⑦泥结碎石路面在翻修和加宽、加厚时，均按原有结构的颗粒尺寸和配合比处理，要求黏土的含量不大于15%，塑性指数宜为18～27。碎石均为有棱角的小块石料，其中所含扁平长条的碎石的允许含量宜不超过20%。

⑧碎（砾）石路面的养护应做到勤预防、勤检查、勤修补。所用材料，应当尽量利用当地可能采集或供应的价廉质好的天然材料和工业废渣，以降低养护成本。

粒料路面的保养工作，主要是保护层的养护、磨耗层的小面积修补、排除路面积水、保持路面清洁。

第四节　掘路修复与乳化沥青稀浆封层技术

一、掘路修复

城市建设需要在现有道路下埋设各种管线，通常对现有路面进行纵向或横向的开挖。在管线埋设后，要对被挖掘的道路进行修复，恢复道路的正常使用功能。

（一）一般要求

掘路修复的一般要求如下：

①掘路前，应查明地下管线状况。挖槽时，不得损坏原有的地下管线。

②掘路的宽度应满足压实机械宽度要求。当宽度不适宜压实机械作业时，其结构修复必须按原标准提高一个等级进行，或许对土基进行加固处理。

③当顺向掘路宽度达到原路 1/2 时，面层宜为全幅修复。当顺向掘路宽度超过原路 1/2 时，应进行专项掘路修复设计。

④掘路埋设各种管线的管顶埋深，应大于路床下 300mm，否则应采取加固措施。

⑤掘路修复的技术资料应归入该条道路的技术档案。

⑥城镇道路的管线敷设宜采用非开挖施工技术。

（二）开挖与回填

1. 开挖

①掘路的槽底最小宽度宜为所埋设施的外侧宽度加两侧夯实机具的工作宽度。

②路面开挖前必须用切割机进行路面分离，以免扰动或破坏沟槽周边区域的路面结构。

③沟槽挖土必须注意保护开挖地段的各种地下管线和相关设施，平面范围应当按设计结果确定，严禁向沟槽路基两侧掏空挖土；挖土深度应按管道设计标高控制，严禁超挖。

④挖土过程中，应维持一定的纵横坡度，并设置临时排水沟，以利排泄雨水。必要时，设置井点降水，并注意周围设施安全保护。

⑤施工产生的渣土及废弃物，应在 24h 内清运完毕。清运前，应集中堆放并全部苫盖，防止外溢至围挡以外或者露天堆放。在城市主干路及人流稠度、交通繁忙的特殊路段，余土须立即清运。

⑥挖土中，若遇软地层或障碍物，应采取特殊措施加固处理。

2. 回填

①掘路沟槽回填，严禁使用淤泥、腐殖土、垃圾杂物和冻土。

②回填土质量应符合现场试验的击实标准和最佳含水量要求。分层回填的层厚应小于20mm，也可根据碾压、夯实机具的性能确定分层厚度。

③当沟槽分段填土时，交接处应做成阶梯形，阶梯长度应当大于层厚的两倍。

④雨季回填时，沟槽内不得有积水。

⑤槽底至设施顶部以上500mm范围内回填时，应从两侧对称进行，同时还土的高度差不得大于1层。

⑥回填土时对沟槽内原有的管线设施，应采取保护措施。

⑦掘路回填遇有特殊情况时，应采取下列措施：

a. 当采用掘路土回填不能保证质量时，可采用砂、天然级配沙砾或水泥混凝土等材料回填。

b. 沟槽发生塌方时，宜加大沟槽断面后，再回填。

c. 当槽内设施顶部以上回填厚度小于设计规定时，应对所埋设施进行加固保护。

⑧直埋线缆沟槽回填时，其线缆上方应有保护层。回填材料可采取粗砂、混凝土等回填灌注。

（三）基层修复

路面基层在使用过程中，因为交通量的急剧增长和自然因素的作用，或原先施工中遗留缺陷，或因自然条件的变化造成路基失稳、干湿类型变化、强度降低、破坏严重，或路面的几何尺寸不能适应交通量增长的需要时，必须改善基层的技术状况，以提高其适应能力。

路面基层的改善包括基层的加宽、补强加厚以及翻修与重铺。在进行路面基层改善时，必须按就地取材的原则，结合原有路面基层材料的利用，合理地应用旧结构，进行设计。

1. 基层的加宽与补强

（1）设计要求

在进行基层加宽与补强设计前，应对原有路面进行详细调查和检测。其内容包括：

①调查该路段不利季节的交通量、交通组成和年平均增长率。

②调查原有公路的路况，如路基宽度、纵坡、平曲线半径、路面宽度、厚度、结构和材料、路面横坡、平整度、摩擦系数、路表面排水（积水）状况、积雪（沙）状况等；路面坑槽、搓板、翻浆等破损程度以及路肩采取的加固措施等。

③调查原有路面设计、施工、养护技术资料以及使用开始至改建的年限、使用效果等。

④测定路基的干湿类型，规定每500m取断面，每个断面如路基宽度大于等于7m选两个测点，不足7m取一个测点。

⑤测定加宽部分的土基湿度和压实度。

⑥测定原有路面的整体强度。

基层加宽一般应采用两侧加宽，如原有路基宽度不足，那么应先加宽路基后再铺筑加宽的基层。必要时，可设护肩石（带）。加宽部分的基层应按新土基新建路面设计其厚度，采用的结构与材料宜与原路面的基层相同；基层加厚按旧路补强公式进行设计，基层结构的选择应按照路面等级、交通量、地带类型、现有路况以及材料供应与施工条件等确定。必要时，应增设排水设施，并事先处理好涵洞接长、倒虹吸的防漏以及沿溪路段的护岸挡土墙等工程。

在基层需要同时加宽加厚时，应首先将加宽部分按新土基设计后，再作全幅补强设计。然后将原路面分段实测的计算弯沉值作为加宽部分的设计弯沉值，并由实际调查检测的路基土质、干湿类型及其平均稠度确定土基回弹模量，并根据不同材料的模量按新路设计方法设计加宽部分的基层厚度，使之与原有路面强度保持一致。最后根据原路面确定的计算弯沉值和补强要求的允许弯沉值。按旧路补强厚度计算方法，开展全幅的基层补强设计。

在季节性冰冻区，基层的补强还应验算防冻层厚度的要求。

（2）施工要点

加宽基层时，应做好新旧基层的衔接。对半刚性基层，一般宜用平头搭接；对粒料基层，通常宜用斜接法；当基层厚度超过25cm，也可在原有基层半厚处挖成宽约30cm的台阶做成错台搭接。加宽沥青路面基层时，应将紧挨加宽部位15cm宽的原有沥青面层切凿除去，清扫干净原基层上的松散粒料、浮土后再铺筑加宽基层。如原基层已损坏，则应将其材料重新翻修利用，根据试验掺配新的材料后与加宽混合料一并拌和、铺装、碾压。

基层加宽后，需调正路拱而涉及原有路面的部分，应将旧面层铲掉，按路拱要求一次调正铺装。为使调拱部分的新旧基层结合良好，可把原基层拉毛或使调拱铺装的最小厚度大于8cm。不足时，可开挖原基层。

原基层有局部坑槽、搓板、松散的路段，在补强前应先进行修补找平。平整度超过规定的，应加铺整平层。对发生过翻浆、弹簧、变形等病害的路段，应根据其产生的原因，采取有效的处治措施，严重者可采取综合处治后再加铺基层。

原有砂石路面，特别是泥结碎石及级配砾石路面，因含泥量过多或土的塑性指数过大，一般不宜用作沥青路面的基层，应将其过量的土筛除或用其他方法改善，并铲除其上的磨耗层和稳定保护层后再作补强层处理。

基层加宽或补强应符合施工压实度的规定要求。

2. 基层的翻修与重铺

当路面具有下列情况时，则基层需要进行翻修：

①原有路面整体强度不足。

②根据路面使用质量的评定，已达到翻修条件。

③原有路面的材料已不能满足结构强度要求，造成全面损坏，需彻底更换路面结构。

基层具有下列情况时，则需进行基层重铺：

①原有路面基层材料没有利用价值，翻修在经济上不合理。

②当地盛产路面基层材料，原基层材料虽然可以利用，但因机械施工困难，技术上暂时难以解决。

③原有路面因路基干湿类型发生变化，需改善其水稳性。

翻修基层时，对原有基层的材料，应尽可能地充分利用。因而，应对原基层取样检测其材料性质，通常每500m检测一处，如路基干湿类型有变化应增加测点。检测项目包括干密度、级配组成以及小于0.5mm细料的含量与塑性指数等，以确定其可利用的骨料含量和需要掺配的材料用量。对无机结合料稳定基层，还应测定其水泥、石灰剂量及其剩余活性，以确定再生利用时需要掺添的水泥或石灰剂量。

基层翻修应结合原材料的利用价值与加铺方案进行技术经济比较后，确定最后的采用方案。

在中湿、潮湿地带的粒料基层，翻修时宜掺加适量的石灰，以提高其水稳性，有条件时也可掺加水泥予以稳定。

3. 质量控制

①修复基层的各类材料，应具有出厂合格证明，且应经现场试验合格后才能使用。

②基层修复宜采用石灰、粉煤灰、沙砾混合料或水泥、沙砾混合料等半刚性材料，其中未消解的生石灰块粒径不得大于10mm，沙砾的最大粒径不允许大于40mm。

③使用石灰、粉煤灰类材料碾压成型的基层，养生时间不得少于7d。冬季不宜使用此类材料；雨季应合理控制施工段落，应当天摊铺，当天碾压成型。

④掘路的基层修复应在开挖断面两侧各加宽300~500mm。

（四）路面修复

①沥青混凝土面层修复应符合下列规定：

a. 面层的修复宽度应大于基层宽度，每侧宜大于200mm。

b. 接茬黏层油应涂刷在切割立面，溅洒在路表面的黏层油应清除干净。

c. 接茬宜采用直茬热接方法，应平顺、密实。

d. 宜采用振动压路机或振动夯实机具，分层碾压。

②应急抢修或冬季修补掘路面层，可使用混凝土预制砌块，或冷拌沥青混凝土修补平整，可在气温转暖后再做第二次修复。

③当水泥混凝土路面掘路宽度超过1/3板宽时，应按整板恢复；当不足1/3板宽时，应做加固处理，并符合规范的规定。

④砌块类面层的修复，应将掘路施工期间被扰动的砌块全部拆除重新铺砌。

（五）人行道挖掘与修复

①人行道挖掘修复工序，翻挖沟槽部分土方及修整沟槽两侧各一定宽度（当开挖深度大于1m时，为50cm；当开挖深度小于1m时，为25cm）的人行道。土基夯实、平整及铺筑垫层或素混凝土基础。放样，铺筑人行道板或拌制、浇捣水泥混凝土。扫缝、拍夯、补缺、填缝、养生。旧料及时外运，清理场地。

②铺筑预制人行道一般采用"放样定位法"铺筑时，板底应紧贴垫层，不得有"虚

空"现象。靠近侧石处的人行道板,应高出侧石顶面5mm,以利排水。

③铺筑预制人行道板时,板底应完全坐实,上下结成整体;板面应当恢复原有图案,保证路面平整,纵横缝顺直,特别注意各类井周边,要求平整顺直,按原标准找好坡度。调整后,根据铺砌材料一律采用洒细砂灌缝或水泥灌(勾)缝。

④铺筑预制彩色人行道板时,应恢复原有图案,板底应完全坐实,上下层结成整体。

⑤现浇水泥混凝土人行道板,应与原有人行道接顺。水泥混凝土面层收水抹面后,应及时分块滚花压线。成型应遮盖湿润养生。

⑥市道路人行道挖掘修复涉及城市道路其他附属设施,应按照下列规定执行:

a.凡路灯、广告、灯箱等各类构筑物基础部分,必须将原碎砖、水泥清除,重新调整补齐,基础根部缝隙用水泥抹平。

b.施工范围内人行步道彩色方砖或其他材料,要求按原样恢复,因管线埋设导致盲道调整,必须按国家有关标准实施。

c.缘石修复,要求缘石缺少、破损的,用与原材料一致的缘石调整补齐,交叉路口和转弯拐角处破损的一律更换新缘石,做深埋处理。所有新调整、更换的缘石必须勾缝,填缝充实,砌筑坐浆。修复缘石时,应与原缘石衔接和顺,调整好雨水口处标高。

d.凡施工范围内各类道路附属设施须按原规格、形状进行修复。已破损的,应及时更换新设施。

e.施工后的余土、废渣,应及时全部清运。

f.现浇混凝土人行道,对原人行道接边处应凿毛、清洗,铺筑时应与原人行道接顺。水泥混凝土面层收水抹面后,应及时分块滚花压线,并同原人行道图案一致。成型后,应遮盖湿润养生。

(六)掘路快速修复施工

①掘路快速修复适用于要求道路快速恢复畅通的过街路或突发爆管修复;要求"当日作业,当日恢复交通"的掘路工程。

②应急掘路快速修复应注意道路的技术等级、交通量以及在城市路网中的重要程度;沟槽或土基回填深度内的湿度状况;现场施工的压实条件与施工连续性;掘路修复区域的开挖深度和面积大小。

③应急快速修复特殊的材料要求易于存储、运输,施工简便。

④填料依据结构层次可分为路基快速回填料、基层快速修复材料和面层快速修复材料。路基快速回填料包括中粗砂、碎砾石、石屑、热焖钢渣、高钙灰稳定土、路面铣刨料等。基层快速修复材料包含快硬硫铝盐酸水泥处置碎石、粗粒式沥青混凝土、沥青稳定碎石、级配碎石等。

⑤因时间紧张,沥青混凝土路面的应急快速修复路面无法及时进行专项设计,可参考周边路段已有的设计方案实施。

二、乳化沥青稀浆封层技术

（一）乳化沥青稀浆封层技术的特点及应用

1. 概述

乳化沥青稀浆封层是用适当级配的石屑或砂为骨料，以乳化沥青为结合料，加粉料（水泥、石灰、粉煤灰、矿粉）、添加剂和水按一定比例配成流动状态的沥青混合料，均匀摊铺在路面上而成的沥青表面处治薄层。在水分蒸发干燥硬化成形后，其外观与细粒式沥青混凝土相似，具备耐磨、抗滑、防水、平整等技术性能，施工快、造价低、用途广、能耗省，是一种沥青路面的新材料、新工艺、新结构。实践证明，在许多沥青路面预防性养护措施中，乳化沥青稀浆封层是使用功能最多、最经济的一种技术措施。

实践证明，乳化沥青稀浆封层技术无论是对旧沥青或新建沥青路面，无论是对低等级道路或高等级道路，无论是对城市道路或干线公路，都可适用，并能产生显著的经济效益和社会效益。因而，稀浆封层施工技术在道路工程养护作业中有着广阔的应用前景。

2. 稀浆封层技术的作用

在道路的维修养护作业中，应用乳化沥青封层技术，主要有以下作用：

（1）防水作用

稀浆混合料的集料粒径较细，并具有一定的级配，在铺筑成形后，能与原路面牢固地黏附在一起，形成一层密实的表层，从而防止雨水或雪水通过裂缝渗入路面基层，保持了基层和土层的稳定。从透水系数测定结果看，铺筑稀浆封层后的路面基本不得透水。

（2）防滑作用

稀浆混合料摊铺厚度薄，沥青在粗、细集料中分布均匀，沥青用量适当，没有多余的沥青，从而使铺筑稀浆封层后的路面不会产生光滑、泛油等病害，具有良好的粗糙面，路面的摩擦系数明显增加，抗滑性能显著提高。

（3）填充作用

稀浆混合料中有较多的水分，拌和后成稀浆状态，具备良好的流动性，可封闭路面上的细微裂缝，填补原路面因松散脱粒或机械性破坏等造成的不平，改善路面的平整度。

（4）耐磨作用

乳化沥青对酸、碱性矿料都有着较好的黏结力，故稀浆混合料可选用坚硬的优质抗磨材料，以铺筑有强耐磨性能的沥青路面面层，延长路面的使用寿命。

（5）路面外观形象恢复

对使用年久，表面磨损发白、老化干涩，或经养护修补，表面状态很不一致的旧沥青路面，可用稀浆混合料进行罩面，遮盖破损与补修部位，使旧沥青路面外观形象焕然一新，形成一个新的沥青面层。

然而，稀浆封层技术也有其局限性。由于其单层厚度仅为 0.5～0.15cm，在整个沥青路面结构体系中，只能作为表面保护层和磨耗层使用，而不起承重性的结构作用，不具备结构抗应变能力，不具备结构补强能力。因此，对强度和刚度不足、路表沉陷、稳定性差的路面，应通过中修或大修解决，靠稀浆封层是解决不了这类病害的。

3. 稀浆封层技术的特点

乳化沥青稀浆封层技术是乳化沥青在路面工程中应用的新发展。拌和稀浆时，加入了较多水分，使稀浆混合料具有较好的流动性和黏附性，从而更充分地发挥了乳化沥青的优点。

与热拌沥青混合料相比，稀浆封层混合料具备以下特点：

（1）沥青与矿料的黏结力提高

用阳离子乳化沥青拌制稀浆混合料时，沥青乳液中的沥青微粒表面带有正电荷，湿矿料表面带负电荷，由异性电荷相吸的原因，沥青微粒可透过矿料水膜，牢固地吸附在矿料表面。若采用阴离子乳化沥青，在拌和稀浆混合料时，在矿料中若加入水泥或石灰粉，使矿料表面附有钙、镁离子，带有正电荷，沥青与矿料的黏结力同样得到提高。

（2）与路面结合牢固

摊铺稀浆封层混合料时，只要原路面扫净润湿，稀浆中沥青微粒能和原路面上露出的矿料很好地黏结，稀浆能渗透到路面缝隙中去，加强与原路面的结合。

（3）沥青能完全裹覆矿料

在拌和稀浆混合料时，加入的水对沥青乳液起到了稀释作用，降低了沥青乳液的黏度，使之有着更好的流动分散性，使沥青微粒完全地均匀裹覆在所有矿料的表面上，形成一定厚度的沥青薄膜，既有足够的结构沥青黏附矿料，又无过多的自由沥青降低混合料的热稳定性和强度。

（4）强度高、耐久性好

稀浆封层混合料所有矿料级配较细，接近于热拌细粒式沥青混凝土。它是在常温下拌和摊铺，不存在沥青在加热中可能发生的老化问题，等待稀浆混合料破乳固化成形后，其强度和耐久性高于一般热拌沥青混合料。

4. 稀浆封层技术的应用范围

（1）旧沥青路面的维护养护

沥青路面长期暴露在自然环境下，受到日晒、风吹、雨淋及冻融的影响，同时还要承受车辆的重复荷载作用，经过一段时间的使用后，会出现疲劳开裂、机散、老化及磨损等病害。如不及时维修处理，破损路面受地表水的侵入，将使基层软弹，路面的整体承载能力下降，导致路面迅速破坏。稀浆封层技术因使用乳化沥青，与有乳化沥青施工一样，可节约能源、节约沥青，减少环境污染，改善施工条件，延长施工时间，减少气温对养护作业的影响；可实现沥青路面的预防性养护、周期性养护，使路面始终保持良好的行车条件。另外，用这项技术养护沥青路面，生产效率比较高。

（2）新建沥青路面的封层

稀浆封层技术还可用于新建沥青路面的封层。如铺筑双层表处路面时，在第二层嵌缝料摊铺碾压完毕后，最后一层封层料可用稀浆封层代替。稀浆混合料流动性好，可很快地渗入嵌缝料的空隙中，与嵌缝料牢固地结合，使双层表处路面及早形成强度，避免由于泛油不及时造成路面早期破坏。在新铺筑的沥青贯入式路面或沥青碎石路面上,也可加铺一层稀浆封层,使路面更加密实,防水性能良好。

(3)在砂石路面上铺磨耗层

在压实整平后的砂石路面上铺筑稀浆封层,可使砂石路面的外观具有沥青路面的特征,提高砂石路面的抗磨耗性能,防止扬尘,改善行车条件,降低砂石路面的养护费用,改善砂石路面养路工人的工作条件。

(4)水泥混凝土路面和桥面的维修养护

稀浆封层混合料对水泥混凝土也具有良好的附着性。水泥混凝土路面经多年行车后,路面容易产生裂缝、麻面或轻微的不平整。如果在旧水泥混凝土上铺设稀浆封层混合料,可改善水泥路面因磨损而出现的光滑现象,改善因接缝而引起的跳车现象,提高路面的平整度,延长水泥路面的使用寿命。此外,在桥梁的行车道上采用稀浆封层表面处治,桥面自重增加很少,可代替热拌混凝土跟面。

(二)稀浆封层施工

1. 稀浆封层对原路面的要求

稀浆封层由于厚度薄,主要起防水、防滑、耐磨和改善路表外观的作用,在路面结构体系中,只能作为表面保护层和磨耗层,而不起承重性的结构作用。所以,为确保施工后路面的质量,原路面必须满足以下3个要求:

(1)具有足够的强度和刚度

原路面及其基层是承重层,应能承受荷载的作用,在重复荷载作用下,不会产生残余变形,也不允许产生剪切和弯拉破坏。其要求可参照城市道路或公路设计规范、城市道路或公路养护技术规范等。

(2)具有良好的整体稳定性

原路面的整体水稳性和热稳性是否良好,是确保施工后路面稳定性的基本因素。由于稀浆封层施工后,对路面的稳定性改善很小,且稀浆封层几乎不具有结构抗应变能力。因此,为保证路面质量,对原路面必须提出稳定性要求。

(3)表面平整、密实、清洁

稀浆封层只起调整表面平整度的作用,当原路面表面不太平整时,由于稀浆封层本身的厚度和施工方法所限,因此希望仅通过它就能达到相当高的平整度要求是不现实的,尤其是一些大的拥包、坑槽等,应根据《城市道路养护技术规范》或《公路养护技术规范》的要求进行修补,达到基本平整。比如,德国要求:超过10mm的不平整地面应先进行平整。

同样,原路表面必须密实,清洁。原路表面是否清洁,是关系稀浆封层能否与原路面黏接在一起的重要因素。因此,必须保证原路面的清洁。

2. 施工前的准备工作

（1）原路面的准备

①修补。如原路面为砾石基层，可能需要添加稳定剂（如水泥、石灰）和新料以达到所需要的平整面，并且在稀浆封层前应喷洒一层透层油，以防止基层从稀浆中摄取沥青。

在原路面上有坑洞、边线破损成裂缝宽大时都应该进行修补。有深洞时，应当分层填补并压实。

虽然稀浆可填补多数的裂缝，但最好还是在铺设稀浆之前将宽大的裂缝封起来。填缝料可用高含量乳化沥青与细砂并制的砂浆，并使用高标号的沥青或渗透性较强的沥青，这样会给养护后的填充料种适应缩胀的能力，不致从原裂缝处剥离。

对大的拥包和深的车辙（如车辙深超过 10mm），应先进行铣刨和填补。

②清洁表面。上述不合格的地方修补完成后，对预定加铺稀浆封层路段的全部表面，应事先将所有的杂草、松动的材料、泥块以及任何其他障碍性的物质加以清除。人工清扫、机械清扫、空气吹扫或水冲等都是可以达到目的的有效方法。

众所周知，杂草似乎容易在沥青中生长，通常在沥青面层上冒出来。所以，在铺筑稀浆封层前，或将所有杂草完全拔掉，或用化学除草剂清除是很重要的。

当原路面孔隙率很大或透水性太高时，应避免用水冲洗，可采用高压气吹的方法清理。

对原路面进行水冲洗时，应等水分蒸发干后才可进行稀浆封层施工。

原路面上若有大块油污，将影响稀浆封层与原路的黏结。因而，在铺筑稀浆之前，应将油污清除掉，使用工业清洁剂会有助于擦洗油污。

③喷洒沥青乳液。在若干类型的原有路面上铺筑稀浆之前，必须预先用沥青乳液进行处理。砂石路面或没有铺装的表面，在铺筑稀浆封层前，需要喷洒层沥青乳液透层，透层深度需 2~3cm，以达到底层能防水而强韧，并将个别的松散石子粘成一体。所用乳液中的沥青与将用于稀浆封层中的乳液的沥青，应是同一类的，喷洒后应养护 24~36h。

在原路面上喷洒乳化沥青黏层油，对增进稀浆封层与原有水泥混凝土或砖石路面以及粒料大部分暴露在外的沥青路面，或表面过于光滑的沥青路面很有效果。在尘土飞扬地区，清洁的表面很难维持长久，喷洒黏层油就很有效用。所用的黏层油为同一种离子型的乳化沥青，沥青含量不超过 50%，其洒布率为 0.2~0.5kg/m²。实际的洒布率受乳液的沥青含量的影响，但最主要的还是以原有表面的结构及吸收特性而定。但洒布量切不可过大，以防止稀浆封层铺筑后泛油。稀浆封层施工应在喷洒的黏层乳化沥青完全破乳后才可进行。

④洒水预湿。在炎热干燥的天气，临近摊铺之前，喷洒少量水以湿润原路面的做法是值得推荐的，这样有利于稀浆与原路面的黏结，保证稀浆的相对稳定性，利于稀浆的摊铺成形。洒水量以路面湿润为准，不允许有积水现象。一些先进的稀浆时层机都带有预洒水系统，施工时洒布即可。对不带有预洒水设备的稀浆封层机械或人工施工，应严

格控制洒水量并保证洒布的均匀性。路面湿润后，立即施工。

（2）材料的准备

为保证实际所用的材料及材料的配比与实验室相符，在施工前必须进行评价。

①矿料。施用的矿料必须过筛，把超大粒径的石料筛出去，以免大粒径石料给排和、推铺带来不利影响。

应对筛后的矿料进行质量检查，检查的内容主要包括级配、砂当量、含水量、干密度等。检测的结果必须符合要求，与实验室的结果相一致，特别应注意含水量的现场检测，因矿料的含水量对矿料单位体积的质量影响很大。例如，某一种矿料，当含水量为 0 时，其每立方米的质量为 1545kg，当其含水量为 6% 后，则每立方米的质量仅为 1175kg。在室内进行配合比设计时，其结果均为质量之比，而摊铺机采用的是体积比，故含水量的大小对混合料的配合比影响极大，而且含水量和加水量的多少是确定稀浆混合料稠度的关键因素。因此，施工前，必须对矿料的含水量进行现场测定。取样时，应取料堆中间部位的，因表面的矿料可能已被风干或晒干，若取表面矿料测定，其结果与实际相差较大。

注意矿料的堆放，矿料最好能堆在经过铺装且洁净的地面上，这样能避免过筛和上料时混入泥土。

②乳化沥青。乳化沥青的输送应尽可能使用对乳液搅动少的泵，以免破坏乳液的稳定，影响质量。

乳化沥青储存罐应保证分品种独立用罐。当不能保证分品种储存时，应对储罐进行彻底清理，不同品种的乳化沥青绝对不可以混装。

罐存的乳化沥青应每天进行一次搅拌或循环，尤其在出库前，应进行检验，以保证罐顶和罐底的乳化沥青含量一致。

因天气或其他原因，罐车中的乳化沥青不能及时用完要间隔放置几天时，应用泵抽吸循环或放出，以保持罐车中的乳化沥青上下密度的一致。在稀浆封层机乳液罐中的乳化沥青，如果放置 1d 以上，可采用每天进行 10min 循环的方式来保持乳化沥青的稳定性和均匀性。

对长距离汽车运输乳化沥青，应对乳化沥青的动稳性有充分的考虑，对到达目的地的乳化沥青进行筛上剩余量检测；有条件的地方，还可以进行颗粒分析试验。当检测结果符合要求后，才可使用。

桶装的乳化沥青，在使用前，应进行翻滚。若需长时间储存，则应定期进行翻滚，如每两周倒桶一次，从而保证乳化沥青的稳定性、均匀性。

③填料。填料的质量要求主要是细度、含水量等。水泥、热石灰、硫酸铵、粉煤灰均不得含泥土杂质，并应干燥、疏松，没有聚团和结块，且小于 0.075mm 的颗粒含量应不少于 80%。

④水。施工拌和时的外加水应采用饮用水，而无须再做实验室验证。严禁使用盐水、工业废水、生活废水及含泥土的水。检验水质量的最简单方法是测定其 pH 值。当 pH 值在 7 左右并无咸味时，则这种水可用。

施工用矿料的含水量应尽可能小。如果条件许可的话,在可能下雨前,应将矿料盖上,尽量避免矿料被雨水浇透。

施工装料前,应将矿料翻倒几次,尽可能保证矿料含水量一致、均匀,避免由此而产生的稀浆混合料一会儿过稀、一会儿过干的不利现象发生。

⑤添加剂。施工中,用的添加剂应与室内试验时所用的添加剂为同品牌和同一生产厂家,最好应用工业化生产的添加剂,否则应将使用的添加剂再进行一些室内试验,如拌和时间试验等,以确保效果的一致性。添加剂通常需要稀释,稀释浓度应保证准确,并防止其他杂物混入。如用锈铁桶稀释,可能会将铁锈带入添加剂中,有可能给稀浆封层系统带来不利影响。

(三) 成形养护

乳化沥青的任何一种施工方法,施工后都有一个破乳成形过程,稀浆封层也不例外。养护的时间视稀浆混合料中水的驱除及黏结力的大小而变化。通常认为,当黏结力达到 $12N·m$ 时,稀浆混合料已初凝,当黏结力达到 $2.0N·m$ 时,稀浆混合料已凝固到可开放交通的状态。影响稀浆混合料成形的因素很多,包括气候、材料、机械设备、配比等,排除气候、矿料、机械设备等非人为因素,乳化沥青的性能及配比就成为影响成形的最关键因素。

1. 影响养护成形的因素

(1) 集料

在稀浆混合料中,集料占3/4,集料的性质在很大程度上影响混合料的拌和性能及养护成形时间,尤其是慢裂快凝型稀浆封层。一般来说,混合料的可拌和时间越长,其养护成形时间也越长。

集料包含碎石、沙砾和矿渣等,其颗粒尺寸分布状态、外形、密度以及自身性质是影响稀浆混合料稳定性的几大因素。颗粒越细、矿粉含量越高,其混合料的可拌和时间越短,能更多地吸收水和乳化沥青;如果含有塑性粉料,则会因吸收水分而膨胀,同样需要增加水和乳化沥青的用量,结果会导致路面的过度收缩和耐磨性降低等缺陷。集料若全部为破碎的碎石,将会有更高的吸水能力,其混合料的可拌和时间较短,成形养护时间也可以缩短。多孔性表面或孔隙率较高的矿料,其吸收特性较明显,矿料越干,吸湿性越强,开放交通就越快;若矿料开始是湿的,则开放交通时间会受影响。

表面活性较强的集料,在其潮湿的表面上存在着较强的电荷。当与乳化沥青接触后,由于带电粒子的相互作用,很可能在没有拌制出稀浆之前,就过快地破乳析出。因此,对这些集料,一般应采取措施,或改变乳化沥青的性能,使其破乳速度减慢,或对集料的表面进行化学处理,降低其电荷性。例如,在预湿水中加入表面活性剂,这样可中和集料表面的大量电荷,进而获得足够的拌和时间。

(2) 乳化沥青

影响乳化沥青破乳速度的主要因素是乳化剂的性能、乳化剂的用量、乳液的pH值及乳化沥青含量。

众所周知，乳化沥青可分为慢裂、中裂和快裂3种类型，而用于稀浆封层的必须是慢裂的乳化沥青。稀浆封层的成形可看成混合料中的水被驱除并蒸发干后，沥青由半液态变为半固态，并取代集料表面水而黏附在集料表面上，石料通过沥青的黏结而固化。若水的驱除完全靠自然蒸发，其养护时间可能需要 4～5h。因此，这种封层受现场气候条件影响最大；高温低湿并有大风，将有助于水的蒸发，能加速混合料的养护成形，这就是慢裂慢凝稀浆封层的成形特性。若水的驱除是靠化学的作用，那么乳化沥青与集料拌和后，沥青颗粒迅速与集料表面靠近，将集料表面的水挤出去，而很快形成初始黏结力，并在化学和自然蒸发的双重作用下，混合料迅速固化，这就是慢裂快凝稀浆封层成形的基本原理。因而，对慢裂慢凝的稀浆封层，影响其成形的主要原因是气候条件。而慢裂快凝稀浆封层的成形除气候条件外，还在于乳化剂的性能。

在慢裂快凝稀浆封层方面，乳化剂用量的大小是决定乳化沥青破乳的主要因素。一般而言，乳化剂用量越大，其乳液的稳定时间越长，成形开放交通的时间也越长；反之，乳化剂用量越小，混合料的可拌和时间越短，也可能拌不出合格的稀浆混合料。

乳化沥青的 pH 值对拌和的稳定性也有影响，因慢裂快凝稀浆封层的成形主要靠化学作用力，其中就包括集料表面电荷与沥青表面电荷的作用力，而 pH 值大小对矿料表面性能有影响。例如，石英石本身并不带电，但当 pH 值低于 3.7 时，其表面带负电。在慢裂快凝稀浆合料中，乳化沥青用量越大，其可拌和时间越长，开放交通时间也相应延长，但乳化沥青的用量，需通过 WTAT 和 LWT 试验确定。

与集料一样，乳化沥青颗粒越细小，表面积就越大，化学性质就越活跃，其破乳成型时间可能会缩短。乳化沥青中的原沥青性能也对成形开放交通有影响。通常认为，原沥青针入度越低，其开放时间越短，凝固速度越快。

（3）填料

填料可分为具有化学活性的填料和不具有化学活性的填料。对不具有化学活性的填料，在稀浆混合料中，其掺量越大，混合料的破乳成形时间均有所缩短，这是因比表面积迅速增加的缘故。而对具有化学活性的填料，其在稀浆混合料中的作用就较复杂，不同的填料其作用也不一样。现以最常用的水泥填料为例，当加入水泥后，因水泥中的离子可中和集料表面的负电荷，使集料与阳离子乳化沥青的化学反应速度减缓、可拌和时间增长；但当水泥添加到一定量后，由于混合料的比表面积增大，可拌和时间将迅速缩短，相应地开放交通时间也将提前。

（4）添加剂

添加剂可分为速凝剂和缓凝剂两种。顾名思义，速凝剂是加快破乳和成形的添加剂，而缓凝剂是减缓破乳和成形的添加剂。在稀浆封层系统中，缓凝和速凝均是以保证最低限度的可拌和时间来确定其添加量的。

（5）温度（能量）

在稀浆封层系统中，广义的温度概念包括空气及太阳的热能、化学反应的热能、原路面的热能、风能及机械拌和和摊铺产生的能量等之和。可以说，系统的总能量越高，混合料的脱水速度越快、封层的成形开放交通的时间越短，在慢裂快凝稀浆封层方面表现得尤为突出。摊铺后，气温越高、破乳成型时间越短；但当气温过高时，刚摊铺的稀浆封层表面可能产生局部过早破乳，形成一层油膜，反而影响层内的水分蒸发，对成形不利。

如果系统中的总热能过高，很可能造成可拌和时间过短。例如，刚生产的沥青乳液其温度可能为70~80℃，如果立即用于施工，就可能拌不出合格的稀浆。但是当乳化沥青降至自然温度后，就可能铺出非常好的稀浆封层。

摊铺后风越大，成形时间越短，开放交通时间越早。最不利的天气是低温、高湿，低温的影响没有湿度明显。放热的反应有利于混合料的破乳和成形，而吸热的反应则相反，需要从系统中吸收热量，影响破乳成形。

水在蒸发的同时会吸收大量热量，使混合料的总体温度降低，当有热量补充时（如日照）成形会加快进行。但当无热量补充时（如日落后），其破乳成形的速度将迅速降低，延迟开放交通时间。因此，在夜间施工时，应充分注意这一点，应有较高的环境温度来对混合料进行热量交换，以保证足够的养护时间。

原路面温度若高于稀浆混合料的温度，将有利于两层的黏结及稀浆混合料的破乳成形；反之，因热量交换的结果，混合料的温度将渐渐下降，影响其破乳成形。这也就是有时早上第一车摊铺的稀浆封层比之后摊铺的稀浆封层成形慢的原因之一。

2. 碾压

稀浆混合料在破乳成形后，都会有若干空隙。这些空隙在自然交通的反复作用下，可提供足够的压实，使空隙自动弥合。所以，也就无须压实机械碾压。但交通量不足的地方，如停车场、机场、游乐场、广场及不开放交通的下封层，则必须碾压。碾压的时机非常重要。一般认为，刚破乳的沥青微粒，其成膜后的性质接近于液态而非固态。因此，在此时实施碾压，其压实效果最好。

压实机具可用轮胎压路机或钢轮压路机，但不可用振动压路机。

（1）轮胎压路机

轮重4.5t，轮胎压力约3个大气压，碾压时做5个往返，并从路中开始向外侧扩碾，碾压速度为5~8km/h。

（2）钢轮压路机

轮重3~4.5t，多用于多层稀浆封层的底层上。但在水泥混凝土路面上的稀浆封层，严禁使用钢轮压实。

3. 其他

（1）撒砂保护

刚摊铺的稀浆混合料，在养护成形期间内，严禁任何车辆和行人进入，否则将带来不良的外观。但有时，某些路段在摊铺后必须立即开放交通，如交叉路口、单位门口等。因此，必须采取一些措施尽可能减少对稀浆封层的损坏。撒砂保护是一个可取的办法，在需要开放交通的路段撒上一层薄砂，将避免粘轮现象的发生；但撒砂的时间最好在稀浆破乳之后进行，太早也将产生轮迹。在这些路段上最好应避免急刹车和急转弯，否则将破坏路面。

有时，成形的稀浆封层上会出现发亮、发黏，乃至是一层油膜的现象。其处理的办法是在开放交通前撒砂进行保护，撒砂后进行碾压将更好。

（2）缺陷处理

施工时产生的一些缺陷，比如漏铺、刮痕、脚印等，均应在开放交通前进行修补，以防病害扩大。

（3）现场清洁

稀浆封层施工后，应对现场进行清理，路面上不应留有任何松散或成堆废弃物。不慎漏出的乳化沥青或施工终点多余的乳化沥青所产出的光滑表面，应撒上一层石屑，并扫平。料场的整洁也特别重要，特别装乳化沥青的地方，被漏出的乳液污染的可能性很大，应及时清理。开放交通后的稀浆封层路面上，不应当留有任何障碍，以保证交通顺畅。

（4）设施恢复

对雨水井箅、检查井盖等设施均应在施工后进行清理，保持设施的可操作性和完整性。

第八章 城市桥梁养护与维修

第一节 日常养护维修

桥梁养护范围包括主体结构和附属设施。主体结构包含桥面系、上部结构、下部结构；附属设施包括声屏障设施、照明设施、标志设施等。应保持桥梁及其附属设施常年处于良好状态，桥面平整，结构安全，排水通畅，保障正常行车的安全、舒适、畅通和良好的服务水平。日常养护维修具体措施包括桥面系养护维修、上部结构养护维修、支座养护维修、大部结构养护维修、附属设施养护维修等。

一、桥面系养护维修

（一）沥青路面的养护维修

①桥面铺装可能出现的病害包含：坑塘、拥包、龟裂、起砂、松散、车辙和纵、横向贯通裂缝等。发现铺装病害应立即查明原因，及时修理，对于无法判明的铺装层病因可提出特殊检测的要求。

③对桥面裂缝的维修：对于黑色路面纵、横向裂缝，先清扫干净缝隙，并用压缩机吹去尘土后，用热沥青或乳化沥青灌缝撒料法封堵。对宽度大于 3mm 的桥面裂缝，应检查其发生原因，在确定无结构破坏和延续发展的条件下，可开展灌缝处理。

④对麻面或松散的维修：对局部地段的麻面或松散，可清扫干净，铣刨后重新摊铺。

⑤对拥包的维修：拥包范围内用直尺画线成矩形（与中心线平行或垂直），用小型切割机切深4cm，再采用宽500mm铣刨机铣平。采用与原有结构层一样的沥青填补，并压实。

⑥对坑塘传统维修：测定破坏部分的范围和深度，用直尺画出矩形（与中心线平行或垂直），再凿到稳定部分，深度不小于3cm，坑壁要垂直。清除坑底后，在干净的坑底、坑壁薄洒一层黏结沥青，视坑塘深度，根据原路面结构层次填补混合料或沥青混凝土，然后压实。坑塘的修补要做到圆洞方补、浅洞深补、湿洞干补。比如路面基层损坏，应针对损坏原因，先处理基层病害，再修复面层。

⑦对坑塘冷补维修：桥梁是城市交通的主动脉，对坑塘的修补必须及时。常备冷补沥青混凝土，确保在连续阴雨天、节假日沥青厂休假时补坑，当天发现当天修补。

⑧要确保材料质量，冷补料要有黏性不松散，热拌混合料外观应均匀，色泽一致，无明显油团、花白或烧枯，到现场温度不得低于110℃。

⑨压路机碾压顺序是从两边到路中，缓慢、匀速进行，时速不得大于5km。不得在碾压层上掉头、转向或突然刹车，大型压路机严禁振动碾压。

⑩碾压成型的沥青混凝土面层在冷却到常温后方可开放交通，紧急情况如需提前开放的话，那么应采取相关的技术措施。

⑪对钢纤维混凝土铺装层维修：凿除碎裂部位，清理残留物，用空压机吹干净，适当湿润。

（二）排水设施的养护维修

①桥梁进水口都要进行清捞。进水口按每月三次频率清捞。对损坏、缺损的桥梁进水口须及时进行更换维修，采用与原设施性质相同的材料，进水口抹面必须光洁。

②立管集水斗要定期清捞，一般每季度一次，汛期中要加大清捞频率。

③桥面泄水孔应完好、畅通、有效。

④发现泄水管损坏应及时修补，损坏严重的应及时更换。

（三）伸缩缝的养护维修

①伸缩装置应每月保养一次，及时清除缝内的垃圾和杂物，使其平整、顺直、收缩自如，处于良好的工作状态。

②橡胶止水带损坏后应及时更换，需满足原设计的规格和性能要求。

③梳形板伸缩缝应经常检查紧固螺栓，以防梳齿板转动上翘，发现梳齿出现裂缝后，及时焊接修补。

④发现伸缩缝钢构件锈蚀时，应采用喷防锈漆进行处理，并使用油脂或润滑剂涂抹表面。

⑤伸缩缝出现损坏而无法修复时，宜选用原型号伸缩缝产品进行整体更换。

⑥伸缩缝的预埋部分与混凝土结合完好，上部构件有局部损坏的，相应更换上部构件。

⑦伸缩缝预埋部分损坏，与混凝土结合已脱离，凿除部分损坏的与混凝土结合部位，

重新焊接预埋件，再将预埋件与伸缩缝的主体钢焊接，浇筑C40钢纤维混凝土，必要时更换损坏的伸缩缝装置。

⑧当伸缩缝整体损坏，边缘混凝土碎裂，则采取整体更换的方法维修：用环氧砂浆预埋钢筋或种植钢筋、打膨胀螺栓，若旧桥面铺装层较薄，可将桥面凿开，并将锚筋直接焊接在桥面钢筋上，安装新伸缩缝构件，涂界面剂，灌筑钢筋混凝土。

（四）桥面防水层的养护维修

桥面卷材防水层的修补应符合下列规定：

①损坏的防水层，应及时进行修补。防水层维修应按施工要求进行。

②修补后的防水层，其防水性能、整体强度、与下层粘接强度和耐久性等指标应满足原设计要求。

防水混凝土结构层的维修应符合下列规定：

①当防水混凝土表皮脱落或粉化轻微而整体强度未受影响，且防水混凝土层与下层连接牢固时，应彻底清除脱落表皮和粉化物。

②当防水混凝土受到侵蚀，表皮严重粉化并且强度降低或防水混凝土层与下层已脱离连接时，应完全清除该层结构重新进行浇筑。

③清理表皮脱落层时，应清理至具有强度的表面完全露出。

④清除损坏的结构层时，应切割出清理边界，然后再进行清除作业。清除应彻底，不得留隐患。应避免扰动其他完好部分。

⑤钢筋网结构的防水混凝土层进行清除作业时，应当确保原钢筋结构的完整。

⑥在浇筑新混凝土前，作业面（包括边缘）应清洁、粗糙。

⑦选用的防水混凝土抗渗等级应高于P6，且不得低于原设计指标要求。在使用除雪剂的北方地区和酸雨多发地区，防水混凝土的耐腐蚀系数不应小于0.8。

⑧严禁使用普通配比混凝土替代防水混凝土。

二、上部结构养护维修

（一）梁底板混凝土碳化及钢筋锈蚀维修

①清除损坏混凝土：凿除因锈蚀而损坏的混凝土，使钢筋全部露出；当混凝土易于清除时，钢筋周围2.5mm左右混凝土，可以保留在下一步骤里清除。

②钢筋表面除锈：手工除锈。先用刮刀、手锤、钢刷等工具铲、敲、刷除去浮锈、尘土，然后再用钢丝刷、砂布、砂轮等刷、磨除去锈蚀并磨光。机械处理除锈。用风动刷、除锈枪或电动刷除锈后即对钢筋进行防锈处理。

③为提高新老混凝土之间的黏结力，可用丙酮清洗混凝土表面、钢筋，在处理表面上均匀涂上胶黏剂（或称界面剂）。

④浇筑新的混凝土：可采用普通混凝土、环氧混凝土或聚合物混凝土。

⑤表面处理：为防止混凝土表面产生中性化（碳化），而继续受损，对新浇筑混凝

土进行表面处理，如涂上防水剂或涂料。

（二）钢结构养护

①钢结构养护要求。

a.钢结构梁的刚度、强度和稳定性应符合设计要求。运营中，应按照钢结构形式，加强对各部分连接节点及杆件、铆钉、销栓、焊缝的检查、养护。对承载能力或刚度低于限值、结构不良的钢结构，应进行维修或加固。

b.钢结构外观应保持清洁，冬期应及时清除冰雪。泄水孔应畅通，桥面铺装应无坑洼积水现象，渗漏部分应及时修好。当桥面积水时，应设置直径不小于50mm的泄水孔，钻孔前应对杆件强度进行验算。

c.钢结构应每年进行一次保养，每年做一次检测。检测时如发现节点上的铆钉和螺栓松动或损坏脱落、焊缝开裂，应采用油漆标记并做记录。在同一个节点，缺少、损坏、松动和歪斜的铆钉超过1/10时，应进行调换。若焊接节点有脱缝，焊缝处有裂纹，应及时修补。对有裂纹及表面脱落的构件，应仔细观察其发展，做出明显的标记，注明日期，以备观察；必要时应补焊或更换。

d.钢梁杆件伤损容许限度超过规定时，应及时进行整修、加固或更换。

e.不良铆钉的容许限度超过规定时，应对不良铆钉进行更换。

②钢梁有下列状态之一时，应及时维修：

a.桁腹杆铆接接头处裂缝长度超过50mm。

b.下承式横梁与纵梁加接处下端裂缝长度超过50mm。

c.受拉翼缘焊接一端裂缝长度超过20mm。

d.主梁、纵横梁受拉翼缘边裂缝长度超过5mm；焊缝处裂缝长度超过10mm。

e.纵梁上翼缘角钢裂缝。

f.主桁节点和板拼接接头铆栓失效率大于10%。

g.主桁构件、板梁结合铆钉松动连续5个及以上。

h.纵横梁连接铆钉松动。

i.纵梁受压翼缘、上承板梁主梁上翼缘板件断面削弱大于20%。

j.箱梁焊缝开裂长度超过20mm。

③新换钢梁或加固杆件的组拼应符合下列规定：

a.组拼板件应采用螺栓均匀拧紧，板件密贴，边缘用0.3mm插片深入长度不得大于20mm。

b.组拼杆件应在无活荷载情况下进行，并且不应少于1/3的孔眼安装螺栓及冲钉，其中2/3为冲钉，1/3为螺栓。

c.无活荷载情况下铆合时，应每隔2个钉孔装一个螺栓，螺栓间距不得超过400mm，必要时应每隔1个钉孔一个螺栓，每组孔眼应打入10%的冲钉。

d.在有活荷载情况下更换铆钉时，应拆除一个铆钉，同时上紧一个螺栓；必要时可使用不超过30%的冲钉。禁止使用锈斧和大锤铲除钉头。对结构承载力至关重要的构件在更换铆钉时，应严禁车辆通行。

④高强螺栓的更换应符合下列规定：

a. 高强螺栓的施工预拉力应符合设计要求，欠拧值或超拧值均不应超过规定值的10%，各种型号的高强螺栓的设计预拉力值应符合规定。

b. 高强螺栓的初拧值应根据试验确定，宜取终拧值的40%～70%，终拧方法可采取扭矩法或转角法。

c. 对大型节点，同时更换的数量不得超过该节点螺栓总数的10%，对螺栓少的节点应逐个更换。在一个连接处（或节点）少量更换的螺栓、螺母及垫圈的材质、规格、强度等级应与原桥上使用的相同，不得混用。

d. 高强螺栓拧紧后，节点板四周的缝隙应采用腻缝封闭。高强螺栓、螺母及垫圈的外露部分均应进行涂装防锈。

⑤对栓接梁、全焊梁，当在焊缝及附近钢材上发现裂缝时，可根据裂缝的位置、性质、大小及数量，采取下列相应措施：

a. 在裂缝的尖端钻圆孔，孔径宜与钢板厚度相等，并且不得超过32mm。

b. 高强螺栓连接加固；加固前裂缝尖端处应钻孔。

c. 抽换杆件或换梁。

⑥钢梁涂装养护应采取下列措施：

a. 针对不同钢结构项目，尽量使用与原有材质相同的油漆涂料进行养护。

b. 用风动打磨机对钢梁表面进行除锈处理。

c. 钢材表面应无可见的油脂和污垢，没有附着不牢的氧化皮，底材显露部分的表面应具有金属光泽。

d. 清洁，去除油污。

e. 除锈后钢梁表面应清洁、干燥，雨后受潮要重新进行干燥处理。

f. 手工除锈无法铲除的部分，可采用高效脱漆剂，使得老化或比较严硬的漆膜发生软化，再以清除。

三、支座养护维修

（一）桥梁支座定期检查和保养

桥梁支座应定期检查和保养，并应符合下列规定：

①球形支座滚动面不平整，轴承有裂纹、切口以及个别辊轴大小不合适时，必须予以更换。

②支点承压不均匀时，应进行调整。调整时可采用千斤顶把梁上部顶起，然后移动调整支座的位置。

③支座板翘起、扭曲、断裂时，应予更换或补充，焊缝开裂应予维修加固。

④如要抬高支座，可采用捣筑砂浆垫层、加入钢板垫层或预制钢筋混凝土块的办法。

⑤支座各部分应保持完整、清洁、有效，每年检查保养一次，冬期应及时清除积雪

和冰块，梁跨活动应自由。

⑥滚动支座滚动面上应每年涂一层润滑油。在涂油之前，应先清洁滚动面。

⑦除钢辊和滚动面外，支座其余金属部分应定期保养，不能锈蚀。

⑧固定支座应每两年检查一次锚栓牢固程度，支承垫板应平整紧密，及时拧紧接合螺栓。

⑨板式橡胶支座恒荷载产生的剪切位移应在设计范围内；支座不得产生超过设计要求的压缩变形；支座橡胶保护层不应开裂、变硬、老化，支座各层加劲钢板之间的橡胶板外凸应均匀和正常；支承垫石顶面不应开裂、积水；进行清洁和修补工作时，应防止橡胶支座与油脂接触。

⑩滚动盆式橡胶支座，固定螺栓不得有剪断损坏，应及时拧紧松动的螺母。

（二）支座的缺陷故障维修

支座的缺陷故障，应及时维修或更换，并应符合下列规定：

①滚动面不平整，轴承有裂纹、切口或个别辊轴大小不合适，应予更换。板式橡胶支座损坏、失效应及时更换。

②梁支点承压不均匀，应进行调整。

③支座座板翘曲、断裂，应予更换和补充，焊缝开裂应予维修。

④对需抬高的支座，可依据抬高量的大小选用下列方法：

a. 抬高量在50mm以内可垫入钢板；抬高量在50～300mm的垫入铸钢板；

b. 就地灌注高强钢筋混凝土垫块，厚度不应小于200mm。

⑤滑移的支座应及时恢复原位；脱空支座应及时维修。

⑥辊轴支座的实际纵向位移，应与计算的正常位移相符；当纵向位移大于容许偏差或有横向位移时，应加以修正。当辊轴出现不允许的爬动、歪斜或摇轴倾斜时，应校正支座的位置。

⑦小跨径（板）桥油毡支座的油毡垫层损坏、掉落、老化，应予更换。

⑧弧形钢板支座和摆柱式支座中的钢板不得生锈，钢筋混凝土摆柱不得脱皮露筋，固定锚销不得切断，滑动钢板不得位移，摆柱不得倾斜。对损伤和超过允许位移的支座钢板，应及时修理更换。

⑨球形支座应每年清除尘土、更换润滑油一次。支座地脚螺母不得剪断，橡胶密封圈不得龟裂、老化。支座相对位移应均匀，并记录位移量。支座高度变化不应超过3mm；应每两年对支座钢件（除不锈钢滑动面外）展开油漆防锈处理。

四、下部结构养护维修

当墩、台、柱由于混凝土温度收缩，施工质量不良及基础不均匀沉降等原因产生裂缝时，应视裂缝大小及损坏原因采取不同措施展开维修。

①裂缝宽度小于规定限值时，可凿槽并采用喷浆封闭裂缝方法。

②裂缝宽度大于规定限值时，可采用压力灌浆法灌注水泥砂浆、环氧砂浆等灌浆材

料修补。

③支座失灵造成墩台拉裂，应修复或更换支座。

④台身发生纵向贯通裂缝，可用钢筋混凝土围带或粘贴钢板进行加固；如因基础不均匀下沉引起自下而上的裂缝，则应先加固基础，然后采用灌缝或加筋方法进行维修。

⑤当混凝土表面发生侵蚀剥落、蜂窝麻面等病害时，应及时将周围凿毛，洗净后做表面防护。

⑥当混凝土表面部分严重风化和破坏时，应及时清除损坏部分后用与原结构相同的材料补砌，做到结合牢固，色泽和质地宜与原砌体一致。

⑦当表面风化剥落深度在30mm及以内时，应采用M10以上的水泥砂浆修补；当剥落深度超过30mm，且损坏面积较大时，应增设钢筋网浇筑混凝土层，浇筑混凝土前应清除松浮部分，用水冲洗，并且采用锚钉连接。

⑧墩台出现变形应查明原因，并采取针对性措施进行加固。

⑨当墩台裂缝超过限值时，应查明原因，采取下列措施进行加固：

a. 裂缝宽度小于规定限值时，应进行封闭处理；

b. 裂缝宽度大于规定限值且小于0.5mm时，应灌浆；大于0.5mm时，应修补；

c. 当石砌圬工出现通缝和错缝时，应拆除部分石料，重新砌筑；

d. 当活动支座失灵造成墩台拉裂时，应修复或更换支座，并维修裂缝；

e. 对于基础不均匀沉降产生的自下而上的裂缝，应当先加固基础，并应根据裂缝发展程度确定加固方法。

⑩桥台发生水平位移和倾斜，超过设计允许变形时，应分析原因，确定加固方案。

⑪桩或墩台的结构强度不足或桩柱有被碰撞或折断等损坏应查明原因，进行加固处理。

⑫桥台锥坡及八字翼墙在洪水冲击或填土沉落的作用下容易产生变形和勾缝脱落。修复时应夯实填土，常水位以下应使用浆砌片（块）石，并勾缝。

五、附属设施养护维修

（一）人行道破损养护

经常清除人行道范围内的杂物，对于不均匀沉降造成的局部裂缝，及时用水泥砂浆勾缝，对于损坏的部件及时更换。人行道由于不均匀沉降所造成的不平整，应及时进行维修。

（二）隔离栏养护

定期对隔离栏进行检查，确保基础稳定、无损坏或锈蚀，及时补缺及更新，确保隔离栏完整和美观，并每年进行一次油漆养护。

第二节　专项养护维修

一、吊杆、拉索的养护

（一）吊杆、系杆检查维修

吊杆、系杆护套管破损，油脂阻隔层渗漏会使空气、水汽通过渗漏点进入外保护层（PE套管、锚杯等）内部，侵蚀钢绞线，进而产生索力失效、断丝现象。

①吊杆与水平预应力索、锚杯等处的防锈油脂应每两年保养一次，并应注意防水，如发现防锈油脂渗漏，应尽快堵漏及补充。

②锚头的防护罩损坏应及时修补。

③柔性吊杆容易受到外力损坏，一旦出现PE套管损坏，立即采用玻璃纤维布或其他防护材料包扎。

④吊杆以及吊杆与横梁节点区防腐油脂不得泄漏、发酵，出现铁锈臭味，不得积水。

⑤吊杆拱桥的锚夹具应每季度检查一次，若发现松弛和锈蚀时，应及时维修。酷暑、严寒季节应加强检查和养护。

刚性系杆出现破损，则需采用与原材料相同的焊条进行对焊、抛光修复，并做表面防腐处理。

⑥发现锚箱、锚具锈蚀，应及时除锈或补漆。

⑦发现高强镀锌钢丝锈蚀时，应立即清除表面锈迹，涂刷环氧富锌底漆两道，最后涂覆防锈油脂。

⑧当桥上发生6级大风以后，应当检查吊杆有无异常。

⑨吊杆接近使用年限应加强检查，必要时上报更换吊杆。

（二）锚杯、封锚盖板检查维修

锚杯、封锚盖板等外部钢构件锈蚀，使得它们对结构受力构件的保护作用下降或失效，严重时如果封锚盖板跌落还会危及车辆、行人。锚杯、封锚盖板检查主要以表观检查为主，其中锚杯需打开检查内部。检查内容为锈蚀程度、防腐油脂状态、止水腻子老化程度、渗漏情况等。

（三）换索

①吊杆或体外预应力索检测发现以下问题时，应该向主管单位提出实施换索的请示。

a. 锚具出现裂纹；

b. 吊杆或体外预应力索断丝数量超过钢丝总数的2%；

c. 因锈蚀，吊杆或体外预应力索钢丝总截面面积减少 10% 以上。

②吊杆与体外预应力索使用年限超过索的设计使用寿命时必须换索。

③换索必须制定严密的施工与监控方案，在测定营运过程中每束索力的基础上，根据设计的技术要求，通过计算，确定索力值和换索方案。

④为保证桥梁结构、人员、车辆的安全，在施工期间必须设专人对交通进行管理和控制。换索时段及测定索力时段，应暂时中断交通。

⑤换索应根据设计单位确定的索力进行施工，确保桥面平顺。

⑥换索完成后，应进行全面检测，包括应力、线形及索力等。

⑦拆换下来的吊杆和体外预应力索应进行详细的锈蚀检测，测定有代表性索体的剩余承载能力，为今后养护吊杆和体外预应力索提供借鉴和依据。

二、斜拉桥的养护

斜拉桥应定期进行动力特性、重要部位的内力、拉索索力、拉索探伤和静载的检测，时间间隔不得超过 7 年。检测报告应结合历年的各项检测结果进行综合分析。应通过结构监测，掌握桥梁在使用过程中结构构件的变化和力学性能及空间位移情况。

①斜拉索锚固端的检查应符合下列规定：

a. 塔端锚头、钢主梁端锚头必须每半年进行一次保养，对在钢梁外侧并有钢盖板罩的锚头应每 3 年进行一次保养。

b. 锚具的锚杯及锚杯外梯形螺纹和螺母严禁锈蚀和变形，锚板不得断裂；墩头应无异常。

c. 锚固结构的支承垫块不得锈蚀、位移、变形；梁端锚箱不得锈蚀、变形；锚箱与主钢梁腹板连接的高强螺栓不得松动、锈蚀；塔端或混凝土梁端预埋承压钢板不得锈蚀、变形；钢板四周混凝土不得有裂缝、剥落、渗水等现象。

②斜拉索护层的检查应符合下列规定：

a. 水泥浆护层应每半年检查一次，拉索表面不得有裂缝，塔端锚头处不得有水和水泥浆渗出。近梁端的拉索底部应正常。

b. 防锈油膏应每半年检查一次并及时补充，套管不得老化、开裂。防锈油膏失效应及时更换。

③主塔混凝土发生碳化反应和有水渗入使混凝土发生钙化反应时，应在混凝土表面涂混凝土保护剂。

④锚箱裂缝应采用加强法及时处理。

⑤钢 – 混凝土组合梁的养护维修、检测应符合要求。

⑥端横梁的养护应符合下列规定：

a. 外力造成混凝土剥落与露筋时，应将钢筋的锈迹清除，并且把松动保护层凿去后修补。

b. 横梁箱内应通风，适时测量内外温差，温差不宜过大。对横梁箱体裂缝，必须查明原因后再做加固处理。

⑦当斜拉桥钢筋混凝土或预应力混凝土主梁的裂缝超过规定值或挠度超过设计规定的允许值或拉索索力偏离设计值较大时，应查明原因，通过计算进行加固和调整索力。

⑧拉索各部位的维修应符合下列规定：

a. 当拉索 PU 护层撕破露出 PE 护层超过 10% 时，应开展修补。

b. 拉索护层表面有裂缝，但表面干燥，内部无水渗出，钢丝未锈蚀，应将裂缝封闭；若钢丝已有锈蚀或表面潮湿，裂缝内有锈水渗出，应沿裂缝处剥开防护层，排除水分，露出钢丝，除锈并干燥后，再做防锈处理，修复防护层。

c. 塔端钢承压板四周的混凝土松动、剥落、开裂，应先将松动的混凝土去除，检查损坏的范围，比如内部钢筋锈蚀造成混凝土起壳剥落，应先对钢筋除锈，将损坏的混凝土凿去、擦净再修补；锚杯和螺母上的梯形螺纹出现变形、裂缝时，需做进一步的探伤，测量索力及做技术鉴定。根据鉴定结果，进行维修。

d. 应经常检查支座处斜拉索及阻尼垫圈式减振器的防水情况和橡胶老化变质情况，必要时可更换。

e. 当一根拉索内已断裂的钢丝面积超过拉索钢丝总面积的 2% 时，或者钢丝锈蚀造成该拉索钢丝总面积损失超过 10% 时，必须换索。

f. 设置在塔身与梁体之间的橡胶体横向限位装置应每年清除一次四周的污物，检查橡胶体的老化程度并做好记录，锈蚀的钢件应除锈后刷油漆。

三、钢系梁的养护

①系梁内外表面应保持清洁，清除箱内垃圾和积尘。

②系梁内如有积水，应该立即排除。

③系梁养护结束后，应关闭检修孔盖并上锁，避免雨水与闲杂人员进入箱内。

④系梁线形变化超过规定的变形，可采取下列方法加固：补加预应力束；增设体外预应力束；系梁补强。

⑤应加强对拱肋系梁结合部位的保养维修，以防水渗漏造成系梁钢构件锈蚀。

⑥对于预应力混凝土箱梁出现的裂缝，要找出原因，如因混凝土结构本身收缩、徐变引起的轻度裂纹，可用环氧树脂进行封闭；如因受力变形引起裂缝，应提出加固与修复措施。

⑦系梁钢结构的裂纹修复后应进行无损检查，确保焊缝不存在缺陷，否则重新修补。

四、拱结构相关养护

（一）拱肋、风撑、立柱养护

①每年常规定期检查前宜对拱肋、风撑、立柱进行一次保洁，彻底清除表面积尘和垃圾。

②拱肋、风撑、立柱外部保洁、检测应使用专用养护设施。

③拱肋、风撑、立柱、加劲肋等产生局部变形、穿孔或裂缝而削弱断面，应制定矫正、维修加固或更换方案，经过批准后实施。处理时应注意施工顺序，使大桥结构受力状况维持在允许范围。

④拱肋、风撑、立柱外表面安装附属构件时应选择合适的连接方式，未经设计单位同意，不得在主体结构上采用钻孔、焊接等连接方式。通常宜通过次要构件上的板件进行连接。

⑤对焊缝处有裂纹或开脱的焊接连接构件，采取必要的补焊、更换或其他措施。

⑥钢管混凝土拱肋、立柱钢管内有孔洞时，在相应部位处钻孔，灌注环氧树脂或水泥砂浆，然后封闭灌浆口。

⑦进行修补后的焊缝，应对相应部位涂刷油漆或涂抹油脂防腐，并做好标记，将其位置、数量做好记录存档，作为今后定期检查内容。

⑧火灾、化学污染或撞击等意外灾害发生后应使用无损检测方法对受影响焊缝进行专项检测。

（二）下部结构养护

①拱座与拱座周围的积水应及时排除，保持拱座处的清洁干燥。

②拱座处钢管与被混凝土包裹段交界处应涂抹油脂防护。

③拱座涂装若有剥落，应及时修复。

④及时清除桥墩表面的青苔、杂草及杂物。

⑤桥梁如产生桥墩下沉位移，应进行观测，尽快查明原因，及时处理。

⑥因碱-集料反应、氯离子侵蚀、空气或水污染腐蚀混凝土，锈蚀钢筋，造成拱座、桥墩混凝土裂缝扩展、坏损等，应截断污染源，修补裂缝及坏损部位，必要时对混凝土表面进行涂料防护。

⑦混凝土拱座、桥墩出现表面裂缝病害，可用灌浆，封闭、凿除后修补或其他相应方法处理。

⑧桥梁基础附近的河床应保持稳定。

⑨当基础局部出现冲刷过深或局部掏空时，应及时抛填块石、片石、铅丝石笼等进行维护；基础周围冲空范围较大时，除填补基底被冲空部分外，并且应在基础四周加砌防护设施，或灌注水下混凝土。

⑩在基础附近施工时应符合相关标准或规定，避免扰动基础土体。

⑪如发生桥墩、承台遭受船只撞击，应立即上报养护管理部门，并安排针对桥墩、承台及桩基础的特殊检查。

五、隔音屏的养护

（一）隔音屏冲洗

隔音屏冲洗步骤如下：

①使用水车喷水打湿隔音屏，冲除部分污渍。

②在水桶里混合工业洗洁精与自来水。

③采用鬃刷和隔音屏拖把浸泡混合液人工擦洗，擦净隔音屏上下罩板和玻璃污渍（对于隔音屏外侧使用登高车进行擦洗）。

④使用水车第二次冲洗隔音屏，冲净工业洗洁精与自来水混合液。

（二）隔音屏维修

①隔音屏的维修：对损坏的隔音屏进行切除；修复隔音屏要注意水平度和垂直度，控制好线性的顺直。焊接要求进行满焊，并进行油漆，如焊接底板松动时先处理底板。

②隔音屏玻璃的维修：隔音屏玻璃框架为金属结构，使用扳手拆除固定螺栓卸下破损玻璃，安装新玻璃时注意橡胶条完整，玻璃平整禁止有摇晃、松动。

六、涂装施工养护

涂装施工应注意涂装色泽，防止出现设施外观色差而影响美观。控制合理的涂料厚度，防止流挂，注意涂装层次、颜色均匀。

涂装施工养护步骤如下：

①现场配制合适色泽的涂料。

②使用钢丝刷、铁砂皮清洁构件表面。

③涂刷第一道涂装。

④涂刷第二道涂装，两层涂料之间涂刷间隔时间根据现场情况合理控制。

七、其他设施养护

（一）排水系统养护维修

①日常性检查包括桥面是否有坑槽，是否有积水；管口是否堵塞，进水口的盖框及格栅是否完好，管体有无脱落，出水口是否通畅。

②进水口应确保每10天清捞一次，对损坏、缺损的桥梁进水口须立即进行更换维修，且需采用与原设施性质相同的材料；进水口抹面要光洁。

③桥面泄水孔应完好、畅通、有效。

④排水立管应保证每两个月疏通一次，立管集水斗应保证每季度清捞一次，尤其是每年雨季前应全面检查、疏通，并加大检查频率。

⑤定期检查排水管道是否开裂或者损坏。立管修复时要擦净管口，均匀涂刷胶水，管道接好之后，要经检查保证不渗水。管道安装抱箍要安放水平，螺栓要牢固。

⑥如发现泄水管堵塞，应使用专用高压冲水车进行疏通。

⑦系梁箱内排水管道应保持通畅，无渗漏，发现渗水应及时修复，并清除箱内积水，并进行必要的涂层修复。

⑧如发现路面有坑槽，应及时修补，避免积水。

⑨及时维修导水设施的支撑构件，出现泄水管损坏应及时修补，损坏严重的应及时更换。

⑩排水管连接件应保持足够延性，以满足桥梁的伸缩要求。

（二）人行道与观景平台养护

①人行道和观景平台应每季度检查一次。

②人行道和观景平台应保持干燥，不得有积水。

③人行道板不得出现结构性破损。

④人行道和观景平台扶手应完好、牢固，不得有油污等黏性易滑物质。

⑤发现观景设施损坏应及时修复，在修复前应在附近设置警示标志。

⑥花岗岩、大理石、地砖面层应完好、平整、排列整齐、缝隙均匀。出现翘起应及时修复，发现开裂破损应及时更换。

（三）桥上交通标志和标线养护

①应确保交通标志与标线的正确性、合理性。

②交通标志、支柱、连接件、基础等标志部件应完整、无缺损且功能正常。

③应对交通标志安装位置、角度、油漆、反光材料是否完好、齐全或是否贴有广告、启示等进行经常性检查，应对交通标线是否清晰、是否受到污染和磨损进行经常性检查。

④反光交通标志应保持良好的夜间视认性，对各种交通标志与标线的反光性能经常性检查应在夜间进行。

⑤检查中发现交通标志反光材料、油漆局部脱落、褪色的应修补或重漆，损坏严重或丢失的应及时更换或补充。

⑥对交通标线遭到损坏、污染、磨损的，应记录病害缺陷状况与位置，并及时修复。

⑦因剥落、污染、磨损而影响指示效果的交通标线达到50%以上时，应重新制作标志线。

⑧交通标志架应保持清洁，无明显剥落、锈蚀。每年开展一次油漆养护。

⑨当交通条件有变化时，应对交通标志和标线进行相应的变更和增补。

第三节 养护应急预案

一、总则

（一）目的

为有效应对城市桥梁可能出现的突发事件，使突发事件得到及时、有效、妥善的处置，最大限度地减少城市桥梁突发事件造成的损失，保障人民群众生命财产安全，特制定本预案。

（二）适用范围

本预案适用于管辖范围内的城市桥梁在养护、维修、检测、使用过程中出现的自然灾害、事故灾难与社会安全事件等突发事件。

（三）事故分级

本预案所指各类突发事件，主要为自然灾害、交通事故、火灾、爆炸事故、化学品泄漏事故、人为蓄意破坏等引发的或由桥梁设施性能退化导致的设施损坏（包含主体结构损坏、桥面系损坏、附属设施损坏及附属管线损坏等）及由设施损坏导致的人员伤亡等事故。

突发事件分为重大事件和一般事件。

①重大事件：地震、爆炸、恐怖暴力活动或人为蓄意破坏等引起主体结构破坏；危险品污染或泄漏可能产生安全隐患；严重火灾、重大交通事故及各类导致人员伤亡以及其他原因造成桥梁长时间不能使用的突发事件。

②一般事件：交通事故、恶劣冰雪天气、关键设备故障、长时间停电和日常运行中出现的造成桥梁设施短时间不能使用的突发事件。

（四）工作原则

①以人为本，依法规范。把保障人民群众的生命安全和身体健康作为应急工作的出发点和落脚点，最大限度地减少桥梁灾害造成的人员伤亡和危害；切实加强处置桥梁灾害安全防护，提高科学指挥的能力和水平。依照有关程序制定、修订应急预案，做到依法行政，依法实施应急预案。

②防治结合，预防为主。所有工作人员都有维护交通安全设施、遵守道路交通安全法律法规和提高交通安全意识的义务。

③整合资源，信息共享。按照降低行政成本的要求充分利用现有资源，对人员、资

金、设备、物资等进行有效整合,保障应急处置工作的正常进行。强化情报信息的沟通与交流,以信息网络等为载体,建立信息服务平台,实现信息资源共享,为科学决策提供正确的依据。

④快速反应,密切协作。万一发生突发事件,立即进入应急状态,启动应急预案,确保发现、报告、指挥、处置等环节紧密衔接,在最短时间内控制态势。各应急抢险小组在部门负责人的统一领导下,分工负责,互相支持,协调联动,整体作战。

二、预防预警机制

(一)信息收集

①掌握周边环境和气象信息,关注气象站、水文站、地震站发布的降温、降雪、大雾、台风、暴雨、地震等天气警报,主动、及时记录气象预报,早做准备,防患于未然。

②掌握交通监控过程中的各类交通信息,提供车辆行驶中的情况,及时了解发生的各类事故,做到快速到位、应急处置。各信息发布部门应当及时通过各种方式向社会发布道路行驶状况信息。

③应急调度指挥应与行业的各管理单位建立信息传递网络,以电话、传真为联系,定时传递各项预案的实施情况。事件的处置过程中要注意信息的互动,保持信息的连贯性。

④掌握桥梁设备设施的维修养护、状况监测等各类信息。

⑤掌握桥梁健康评测过程中的各类信息,如桥梁监测、评估的报告等。

(二)预警响应

养护应急部门负责汇总、收集和研究相关信息,及时做出预报;根据上级有关部门发出的预警等级按要求实施相应等级的应急处置响应,并且按上报程序随时报告动态处置情况。

进入预警期后,应采取以下预防性措施,并及时向管理部门报告相关情况:

①准备或直接启动相应应急预案处置规程;

②必要时,向公众发布可能受到桥梁设施运行事故危害的警告和劝告;

③根据需要,对桥梁设施采取临时性工程措施;

④协同上级应急指挥小组,组织应急救援队伍和专业人员进入待命状态,并视情形动员后备人员;

⑤调集、筹措所需物资和设备;

⑥法律、法规规定的其他相关措施。

三、应急处置

(一)信息报告

信息报送时限根据影响范围确定。发生事故后,开展首报、续报和终报制度。

首报:养护公司在立即组织应急抢险的同时,应立即向主管部门和市应急联动中心口头上报。

续报:根据应急处置的进展,养护公司应向主管部门和市应急联动中心续报处置措施、现场情况以及善后工作等情况。

终报:当事件处理完毕,养护公司应在 15min 内向主管部门和市应急联动中心做出书面报告,做到事故信息有报必销,保障信息传输准确、及时。

(二)先期处置

养护公司在事故发生后,要根据预案规定的职责和权限启动相应工作预案,参与先期处置,并积极引导和妥善安置疏散人员与车辆,控制事态并及时向上级报告。

①迅速组织自救处置;
②现场安全控制,保证后续车辆安全距离;
③协助交通,指挥弃车逃生和疏散;
④协助公安消防,提供救援通道和需要的设备,协助现场人员抢救;
⑤协助现场勘察,提供相关资料;
⑥做好信息上报;
⑦做好现场设施设备破损统计、取证、上报工作;
⑧事后评审、修复、补充。

相关应急联动单位在事故发生后,要按照预案规定的职责和权限启动相应工作预案,参与先期处置,并积极引导和妥善安置疏散人员与车辆,控制事态并及时向上级报告。

(三)信息发布

养护公司所养护设施运行事故的信息发布应当按照各市《政府信息公开规定》的有关要求,做到及时、准确、客观、全面,并根据处置情况做好后续信息发布工作。

养护公司所养护设施运行事故应急处置结束,或者现场危险状态消除和得到控制,由负责决定、发布应急处置信息的机构或现场指挥机构视情形宣布解除应急状态,转入常态管理。

四、后期处置

(一)现场清理与功能恢复

事故处置完毕后,养护公司应在应急指挥部统一调度下组织人员及设备及时对桥梁设施及周边进行清理与除障,集中力量恢复桥梁基本功能,并就事故发生处进行详细检查，收集现场资料与信息以配合事故调查分析。

（二）调查与评估

事故处置完毕后，根据不同突发事件收集和汇总相关信息，按行业管理的职责提交涉及本行业范围内的调查分析、检测和后评估报告，并且就事件发生的原因、影响范围和受损程度及开展应急处置工作的综合情况予以总结，按报告制度的规定提交总结报告。

五、应急保障

（一）设备保障

在日常的运营管理中，必须配置必要的各种车辆设备，保证24h处于待命状态，以便应急处理突发紧急事件。根据桥梁的特殊情况配置皮卡车1辆、巡逻车1辆、洒水车1辆等车辆设备。

（二）物资保障

按照市应急预案的有关规定，平时应配备充足的应急救援装备、物资、药品、车辆、工具材料和通信设备等；配备必要的安全、消防设备、器材，人员防护装备等。同时，还应配备如防毒面具、生石灰等碱性液体、黄沙、木屑、工业盐、草垫、橡胶套鞋、警示架、红白带、警示灯、防爆照明灯、警棍等物资材料，并备有清单。平时应保证这些物资材料保持良好状态。

应急车辆的停放地点、物资材料的堆放点、工具存放的仓库等都要有明确的位置，以便应急处置时，可根据指挥中心要求及时到位、投入使用。

（三）信息保障

①信息共享机制。养护公司负责配合有关部门，建立健全桥梁设施运行事故信息共享机制和应急传递系统。明确现场信息采集的范围、内容、方式、方法、传输渠道和要求，以及信息分析和共享的方式、方法以及报送、反馈程序。

②信息报送。养护公司负责编制信息报送流程图，明确上下信息报送接口、反馈程序，做到流程封闭。

③信息分析和共享。养护公司应配合有关单位，建立及完善桥梁设施运行事故信息资源库，对上报的各类信息进行汇总、分析、总结，建立信息评估制度。通过信息网络等方式，实现信息共享。

六、监督管理

（一）培训

由市城市公共设施事故应急指挥部办公室组织，会同有关部门，向成员单位培训应急指挥联动和综合处置、风险评估等内容。

养护单位应针对本专业抢险工作特点,实施以桥梁突发事故预防与应急准备、监测与预警、应急处置与救援、事后恢复与重建等为主要内容的各类培训。

(二)演练

通过应急演练,培训应急队伍,落实岗位责任,熟悉应急工作的指挥机制、决策、协调和处置的程序,识别资源需求,评价应急准备状态,检验预案的可行性和改进应急预案。

根据本预案要求,定期组织相关单位开展综合性演练,检验应急队伍的综合快速反应能力,做好跨部门之间的协调配合及通信联络,确保应急状态下的有效沟通和统一指挥。

桥梁专业单位应根据自身特点,每年开展专业预案的应急演练,以提高处置本专业事故的能力。演练结束后应及时进行总结,并报市城市公共设施事故应急指挥部办公室。

(三)监督检查

运行事故应急处置工作实行行政领导责任制和责任追究制。养护公司应按照各自职能,加强本预案实施过程的检查,督促有关部室采取措施,及时整改存在的问题。

第四节 桥梁养护信息化

一、桥梁养护信息化系统

(一)桥梁养护信息化系统建设背景

目前我国的桥梁养护现状是工作手段落后,管理系统滞后,还存在"管理手段机械化、危害记录平面化、资料管理台账化"的静态管理状态。相对于其他信息化走在前列的行业,桥梁养护手段存在较大的局限性,比如桥梁巡查是路桥养护公司的常态化工作之一,也是直接发现城市基础设施病害的最主要的来源。传统模式下的巡查,由一线作业人员随机检查责任区域的城市基础设施使用情况,一旦发现病害,那么向施工部门进行信息提报,施工部门接到指令后进行病害检修。此模式在执行过程中至少有以下瓶颈:

①缺乏固化的巡查路线,工作缺乏计划性、规范性,容易出现漏查、漏检的现象;

②对病害维修时限没有把控,容易造成病害长期不修的现象;

③缺乏监管机制,管理部门无法实时监管相关区域责任人的工作执行情况,考核无从开展;

④病害信息无法全面、实时记录,不利于数据的整合和分析。

综上所述,传统养护已经不能满足现阶段桥梁养护的新需求和新形势,急需采用更加科学、有效的信息化系统来管理桥梁的养护工作,为桥梁的安全运行保驾护航。利用桥梁养护信息化系统可以规范整体业务流程操作，提升运营效率，控制运营成本，提高报表水准，实现桥梁的智能化管理养护。

（二）桥梁养护信息化系统简介

1. 桥梁养护信息化系统的概念

桥梁养护信息化系统是指利用 PC 端软件和手机端 APP 实现数据传递、共享，对整个养护流程进行固化，将整个养护过程通过数据开展记录并储存，从而实现系统管控、数据积累、报表分析。

2. 桥梁养护信息化系统的实现功能及应用价值

桥梁养护信息化系统的实现功能及应用价值见表 8-1。

表 8-1　桥梁养护信息化系统的实现功能及应用价值

所属模块	实现功能	应用价值
设施管理－设施信息管理	维护和管理养护设施基本信息和坐标信息	实现基础信息标准化管理，是养护管理 APP 应用的基础。通过系统报表，能够迅速、准确掌握养护设施的基本信息
病害信息管理	管理养护病害的基本信息	实现基础信息标准化管理，是养护管理病害的参考档案。根据不同的病害分类，制订不同的维修时限，系统根据病害发现时间和维修时间自动计算维修完成时间，作为维修时效考核的依据
设施维护管理——巡检计划	根据管理需求维护巡检计划、巡检人员、巡检周期	根据管理要求，由系统维护日常巡查计划，系统根据设定的巡查周期自动生成和关闭巡查任务，通过信息化手段，实现管理制度的落地与管控
设施维修管理——病害申请	维护非手机终端上传病害；通过设置审批流程，把病害转到设施、病害对应的维修主管	通过信息系统实现病害及时、准确地流转到对应维修主管，提高工作效率。实现报表统计汇总分析不同来源的病害数量和比例

设施维修管理——维修工单	维护维修工单中的人员、物料、工具等信息，派发工单到手机端；记录病害维修的全过程	通过维修工单状态管理工单派单、维修完成、核查完成的维修过程；根据工单记录的维修完成时间，与病害计划完成时间进行比较，判断是否超期，实现NC系统对维修及时率的统计考核；通过材料、人工、工具费率，计算工单消耗的成本，实现维修成本的多维度统计分析；系统自动生成工作量确认单，节省内业工作量，提高工作效率
手机端巡查	在手机端进行巡查签到和病害上传	通过手机端GPS在设施点定点签到，加强人员的现场管理；病害实时拍照上传，数据在系统内自动存档，节省内业工作量，提高工作效率
手机端维修	在手机端进行维修信息收集上传	通过手机上传维修时间、维修照片的信息，根据维修时间计算人工和设备耗用成本；上传的维修照片自动进入工作量确认单
手机端核查	在手机终端实现维修核查	病害维修完成后，自动流转到巡查人员手机，提高工作效率，降低核查遗漏数量，保证养护质量；核查人员上传的核查照片自动进入工作量确认单
报表分析	巡查类报表、维修类报表分析	实现按设施、部门、时间、病害等维度准确、高效地统计分析巡查完成率、巡查明细情况、维修及时率、维修明细情况等信息，为项目立项、养护工艺改进、招投标等提供可靠依据

3. 桥梁养护信息化系统功能的实现

（1）固化桥梁周期性巡查的计划模板

系统周期性自动分派任务到指定巡查人员的手机APP端，巡查人员根据巡查任务到达巡查地点，会自动进行签到并上传至系统平台，避免巡查人员不到位现象；巡查发现养护问题后，现场采集病害位置、类型、照片并且及时上传至平台。同时，利用GPS定位与地图功能，管理部门可通过可视化的方式，随时跟踪和监督每位巡查人员的工作动向、实际巡查路线以及是否按时完成巡查等，提高了对巡查人员工作效率和有效性的考核。

（2）任务单生成实现自动化

现场病害上传至平台后，平台自动提醒主管负责人下发维修单，派遣维修人员进行养护处理；维修人员凭借手机APP的派单信息向仓库领取所需材料和设备，并按照派单信息在指定地点进行养护作业，完成后立即通过 APP 上传维修照片、人员、工时、用料等信息，主管负责人可及时在平台上进行查看，保证维修质量；巡查人员再根据维修信息核查养护维修情况，上传核查照片及核查结果，形成养护工作闭环。并且，系统根据不同的病害分类制定不同的维修时限，按照病害发现时间和维修时间自动计算维修完成时间，作为维修时效考核的依据。

（3）自动生成各类报表，并方便查询

①巡查情况统计表：该表进行各部门每日巡查计划任务数、实际完成数、未完成数及完成率的统计，实现了工作的监管。同时，此报表支持按分公司、部门和日期条件进行信息筛选查询。

②巡查情况明细表：该表提供设施名称、设施类别、管理部门、应检日期、设施实时是否有未处理病害、未处理病害数量、巡查人员以及巡查周期等信息。通过该表可查询具体哪些设施已经完成巡查，哪几座设施没有完成巡查或者正在巡查。

③维修明细表：该表可提供每个案卷的详细信息的查询，包括：设施名称、设施管理部门、病害位置、病害分类、病害名称、病害范围、病害计量单位、首次发现病害时间、病害维修时限、维修开始时间、实际修复时间、超期时间和超期次数等，超期案卷通过亮红灯的方式作为异常显示。

④维修工程量确认单：在完成每项养护工作后，系统自动生成维修工程量确认单，以便实现工程量统计和成本核算的功能。

（三）桥梁养护信息化系统的作用和意义

桥梁养护信息化系统实现了各类标准化体系的建立，收集包括养护工作中各个时间点、地点、坐标点、人员工作量信息，物资储备信息，用料信息，图片信息等。相关负责人在开通权限后均可在系统平台上查看每个步骤完成情况，通过报表系统汇总统计查看病害出现频率、维修频率等，能够有效提高日常养护作业的管理能力。桥梁养护信息化系统实现了对现场工作、现场人员的实时跟踪、实时督查、实时考核，同时实现了数据实时上传，提高了部门间的协作效率，缩减了中间信息处理环节，提高了工作效率，减少了内业工作量。

在互联网迅速发展的今天，桥梁养护部门应结合桥梁养护与维修工作实际，积极构建合理的桥梁养护信息化系统，不断提高桥梁养护及维修管理工作信息化水平。

二、BIM 技术在桥梁养护中的应用

（一）传统模式下桥梁养护管理中的不足

在桥梁整个生命周期的管理中，养护管理是一个极其重要环节，在很大程度上决定了桥梁的使用寿命。在既有桥梁的养护管理中，传统模式的主要问题体现在：第一，既有桥梁的运营和维护时间有较大的跨度，桥梁有比较多的构件，而且较为复杂，桥梁的设计、具体施工、运营维护都是由不同的单位负责，桥梁设计阶段和施工阶段的信息不

能运用到运营和维护阶段，造成桥梁故障分析出现滞后，无法及时维修桥梁出现的故障。第二，监测既有桥梁若是只依靠人工方式巡检，不可实现实时监测，同时监测浅层化。人工方式巡检使用肉眼对结构问题进行识别，或借助传感器实施结构监测，将监测信息手动存储到文档中，无法集成信息。这种运营维护管理模式较为烦琐，其效率也不高，且会有较高的出错率。第三，传统模式的运营维护和管理达不到可视化，无法在三维视图中直观显示故障部位，不能实时定位构件、设备，不能预测桥梁的健康趋势。

（二）BIM技术在桥梁养护管理中的优势

在既有桥梁的养护管理中应用BIM技术，其主要优势是：第一，能达到桥梁养护管理的基本要求，共享设计、桥梁施工与养护管理的信息，使桥梁全生命周期信息准确度得到提升，提供给各方人员进行管理的便捷平台，使养护管理的效率得到有效提升。第二，以BIM技术为基础开展桥梁的养护管理，能达到可视化监测，在BIM桥梁养护模型中集中了结构软件、人工巡检和其他的监测信息，能直接预测桥梁未来发展的健康趋势，在监测中可观察桥梁的薄弱环节，确定需要重点监测的对象。第三，在桥梁的养护管理中，BIM技术也能在变更工程、动态改变信息资源和交互信息等方面实现可视化，能让养护管理既有桥梁的设计单位、管理单位和施工单位很方便地开展协同化构建与管理。

（三）基于BIM技术的桥梁监测系统的搭建

基于BIM技术的桥梁监测系统集数据采集、数据传输、数据分析、综合评估与预警等功能为一体。根据桥梁结构特点，以及桥梁预警、管养与评估决策方面的要求，该系统可由下列五大子系统组成：

1. 传感器子系统

传感器子系统包括桥梁的结构变形，比如桥面的具体技术要求如下。

①根据BIM技术中实景建模技术真实地呈现桥梁的周边自然地理环境，通过软件快速三维建模，观察桥面是否存在较大病害，通过控制点测量桥墩、桥台等关键结构是否存在偏移和下陷等变化，以此来确定监测内容及选择传感器的测点布置。

②通过Bentley Context Capture软件来实现结构物和周边环境的实景建模。该软件原理是从不同视点拍摄大量静态构造物的照片，连续拍摄且有80%以上的重叠率（重叠率越高，真实场景的还原度越高），相邻两张照片自动生成高分辨率的三维模型。比如桥梁的整体模型和桥面、桥墩、桥台等局部模型都可以通过该软件精确自动生成。模型的精度主要取决于所拍照片质量、数量，还有拍摄距离、拍摄角度、拍摄方式等诸多要素。

③充分考虑实际的地理、气候环境，尽量选用高精度专业无人机拍摄，以及技术成熟、性能先进的品牌传感器，无人机和传感器的稳定性和可靠性在实际中已予以适用验证。

④监测项目的设计和测点的布置符合必要性的原则，即要求监测数据或照片应能客观反映关乎桥梁结构安全的状态信息，满足安全预警和评估要求，遵循"代表性、实用

性、经济性、精确性"的原则。

⑤无人机、传感器等设备抗干扰性强、耐久性好,能够在工作环境下稳定工作。

⑥设备实用性强,方便安装、维护和更换,集成化程度高,方便统一管理控制。

⑦应保护传感器及采集传输设备不受温度、雷击及干扰源(电源、电磁)等环境因素的影响而出现损坏现象。

2. 数据采集与传输子系统

数据采集与传输子系统的主要功能是对无人机拍摄的照片和各传感器信号进行采集和传输。该系统应符合以下要求:

①能够向安全评估与预警子系统提供满足数量和精度要求的监测照片和数据;

②能够实现数据的同步采集;

③按照不同的数据特点及其分析要求,采取对应的采集方案,保证信噪比高、不失真;

④数据采集与传输设备的选择要做到兼容性、耐久性和环境适应性好,易于维护、更换。

3. 数据处理与管理子系统

数据处理与管理子系统包含计算机硬件、BIM 信息处理和数据分析软件以及数据库管理和接口软件,是监测中心的"心脏",它是桥梁监测信息化、数据化的核心,并为整个桥梁状态评价和预警提供有力数据支撑。该系统主要功能是完成大量数据的处理、归档和存储等管理;通过网络设置来控制桥梁的各个数据采集站、传感测试设备等工作;管理和存储整个监测系统各个桥梁结构主体的全寿命的静态数据和动态数据,静态数据包括桥梁地理信息数据(地理位置)、基础设计资料和荷载试验资料等,动态数据包括工程结构物日常巡检、定期检测、特殊检测、动态监测数据。该子系统应当符合以下要求:

①能够实现对监测数据处理、存储、归档以及自动备份的管理;

②能够自动控制实现对数据的采集和传输,并且能够实现人工干预控制;

③具有相应的软硬件安全机制,保证数据安全,防止数据丢失或者人为恶意破坏、盗用;

④对监测数据、监测设备信息和桥梁检查、检测信息等与结构状态有关的数据进行分布式存储与管理;

⑤系统具有数据备份和恢复功能;

⑥系统应该具有数据转换功能,为安全评估和预警子系统及用户提供各种格式的数据;

⑦具有数据维护功能,可对数据库中已有的数据进行增加、删除和修改等操作;

⑧能够实现海量数据快速检索的功能。

4. 安全评估与预警子系统

安全评估与预警子系统能够利用监测数据实现结构状态及损伤识别,并结合检查、检测结果对桥梁结构的安全状况进行预警评估;可以实现对荷载与环境数据、结构整体和局部数据的全面系统分析和特殊分析，为安全预警、评估提供基础数据。该系统应当具备以下功能：

①通过设置的明确阈值，对实时监测结构状态参数信号进行判断和分级预警，并对报警情况进行记录；

②对自动化监测数据及定期测量结果进行统计、对比分析、趋势分析和相关分析；

③综合各种监测数据、定期测量信息和分析结果，对结构安全和使用状态进行总体评价。

5.桥梁监测平台

桥梁监测平台是对所有桥梁进行集群化监测及统一显示的平台，通过该平台实现将各种数据实时按需求向用户进行展示，并且接受用户对系统的控制与输入。通过建立在监测中心服务器上的基于B/S架构的BIM中的Bentely软件，向监测中心现场操作人员以及授权的远程客户端用户提供友好的人机交互界面，实现便捷的系统控制、监测数据立体查询和在线分析。该平台应当实现以下功能：

①提供方便的人工定期测量信息录入接口；

②基于BIM软件提供监测桥梁三维真实环境下的桥梁结构展示，并且提供逻辑结构清晰的，集图形、表格、文字等多种形式于一体的数据信息展示方式，展示效果简明且直观；

③具备远程信息发布与共享、远程授权操控能力；

④基于BIM强大的数据信息管理能力，具有自动化报告和报表生成功能；

⑤用户界面能够展示实时动态监测数据，显示数据采集与传输工作状态、数据处理与分析结果，做出安全评估并给出安全预警信息提示等。

BIM技术在实际桥梁监测系统的搭建中发挥巨大作用，实现了桥梁养护的信息化管理，大大提高了桥梁，特别是大型、复杂桥梁的监测养护的效率和效益，节约了时间与成本。BIM技术为桥梁监测系统的搭建提供了新的思路，为桥梁后期的运营维护提供了新的方向。

（四）BIM技术在桥梁养护管理中的应用

伴随我国国民经济的快速发展，高速公路在促进经济发展方面具有举足轻重的地位。交通量的快速增长和超载车辆的增多，对公路通行能力和承载能力的要求越来越高，公路桥梁作为公路运输中的"咽喉"，发挥着越来越重要的作用。许多正在使用中的桥梁或多或少会出现老化、维修不足、长期疲劳作业、病害大量出现等情况，很难适应日益增长的交通需求。随着环境因素和交通荷载的相互作用，桥梁的技术状态不断恶化，使用功能降低。当前，国内桥梁坍塌事故已造成人民生命财产的损失，造成了恶劣的社会影响。因此，桥梁的养护管理受到交通主管部门的高度重视。

1.桥梁病害三维可视化采集管理系统结构

为了实现桥梁病害的精细定位，实现三维可视化和跟踪式病害记录，本书提出了基于 BIM 技术的桥梁信息采集与管理系统的三维可视化。该系统结构划分为病害记录存储模块、桥梁三维建模模块、病害信息采集模块、病害记录管理模块和用户权限管理模块。桥梁病害三维可视化采集管理系统的具体实施步骤是：①离散病害信息和存储的定义；②桥梁三维模型的建立；③移动终端的病害信息采集；④病害记录档案管理。

2. 桥梁病害三维可视化采集管理系统实现方案

桥梁病害三维可视化采集管理系统中，桥梁三维建模模块有着重要作用，它根据桥梁资料，基于 BIM 技术建立桥梁三维模型，并进行格式转换（可以转换成采集终端三维模型和管理终端三维模型），然后将三维数据采集终端模型和管理终端三维模型引入病害信息采集模块和病案管理模块，统一协调一系列模块组成桥梁三维可视化采集管理系统。该系统相异于以往的桥梁数据管理系统，在三维软件中通过 BIM 模型，基于计算机图形学原理，获得桥梁病害位置在三维屏幕中的坐标。

（1）病害记录存储模块

病害记录存储模块可以存储各桥梁、各批次病害记录，定义病害信息离散、存储方式，病害信息存储以结构化数据表存储病害记录。其中，每个病害记录包括病害记录 ID、桥梁 ID、检查批次 ID、副病害记录 ID、病害位置的三维坐标和自身属性参数。病害记录 ID 是各病害记录的唯一标识；桥梁 ID 区分系统中的各座桥梁，标示哪座桥梁出现病害；检查批次 ID 则是区分检查任务批次，确认病害属于哪个批次记录；副病害记录 ID 是上一批次中与本条病害记录同一位置的病害记录 ID，以便追踪病害历史、发展情况；病害位置的三维坐标与桥梁三维模型坐标对应，每个三维模型在不同的模块，都使用统一坐标模型，模型改变时，相应的三维坐标系统数值也应当随之相应变化；自身属性参数是指病害位置信息以外的、关于病害类型和特征参数的信息，如裂纹长度、支座脱空百分比等。此外，还可以根据系统的功能添加额外的属性到病害记录中，它适用于存储模块中的结构化数据库。病害信息离散后以结构化数据表的形式存储为病害记录，病害记录以病害标记体的形式显示。

（2）桥梁三维建模模块

桥梁三维建模模块为系统的每个模块提供了桥梁三维场景的坐标系统的统一模型——基于 BIM 技术桥梁模块的三维模型，该模型不仅包括三维几何模型，也包含三维模型相应的连接信息。三维模型在建立过程中，关键部件的拆分模式十分重要，部件拆分过细则会使得构件数量过多，使其数据库被大量较低价值的信息占据，造成系统信息维护以及运行成本增加；拆分过粗则会使得相关信息缺失，运营分析工作受阻。因此，构件是承载信息的基础，结构拆分是否合理将直接影响信息组织和信息利用效率。在建模过程中，应合理分离桥梁构件。拆分后部件作为信息描述的最小单元，其建造、损坏、维护和替换信息将被记录下来。在 BIM 模型中，组件的几何形状绑定到数据库中的组件 ID，然后将数据库中的组件信息连接起来。

（3）病害信息采集模块

病害信息采集模块用于桥梁维修病害检测、病害信息采集等领域。这个模块通常是基于移动设备，如 Android 或 IOS 设备，软件使用如 OpenGL 和 WebG 等三维引擎，以显示桥梁三维模型。在三维模型的基础上，获取模型场景的三维坐标，并输入病害的参数。三维坐标和参数连接后，形成病害记录。病害记录可以被缓存到采集设备的本地存储数据库中。用户通过用户权限管理信息采集模块，验证登录后的病害信息采集模块，选择待查桥梁，检查不同批次，获取不同批次记录的桥梁 ID。

（4）病害记录管理模块

病害记录管理模块进行病害记录的三维可视化管理。该设备模块采用 PC、平板电脑等支持数字三维显示设备的硬件，在管理软件中采用对应的三维引擎、显示桥梁模型，并在此基础上显示三维信息和维护病害信息。该模块包括两个子模块，分别是病害信息三维显示模块和病害信息维护模块，分别对数据存储模块中的病害记录进行显示和维护。病害信息三维显示模块的三维显示方式包括：病害信息的图形化显示、查看详细信息、桥梁病害总览、病害历史追踪；病害信息维护模块中的维修方式包括：删除病害记录、修改病害记录、增加病害记录。

（5）用户权限管理模块

用户权限管理模块的功能是控制各用户的操作权限。不同用户具备系统设置、桥梁基本信息维护、数据入库、数据查询、数据修改、数据删除等权限或权限组合。

BIM 技术基于三维的管理模式，突破了传统管线管理系统的二维平面静态管理方式，具有内容更丰富、图形更直观等特点，以病害标记体作为信息入口，能够更加方便地对病害信息进行查看、删除、属性修改以及位置移动等操作；构件根据损伤程度不同以不同颜色显示，可以更直观地观察结构整体损坏情况。

参考文献

[1] 王庆杰，秦锋.公路桥梁施工风险与管养[M].长春：吉林科学技术出版社，2023.
[2] 赵福君，王怡森，易亮.公路桥梁施工技术与管理研究[M].北京：现代出版社，2023.
[3] 王婧，刘大鹏，魏静.市政工程计量与计价[M].重庆：重庆大学出版社，2023.
[4] 周质炎，夏连宁.市政给水排水工程管道技术[M].北京：中国建筑工业出版社，2023.
[5] 孔谢杰,李芳,王琦.市政工程建设与给排水设计研究[M].长春:吉林科学技术出版社，2023.
[6] 徐军，宋冰菊，张陆.公路桥梁建设与检测技术研究[M].长春：吉林科学技术出版社，2023.
[7] 李顺龙，李忠龙.公路桥梁抗震设计及MIDAS应用[M].北京：人民交通出版社，2023.
[8] 康召才，刘长天，刘佳.公路桥梁工程设计与施工管理[M].哈尔滨：哈尔滨出版社，2023.
[9] 孟凡超，金秀男.公路基础设施建设与养护[M].北京：人民交通出版社，2023.
[10] 杨剑，黄天立，李玲瑶.桥梁建造与维养[M].北京：中国铁道出版社，2023.
[11] 李睿.桥梁工程[M].北京：科学出版社，2023.
[12] 罗春德，尹雪云，李文兴.公路桥梁工程施工技术与养护管理[M].长春：吉林科学技术出版社，2022.
[13] 邵宗义.市政工程规划[M].北京：机械工业出版社，2022.
[14] 李书芳，李红立.市政道路养护与管理[M].重庆：重庆大学出版社，2022.
[15] 徐雪锋著.市政工程建设与质量管理研究[M].延吉：延边大学出版社，2022.06.
[16] 王伯霖，曹磊，杜锐.公路桥梁工程材料与管理研究[M].秦皇岛市：燕山大学出版社，2022.
[17] 张磊，周裔聪，林培进.公路桥梁施工与项目管理研究[M].延吉：延边大学出版社，2022.
[18] 杨光耀，杨新，郑胜利.公路桥梁施工与维修养护研究[M].长春：吉林科学技术出版社，2022.
[19] 侯孝斌，毛立军，杜菊平.公路桥梁养护维修技术[M].长春：吉林科学技术出版社，2022.
[20] 王超，江浩，郑泽海.公路桥梁工程施工技术与管理[M].北京：中国石化出版社，2022.

[21] 李刚,宁尚勇,林智.公路桥梁工程施工与项目管理[M].武汉：华中科技大学出版社，2022.

[22] 李振中,马秀娟,吴斐斐.公路桥梁设计与施工技术研究[M].长春：吉林科学技术出版社，2022.

[23] 王旭,王恩惠,郭晓春.公路桥梁工程施工与养护管理[M].长春：吉林科学技术出版社，2022.

[24] 宋宏伟,洪启华,洪俊财.公路桥梁工程施工技术研究及项目管理[M].北京：中国石化出版社，2022.

[25] 黄春蕾,李书艳,杨转运.市政工程施工组织与管理[M].重庆：重庆大学出版社，2021.

[26] 张涛,李冬,吴涛.市政工程施工与项目管控[M].长春：吉林科学技术出版社，2021.

[27] 孙永军,林学礼,曲明著.公路桥梁工程与施工管理[M].长春：吉林科学技术出版社，2021.

[28] 樊锋,张问坪,程景扬.公路桥梁结构荷载试验与检测评定[M].长春：吉林科学技术出版社，2021.

[29] 李燕鹰,张爱梅,钱晓明.公路桥梁工程施工与养护技术[M].长春：吉林科学技术出版社，2021.

[30] 冯少杰,高辉,孙成银.公路桥梁隧道施工与工程管理[M].长春：吉林科学技术出版社，2021.

[31] 张杰,张长伟,李庆.公路桥梁检测与加固技术研究[M].天津：天津科学技术出版社，2021.

[32] 王展望,张涛锋,张林.公路与桥梁工程施工及质量控制研究[M].西安：西安交通大学出版社，2021.

[33] 胡明武,王震.公路桥梁安全运行研究[M].南京：河海大学出版社，2021.

[34] 田亥心,孙永刚,李福宝.公路桥梁工程施工技术与管理研究[M].长春：吉林科学技术出版社，2021.

[35] 吴留星.公路桥梁与维修养护[M].北京：中国纺织出版社，2020.

[36] 刘相龙,高文彬.公路桥梁施工组织与养护管理[M].北京：中国原子能出版社，2020.

[37] 许彦,朱红莲.市政规划与给排水工程[M].长春：吉林科学技术出版社，2020.

[38] 潘中望,牛利珍.市政道路工程施工与养护[M].上海：上海交通大学出版社，2020.

[39] 张国祥,陈金云,张好霞.公路与桥梁施工技术及管理研究[M].北京：文化发展出版社，2020.

[40] 马国峰,刘玉娟.桥梁上部结构施工技术[M].北京：北京理工大学出版社，2020.

[41] 王修山.道路与桥梁工程概论[M].北京：机械工业出版社，2020.

[42] 李杰,安彦龙,梁锋.市政路桥施工技术与管理研究[M].北京：文化发展出版社，2020.